李国英 ———— 著

核心素养导向的课堂教学丛书

杨四耕主编

会呼吸的语文课

有氧语文的旨趣与实践

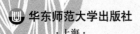华东师范大学出版社

·上海·

图书在版编目(CIP)数据

会呼吸的语文课：有氧语文的旨趣与实践/李国英著.—
上海：华东师范大学出版社，2021
（核心素养导向的课堂教学丛书）
ISBN 978－7－5760－1312－2

Ⅰ.①会… Ⅱ.①李… Ⅲ.①小学语文课-教学研究
Ⅳ.①G623.202

中国版本图书馆 CIP 数据核字(2021)第 060477 号

核心素养导向的课堂教学丛书

会呼吸的语文课：有氧语文的旨趣与实践

丛书主编　杨四耕
著　者　李国英
责任编辑　刘　佳
项目编辑　林青荻
特约审读　陈成江
责任校对　傅学聪　时东明
装帧设计　卢晓红

出版发行　华东师范大学出版社
社　　址　上海市中山北路 3663 号　邮编 200062
网　　址　www.ecnupress.com.cn
电　　话　021－60821666　行政传真 021－62572105
客服电话　021－62865537　门市(邮购)电话 021－62869887
地　　址　上海市中山北路 3663 号华东师范大学校内先锋路口
网　　店　http://hdsdcbs.tmall.com

印　刷　者　上海华顿书刊印刷有限公司
开　　本　787 毫米×1092 毫米　1/16
印　　张　13.5
字　　数　213 千字
版　　次　2021 年 5 月第 1 版
印　　次　2022 年 11 月第 2 次
书　　号　ISBN 978－7－5760－1312－2
定　　价　42.00 元

出版人　王　焰

洞见改革

回望轰轰烈烈的课堂教学改革，我们依然可以欢呼，仍然可以雀跃，但我们更需要理性的回望和深刻的反思。

不是么？我们的课堂教学改革虽然取得了卓著的成效，但也出现了不少观念的误识和实践的误区。我们能否真正面对与合理消解这些问题，将直接影响课堂教学改革的纵深推进。

维特根斯坦指出："洞见或透识隐藏于深处的棘手问题是艰难的，因为如果只是把握这一棘手问题的表层，它就会维持原状，仍然得不到解决。因此，必须把它'连根拔起'，使它彻底地暴露出来；这就要求我们开始以一种新的方式来思考。这一变化具有着决定意义，……难以确立的正是这种新的思维方式。一旦新的思维方式得以确立，旧的问题就会消失；实际上人们很难再意识到这些旧的问题。因为这些问题是与我们的表达方式相伴随的，一旦我们用一种新的形式来表达自己的观点，旧的问题就会连同旧的语言外套一起被抛弃。"面对核心素养时代，我们的课堂教学改革有必要确立新的思维方式，并借此洞悉困扰我们的"棘手问题"。

改革不是一种风潮，而是一种使命。当下，跟风式改革仍然盛行，如深度学习、项目学习、STEAM……见样学样，不停跟风，显现出一派繁荣景象。不少所谓的教学改革只是在形式上做文章，有教条主义的嫌疑；不少课堂深陷应试泥潭，既不教人文，亦无关精神，甚至连知识也谈不上，而是"扎扎实实"地搞成了教考，把考试当作课堂教学改革的使命。教育改革的真正使命是什么？我们应秉持怎样的立场推进课堂教学改革？2014年，教育部颁布《关于全面深化课程改革　落实立德树人根本任务的意见》。这份文件指出：立德树人是课程改革的根本任务，核心素养培育是课程改革的核心价值。这便是我们的使命。使命需要执著，执著就是美德。细细品味维特根斯坦的这句话也许会有所助益："当一切有意义的科学问题已被回答的时候，人生的诸问题仍然完全未被触及。"课堂教学改革的全部使命便是触及人生问题并给予某种实质性的回答，从而使"立德树人"落到实处。

改革不是一个口号，而是一种立场。层出不穷的口号、花样频出的概念，已然是当下学校变革的常态。不少学校把玩弄概念作为改革，把提口号当成改革，以学定教、先学后教、翻转课堂……热词涌起，名句不断。当我们把改革看成一个概念、一个口号的时候，我们已经远离了改革。改革是一种立场，一种有思考的尝试，一种为着根的事业而不断探索的精神。维特根斯坦说："一种表述只有在生活之流中才有意义。"可以说，如果我们能把自己的立场安放在特定的概念或口号里，秉持有立场的变革，那将是对维特根斯坦的一种慰藉。

改革不是一张蓝图，而是一种责任。加拿大学者迈克尔·富兰说："变革是一项旅程，而不是一张蓝图。"毫无疑问，改革需要蓝图，需要理性设计，但蓝图不是改革本身。奥托·魏宁格有一句令人心动的话："逻辑与伦理在本质上是相同的。它们不是别的，而正是对自我的责任。"改革是一种责任，是一种对未来负责的精神。联合国教科文组织提出了 21 世纪教育的四大支柱：学会认知、学会做事、学会共处、学会生存。其中，学会认知是步入未来社会的通行证：观察、阅读、倾听、书写、交流、多样化表达、分析、综合、推理……学会做事是适应知识经济时代的必然选择：专注、善于发现问题、善于尝试、目标准确、身体力行、全力以赴、勇于面对现实、直面困难、不惧失败……学会共处是顺应全球化时代的需要：人际感受能力、人际理解力、人际想象力、风度与表达力、合作能力与协调能力、决策能力、沟通能力；懂得尊重、善于理解、换位思考、勇于担当、积极配合；而学会生存则是对做人品质的完善：适应能力、交往能力、管理能力、动手能力、创新能力、竞争能力；促进自我实现、丰富人格特质、担当与责任承诺、接受改变、适应改变、积极改变、引导改变……应该说，这些都是核心素养时代课堂教学改革的责任。

改革不是一场革命，而是一种态度。我们为什么需要改革？是因为有糟糕的现实摆在眼前，我们必须清除它。我们如何改革？通过雷厉风行的方式彻底改革吗？我们知道，对于理想化的东西，改革者很容易接受，并习惯于用理想的丰满来衡量现实的骨感，用理想的光滑来评判现实的粗糙。在理想观照下，现实是一无是处的，是必须摈弃的。正是基于这种认识，改革者很容易接受这样的观点：通过暴风骤雨式的"革命"来实现美好的改革目标。著名教学论专家王策三先生指出：任何教学改革都不是"一蹴而就的，也不是几年、十几年、几十年短期实现的，更不是以'革命'方式达成的"。改革是一种态度，一种持续改变现状的态度，一种朝向美好的态度，一种渐进探索的态度。

改革不是一个事件，而是一项旅程。吉纳·霍尔认为，变革的首要原则是把变革看作"是一个过程，而不是一次事件"。当我们把改革看成是一个事件，这意味着，改革可以在短期内取得成功；如此，改革尚未真正推进，我们便急着推出新的改革。面对一系列的政策性号召与行政命令，一些地方与学校常常是积极参与，往往在短时间内就会涌现出大量的改革成果，不少地方和学校还会举办各种各样的经验交流会。然而，在热闹的背后，却存在着虚假的繁荣：应付改革，鲁莽冒进现象时有发生。改革其实是一项旅程，一项迈向合理性的旅程，一项不断面对问题、思考问题、解决问题的旅程。课堂教学改革无法速成，只能渐进摸索；课堂教学改革也无法一次性完成，它永远在路上。

改革不是一条直线，而是一种智慧。对改革的简单化认识，缺少对改革形态丰富性、过程复杂性的理解，会让改革陷入迷茫。吉纳·霍尔说："变革，不是某位领导发表一次演讲，或在 8 月份为教师举行两天短期培训，或向学校提供新课程或新技术，就能一蹴而就、获得成功的。相反，变革是一个过程，在这个过程中，个人、组织机构逐渐理解了新事物、新方法，并且在运用它们时愈益熟练和有技巧。"无数经验证明，课堂教学改革是一个逐步推进的过程，而不是一条直线，其中往往包含着复杂性、随机性和偶然性，它需要理性和智慧。对此，迈克尔·富兰说：变革"好比一次有计划的旅程，和一伙叛变的水手在一只漏水的船上，驶进了没有海图的水域"。可见，课堂教学改革不是"种豆得豆、种瓜得瓜"的简单逻辑，而是一个多因子、多变量、多可能的复杂交织过程。没有"直接拿来"的理论与模式可以套用，改革需要我们自己的原创理论和实践智慧。

改革不是一个目的，而是一种创造。把改革作为目的，为改革而改革，这不是我们的应然取向。有人说："未来不是我们要去的地方，而是我们要创造的地方。"课堂教学改革，可以是突破陈规、大胆探索的思想观念，也可以是自强不息、锐意进取的精神状态，还可以是奋勇争先、不甘落后的使命感。华罗庚说："如果没有独创精神，不去探索更新的途径，只是跟着别人的脚印走路，也总会落伍别人一步;要想赶过别人,非有独创精力不可。"我们今天创造怎样的课堂,就意味着我们在培育怎样的未来。当我们创造知识型课堂的时候,我们就是在塑造复制与服从的未来;当我们创造素养型课堂的时候,我们就是在选择美好与灿烂的生活。教育的价值在于生命意义的提升,在于学习价值的锤炼,而不在于知识的牢固掌握和大量累积。雨果说:"已经创造出来的东西比起有待创造的东西来说,是微不足道的。"的确,有待创造的东西只能靠学生在生命化实践和实际生活中去创造。因此,在某种意义上,改革不是一个固定目标,而是一个创造,一个基于实验的生命创造和素养提升过程。

改革不是一种形式,而是一种深度。虽然改革之声不断,但我们的课堂教学改革总体上并无实质性进展,"素质教育轰轰烈烈,应试教育扎扎实实"仍然是中小学课堂教学的主流表现。围绕着教材,问题学习、项目学习、单元教学、作业设计、听评课⋯⋯都被冠以改革之名。联合国教科文组织在《学会生存》这一报告中曾警告说:"教育具有开发创造精神和窒息创造精神这样双重的力量。"大量事实表明,以反复操练为表征的知识教育严重地窒息着年轻一代的创造精神,阻碍着社会进步。教育的核心价值不应该只是盯着知识,而应在于培养有智慧的人。唯有培养有智慧的人,我们才能足以应对不断变化的社会。二百多年前,德国就有如此教育宣言:"教育的目的,不是培养人们适应传统的世界,不是着眼于实用性的知识和技能,而要去唤醒学生的力量,培养他们自我学习的主动性、抽象的归纳力和理解力,以便使他们在目前无法预料的种种未来局势中,自我做出有意义的选择。"当前,课堂教学改革最重要的一步,就是要从知识至上的泥潭中跳出来,义无反顾地迈向关注生长的素养时代。

总之,改革不是自负的概念翻新与宣示,而是崭新观念的建构与实践。面对核心素养时代,我们应少些"看客",多些"创客",不断洞悉隐藏于深处的棘手问题,在不断追问中创造属于我们自己的精神世界。这或许就是"核心素养导向的课堂教学丛书"之初衷。

杨四耕

2019 年 6 月 9 日于上海市教育科学研究院

目录

第一章 有氧语文的气质 / 1

活泼,沉静,豪放。一个人表达天地万物的语言各有特点,这些各有特点的语言也就丰富了生命的气质。语文世界的气质,在于语言个性的发现,无论是基于语言自由而来的一切自由,还是基于吾言吾文而来的运用自如。语文教学的气质,在于语言风格的建构,无论是基于建构语言而来的提升素养,还是基于我教你学而要的风格自来。有氧语文的气质,在于语言气度的酿造,无论是学习因语文有氧而酿造得更香,还是成长因语文有氧而酿造得更甜,抑或是人生因语文有氧而酿造得更美。

　　眷顾儿童,迎接真实,扎根生活。一门学科体现价值有其相应的方式,这些相应的方式也就成就了学科课程的姿态。有氧语文的姿态,在于课程性情的发现,无论是语文学科性质的确立,还是语文学科课程理念的凝练,抑或是语文学科课程目标的厘定。有氧语文的姿态,在于课程样貌的勾勒,无论是语文学科课程结构的建构,还是语文学科课程设置的布局,抑或是语文学科课程内容的布排。有氧语文的姿态,在于课程韵味的酝酿,无论是有氧课堂的价值彰显,有氧课程的体系丰富,还是有氧学习的习惯培养,有氧节日的涵养熏陶,抑或是有氧空间的氛围营造,有氧研学的底蕴升华。

向上力,规律力,吸引力。当一次次教学都拥有了这些力量,并展现出因这些力量一致性地促进教学的作用,这些一致性的力量也就洋溢着教学的魅力。有氧语文的魅力,在于教学风采的发现,无论是因教学有氧而自成一格的教学主张,还是因教学有氧而自得其乐的教育见解。有氧语文的魅力,在于教学秩序的建构,无论是因教学有氧而有板有眼的教学模式,还是因教学有氧而有路有径的教育门道。有氧语文的魅力,在于教学魅力的传递,无论是因教学有氧而千锤百炼的教学艺术,还是因教学有氧而传经送宝的教育经验。

拓开空间,延展方式,体现价值。当一次次学习就这样一以贯之地演绎开来,并持续地助力于生命的成长,学习的存在就会自然显见。有氧语文的存在,在于学习时空的发现,无论是以晨读晚诵或倚吧品读来穿透书香,还是以知语行文或时用常新来拥抱语文。有氧语文的存在,在于学习方式的建构,无论是以策略开道来解决语文问题,还是以落实有方来完成语文习题。有氧语文的存在,在于学习价值的提升,无论是基于单元而学会阅读的价值实现,还是聚焦主题而实践语文的价值彰显。

　　萌动的兴致,灵动的步伐,悠远的前路。一个人随着学习而表现出的茁壮成长,是一种有氧的有味的有样的行走方式。有氧语文的行走,在于绘本萌步的发现,无论是发现绘本而喜见有氧的世界,还是阅读绘本而见证绽放的语文。有氧语文的行走,在于绘本灵动的建构,无论是建构绘本而推展有氧的策略,还是阅读绘本而展现盎然的语文。有氧语文的行走,在于绘本远路的铺展,无论是铺展绘本而传创有氧的文化,还是阅读绘本而创用绵延的语文。

自由的时空,自在的场域,自为的力量。一个人经由教育的滋养,展现的是生命因有氧而可持续生长的张力。有氧语文的张力,在于发现自由的生长,无论是一年级的学习开启而有氧于新的好奇,还是二年级的学习续航而有氧于寻觅新的天地。有氧语文的张力,在于建构自在的生长,无论是三年级的学习入境而有氧于新的奥秘,还是四年级的学习渐进而有氧于探索新的时空。有氧语文的张力,在于酿造自为的生长,无论是五年级的学习蝶变而有氧于新的魅力,还是六年级的学习见优而有氧于焕发新的生机。

序

在语文教育教学中，历来都很重视语言文字的训练。《义务教育语文课程标准（2011 年版）》明确指出："语文课程是一门学习语言文字运用的综合性、实践性课程。""工具性与人文性的统一，是语文课程的基本特点。"特别是在小学阶段，字、词、句、篇的学习层层递进，有机结合，语文的基本功训练才能落到实处。现代课程发展之初，语文学科定名为"国文"，"五四"运动后小学语文有了很大变化，1920 年 1 月，北洋政府教育部明令小学改"国文"为"国语"，中学仍用"国文"。新中国成立后，中小学一律改称"语文"。叶圣陶先生解释说："平常说的话叫口头语言，写到纸面上叫书面语言。语就是口头语，文就是书面语。把口头语言和书面语言连在一起说，就叫语文。"讲到这里，我们就能很清楚地知道，小学语文主要还是要抓基本的语言文字训练。

说到一年级的教学，重点要关注学习汉语拼音，掌握好这个工具就能读准字音，这对像广东这样的方言地区来讲显得特别重要。我平时在广东各地讲座，发现许多老师普通话不过关，甚至学生的普通话要比老师读得准。这种情况跟老师自小受到的方言影响有关，以致年龄越大越难改。所以读准拼音是一年级学生的重点，也是一劳永逸的事情。接下来的年级就是字词句篇的学习，通过听说读写在教学上的穿插运用，具体抓好语文要素的训练点，深文浅教，化繁为简进行教学，语文的学习就会变得轻松愉快、充满氧气，给学生创造出可以自由呼吸的养分。

最近读了李国英校长的专著《会呼吸的语文课：有氧语文的旨趣与实践》，常常会被她的精辟话语所吸引："有氧语文是自然的、自由的、开拓的、发散的，是美的、快乐的。有氧语文就是要让学生充分发挥自己的想象力、创造力以及才情，在自由自在的艺术殿堂里展示自己的人生体会与感悟，就是要让语文走入他们的内心,融入他们的灵魂深处,化养他们的人生,就是要让语文课本不再是冷冰冰的文字,而是师生一起邀游先贤所创造的文化瑰宝的秘密宝库,并一座一座地开启,一步一步地探索。"李校长在开篇第一章里重点阐述了语言学习的重要性,通过发现语言的个性,建构语言的风格,酿造语言的气度,为我们诠释了小学生语言学习的重要所在。这让我感同身受,正如我前面所讲,小学语文从一开始就是定位在学习语言这个工具性上,从最基本的训练点抓起,夯实基础,厚积而薄发。因而李校长在第二章里重点从课程建设的角度提出了:有氧语文的姿态,在于课程样态的建构;在于课程态度的酿造。本人也颇有同感,课程内容的设置从根本上来讲,决定着学科发展的方向,从而直接影响着学生的学习任务和价值取向。正如书中所论述的那样,有氧语文的魅力,在于教学秩序的建构。这是作为一位学校的管理者的切身体会,可以看到李校长不仅论述了语文的魅力所在,而且把近 20 年语文思维的火花与学校管理的经验有机结合起来。在语文研究的征途中发现、建构、酿造,使语文学习与探究的存在真实而充满活力;从发现绘本而喜见有氧的世界,努力探索,孜孜追求;在语文研究的深度世界里成长为一位名校长。我想,这就是我从本书中看到的一位小学语文老师成长的写照:即使时光回转,仍会坚定地从事自己选定的职业,跟孩子们一起享受教育的快乐。

的确,从事教育这么多年,我也有许多困惑难解之处。面对应试教育,题海战术,不光学生痛苦,老师们也无奈。素质教育的理念并不能解决升学带来的压力,能够做到既多才多艺,又保持高分的学生毕竟是少数。有氧语文的提出,为我们打开了新的思路,在多种模式的探索中,希望能找出切合实际的经验,给教育以更好的启迪。

杨建国

2020 年 7 月 6 日于容默斋

(杨建国,研究员,广东省教育研究院教研室教研员,中国教育学会小学语文教学专业委员会常务理事,全国小语会汉语拼音教学研究中心副主任,广东教育学会小学语文教学专业委员会理事长)

前言

会呼吸的语文课

  在写下第一行文字之前，我的脑海里闪现出自己四十余年的人生轨迹。我为什么会走上教育这条路？古希腊哲学家赫拉克利特（Herakleitos）说，"人不能两次踏进同一条河流"，如果时光回转，我是否还会做出一样的选择呢？我在心里默问自己，答案依然是肯定且坚定的。因为，我热爱着学生们"小脸通红，小眼发光，小手直举，小嘴常开"的快乐，热爱着教书育人的一切美好。人生的道路有时是向左走、向右走的问题，具体怎么走，结果却大大不同。弗洛斯特（Frost）在《林中路》中写道：

> 黄色的树林里分出两条路，
> 可惜我不能同时去涉足，
> 我在那路口久久伫立，
> 我向着一条路极目望去，
> 直到它消失在丛林深处。
> 但我却选择了另一条路，
> 它荒草萋萋，十分幽寂，
> 显得更诱人，更美丽；
> 虽然在这两条小路上，
> 很少留下旅人的足迹。
> 虽然那天清晨落叶满地，
> 两条路都未经脚印污染。
> 啊，留下一条路等改日再见！
> 但我知道路径延绵无尽头，

恐怕我难以再回返。

也许多少年后在某个地方，

我将轻声叹息将往事回顾：

一片树林里分出两条路——

而我选择了人迹更少的一条，

从此决定了我一生的道路。

　　人生中的选择体现了我们对自我的审视与期许，是对自我价值的一种追求。我踏上语文讲台二十余年，除了本身对文学的热爱之外，还有一点就是相对于其他学科，语文作为一个人文学科，不仅能让学生获取专业技能方面的成长，更为重要的是实现对孩子们心灵的呵护与人格的塑造，让孩子们知道"生而为人"的道理。著名教育学家陶行知就说过，"千教万教教人求真，千学万学学做真人"，"为人"才是语文教学最为关键的部分。

　　我国大力推进素质教育及新课程改革已多年，但是，各种机械式、单调式的旧的教育方式仍然屡见不鲜，不少学校仍然在应试教育的老路上越走越远，老师们依旧是填鸭式地教，一板一眼地灌输，学生们还是"大包大揽"地埋头苦学，学会做一道又一道的题，完成一场又一场考试。老师们教得枯燥乏味，学生们学得辛苦单调，双方在这种"博弈"中两败俱伤。语文课本该是让孩子们放飞天性，自由翱翔，让他们的想象力挣脱书本，幻化万千，让他们积极思考与感悟，体会成长的自由与快乐。

　　何为语文呢？"语文"两个字拆解开来就是"吾言吾文"，"在心为志，发言为诗"。"吾言吾文"即我们的所思所想、所为所道，即我们为人的修养。"师者，传道授业解惑也"；"师"者，万世之表率也。作为一名语文老师，既要教会学生做人的道理，也要教育学生继承与发扬祖国璀璨的传统文化，还要让他们学会体验、感悟、书写人生这本缤纷多彩的语文大书。

　　经过二十年的语文教学探索，"一个理念"逐渐在我的教学实践中萌芽成形，并日益清晰起来，它就是"有氧语文"。什么是"有氧语文"呢？氧气，是地球上绝大多数生物呼吸、存活的关键。一个人不喝水，大概可以坚持2—7天，不吃饭可以坚持30天左右，但是不呼吸却只能坚持几分钟。呼吸是一个人存活而自由的重要证明。"有氧语文"就是贴合学生的呼吸,跟着他们的脉搏,遵循他们成长的节律,让他们在课堂上自由呼吸,让自由充盈着他们的生活,成为滋养他们人生的养分,让他们在自己的天性下体会语文之美,感悟语文的善与真。2500多年前,伟大的教育家孔子一边周游列国传述自己的政治主张,一边言传身教,教育弟子们为人处世的道理。他们跋涉数千里,也行学数千里,这是何等的惬意与潇洒。一部《论语》即是一本行走着的语文教育学录,更是弟子们自由呼吸成长的例证。

有氧语文是自然的、自由的、开拓的、发散的,是美的、快乐的。有氧语文就是要让学生充分发挥自己的想象力、创造力以及才情,在自由自在的艺术殿堂里展示自己的人生体会与感悟,就是要让语文走入他们的内心,融入他们的灵魂深处,给养他们的人生,就是要让语文课本不再是冷冰冰的文字,而是师生一起遨游先贤所创造的文化瑰宝的秘密宝库,并一座一座地开启,一步一步地探索,一念一念地深入,最终充实我们自己人生精神宝库的过程。

在"有氧语文"的课堂上,我们跟着她,去见证诸子百家的思想争鸣;跟着她,去领略奇妙瑰丽的风骚楚体;跟着她,去赏析魏晋风度的丰赡写意;跟着她,去感受唐诗宋词的诗意灵韵;跟着她,去触摸汉魂唐魄那血与肉的载体。于是,在"有氧语文"的天地里,我们随时享受着语言文字的滋养,随时绽放着语文境界的芬芳。

有氧语文是一种可以自由呼吸的养分,是对孩子们人性的培养,是为塑造健全人格而提供充盈的精神养分,就像春雨过后空气里夹带着湿润的泥土气息,新鲜而又澄澈,滋润而又清洌。有氧语文是每个人人生里都应该有的一道光,光里有着我们对这个世界与自己的期许,光里融合着我们贯通古今的独特表达。北宋理学家张载说过一句很有名的话:"为天地立心,为生民立命,为往圣继绝学,为万世开太平"。这是一种崇高的道德之光,也是一种对自我的道德修养。有氧语文就是想打开学生头上的一道光,让他们找寻到自己人生的美好前路。

作为一名语文教师,让学生在语文学习中自由自在、快乐轻松地成长,有所得,有所感,有所悟,这是我最诚挚的期许。

第一章

有氧语文的气质

活泼,沉静,豪放。一个人表达天地万物的语言各有特点,这些各有特点的语言也就丰富了生命的气质。

语文世界的气质,在于语言个性的发现,无论是基于语言自由而来的一切自由,还是基于吾言吾文而来的运用自如。

语文教学的气质,在于语言风格的建构,无论是基于建构语言而来的提升素养,还是基于我教你学而要的风格自来。

有氧语文的气质,在于语言气度的酿造,无论是学习因语文有氧而酿造得更香,还是成长因语文有氧而酿造得更甜,抑或是人生因语文有氧而酿造得更美。

一 语文世界：发现语言的个性

语文是一个世界，在这个世界里，有春花秋月的诗词吟唱，有夏露冬藏的歌赋传递，有山川河海的散文倾述，有动物昆虫的童话叙说。一种表达，百种样态；一种样态，千种表达。

走进语文世界，我们既能尽情地发现语言的个性，又能欢欣地成就语言的个性。在发现与成就之间，语言一旦自由，我们周遭的一切便自由，于是吾言吾文的语言，踏着运用的脚步，欢跃地扑面自来。

1. 语言自由，一切自由

天地人间，语言无处不在。大自然有大自然的语言，动物有动物的语言，人类有人类的语言。不同物种的语言，有其独特的秘妙，但不管是怎样的物种，怎样的生命，只有语言自由，一切才可能自由，一切生命才可能因语言自由而发展得生机蓬勃。

大自然的物候现象，如草木荣枯、候鸟去来等，起着预报农时等作用。在我国现代科学家、教育家竺可桢先生看来，物候现象仿佛就是传递信息的"大自然的语言"。他的科学小品文《一门丰产的科学——物候学》选入教材后改题为《大自然的语言》，向人们形象地道出了多样而又动人的"物候现象"：

> 立春过后，大地渐渐从沉睡中苏醒过来。冰雪融化，草木萌发，各种花次第开放。再过两个月，燕子翩然归来。不久，布谷鸟也来了。于是转入炎热的夏季，这是植物孕育果实的时期。到了秋天，果实成熟，植物的叶子渐渐变黄，在秋风中簌簌地落下来。北雁南飞，活跃在田间草际

的昆虫也都销声匿迹。到处呈现一片衰草连天的景象,准备迎接风雪载途的寒冬。在地球上温带和亚热带区域里,年年如是,周而复始。

几千年来,劳动人民注意了草木荣枯、候鸟去来等自然现象同气候的关系,据以安排农事。杏花开了,就好像大自然在传语要赶快耕地;桃花开了,又好像在暗示要赶快种谷子。布谷鸟开始唱歌,劳动人民懂得它在唱什么:"阿公阿婆,割麦插禾。"这样看来,花香鸟语,草长莺飞,都是大自然的语言。

美国知名生物学家、仿生学研究所创始人、科普作家雅尼娜·拜纽什(Janine M. Benyus)的著作《动物的秘密语言》,是写给所有动物爱好者的动物行为指南。在这本书中,动物的基本行为被一一讲述,展现的是不同动物的别样语言:

> 海豚能发出多少种声音?
>
> 斑马为什么喜欢在杆子上蹭痒痒?
>
> 企鹅为什么要伸长了身体走路?
>
> 大猩猩"咯咯"笑是因为开心吗?
>
> 狮子为什么要绕着自己的臀部转圈圈?
>
> 长颈鹿在什么情况下会进行"脖颈搏击"?
>
> 大熊猫的叫声传达了哪些重要信息?
>
> ············

语言的释义有二:一是指人类特有的用来表达意思、交流思想的工具,是一种特殊的社会现象,由语音、词汇和语法构成一定的系统,一般包括它的书面形式,但在与"文字"并举时只指口语;二是指话语,如"由于文化水平和职业的差异,他们之间缺少共同语言"[《现代汉语词典(第 7 版)》,商务印书馆,1601 页]。

无论是呈现"大自然的语言",还是揭示"动物的秘密语言",都是巧用"语言"的本义,来形象化地表达宇宙万物各自传递信息之能。由此可认为,作为生命的一种交流工具,语言是宇宙万物同类物的生存与发展的必要介质,也是不同类物的依存与共生的必要介质;作为人类特有的交流工具,语言是人们交流思想、传递信息的必要介质,也是人们发现未知、持续发展的必要介质。

万物之所以能够生生不息，其语言是必不可少的能量；人类之所以能够繁衍生息，其语言是必不可少的能量。无论是万物之语言，还是人类之语言，其能量的积聚与爆发，皆在于其不受限制，能够自由地发挥其可能的价值。也就是说，没有语言的自由，哪有大自然中千千万万语言主体的情态变幻？哪有它们各自以自由的语言表达各自的"喜怒哀乐"？人类的语言，只是大自然中千千万万的语言之一。人类创造与拥有语言，就是为了健康自在地走向可能的未来。

从教育的视角看，我们需要"语言自由"，让每一个人能够依凭"自由的语言"去持续地展开学习，去快乐地追逐成长，去智慧地创造未来，进而让每一个人能够因为"一切自由"，而持续地依凭"自由的语言"，去表达学习所得，去表现成长所获，去表征未来所求。

"语言自由，一切自由"，意味着天地万物的生生不息，意味着人类生命的生机勃发，更意味着每个孩子的美好前程。一句话，当教育以"语言自由"为尺度，其价值才会展现"一切自由"的效能。如此，我们就能够看到意大利幼儿教育家洛利斯·马拉古奇(Loris Malaguzzi)用《孩子的一百种语言》这首诗传递出的"语言自由，一切自由"的教育期待与教育美境：

孩子，
是由一百种组成的。
孩子有
一百种语言，
一百双巧手，
一百个念头，
一百种思考方式、游戏方式及说话方式；
还有一百种
聆听的方式，
惊讶和爱慕的方式；
一百种欢乐，
去歌唱去理解。
一百个世界，

去探索去发现。

一百个世界，

去发明。

一百个世界，

去梦想。

孩子有

一百种语言，

（一百一百再一百）

但被偷去九十九种。

学校与文明，

使他的身心分离。

他们告诉孩子：

不需用手思考，

不需用头脑行事，

只需听不必说，

不必带着快乐来理解。

爱和惊喜，

只属于复活节和圣诞节。

他们催促孩子

去发现已存在的世界，

在孩子一百个世界中，

他们偷去了九十九个，

他们告诉孩子：

游戏与工作、

现实与想象、

天空与大地、

理智与梦想，

这些事

都是水火不容的。

总之,他们告诉孩子:

没有一百种存在,

然而,孩子则说:

不,其实真的有一百!

语言自由,一切自由。从这一视角透视语文世界,语言得以自由运用是语文世界丰富多彩的必要之途,也是人的个体生命与群体生命在语文世界自由生长的必要之途,更是作为发展性主体的学生因融入语文世界而生机勃发的必要之途,同样是教师引领学生发掘语文世界财富的必要之途。

2. 吾言吾文,运用自来

语言自由,在你,在我,在他。你有你的语言,表达着你独特的话语。我有我的语言,交流着我独特的思想。他有他的语言,传递着他独特的信息。在一次次表达、一次次交流与一次次传递中,文字为杖,言语由心,语言自由,便成为了语文。

童年的快乐生活离不开游戏的玩乐。吹肥皂泡就是我们童年爱玩的一个小游戏。在现代著名的散文家、诗人冰心的记忆中,吹一吹肥皂泡是她童年最爱玩的游戏,于是用文字传递出来,就成了语文之文——《肥皂泡》。这篇文章选入部编义务教育三年级下册语文教科书,孩子们走进这一文本,仿佛踏进童年的百花园,可以发现童年的真善美,更可以用自由的语言去表达各自想象到的文景,去交流各自体验到的文趣,去传递品悟到的文情。

那一个个轻清脆丽的小球,像一串美丽的梦,是我们自己小心地轻轻吹起的,吹了起来,又轻轻地飞起,是那么圆满,那么自由,那么透明,那么美丽。借着扇子的轻风,把她们一个个送上天去送过海去。到天上,轻轻地挨着明月,渡过天河跟着夕阳西去。或者轻悠悠地飘过大海,飞越山巅,又低低地落下,落到一个熟睡中的婴儿的头发上……送着她们,我心里充满了快乐、骄傲与希望。

——冰心《肥皂泡》

如此,一次次走进文本,一次次走进语文世界,一次次运用文字传递生命,也就一次次触摸了语文,领略了语文,生发了语文。

语文是什么?语文释义有二:一指语言和文字;二指语言和文学[《现代汉语词典(第7版)》,商务印书馆,1601页]。文字是记录语言的符号系统,是语言的书面形式。依凭文字,语言变得可视而灵动;承载语言,文字变得可读而丰满。文学是以语言文字为工具,对客观现实进行形象化反映,而呈现出诸如戏剧、诗歌、小说、散文等形式的艺术。借助文学,语言变成一种审美意识形态;驾驭语言,文学变成一种艺术生命样式。可见,语文就是你的、我的、他的语言和文字,就是你的、我的、他的语言和文学。随着人类的演进,语文活跃在你的、我的、他的生命历程之中,并以语言、文字、文学的样式丰富你的、我的、他的生命。也就是说,语文即吾言吾文,它随着你用、我用、他用而生而长。

语文的生命在运用,人类生活离不开语文的运用。无论是口头的语言和言语,还是书面的语言和言语,都是人们在运用语言规律的言语活动过程中,以言语作品为形态,而汇聚成语文。正所谓,吾言吾文,运用自来。语文之所以作为一门课程,也正是因为语文的运用能够成就人类生活。对此,"语文课程标准"有清晰的说法。

> 语言文字是人类社会最重要的交际工具和信息载体,是人类文化的重要组成部分。语言文字的运用,包括生活、工作和学习中的听说读写活动以及文学活动,存在于人类社会的各个领域。

> 语文课程是一门学习祖国语言文字运用的综合性、实践性课程。工具性与人文性的统一,是语文课程的基本特点。语文课程应引导学生在真实的语言运用情境中,通过自主的语言实践活动,积累言语经验,把握祖国语言文字的特点和运用规律,加深对祖国语言文字的理解与热爱,培养运用祖国语言文字的能力;同时,发展思辨能力,提升思维品质,培育社会主义核心价值观,培养高尚的审美情趣,积累丰厚的文化底蕴,理解文化多样性。

> ——《普通高中语文课程标准(2017年版)》

没有运用,就没有语文,就没有语文学习,就没有语文世界。正是有了充分的恰切的运用,语文才有了盎然的生命活力,语文学习才有了多样的生命姿态,语文世界才有了丰富的生命价值。

一个人能够充分而恰切地运用语言文字,意味着他拥有了自在的语言表达能力,能够简明、连贯、得体地表达自己的所思所想、所行所为。

语言表达做到简明,就是语言运用得言简意赅,做到用尽可能少的话语,清楚明白地表达出自己所要表达的信息与意思。语言表达做到连贯,就是语言运用得合规通畅,做到以合乎正常思维规律的语序来安排话语,且语句相互衔接、自然呼应。语言表达做到得体,就是语言运用得适情合理,做到根据具体的语境条件来进行表达,且表达的话语合乎语境。

语言的运用一旦呈现出由你、由我、由他的境地,吾言吾文便呈现出丰富多姿的口语与书面语,并以言语作品的形态造就不断扩展的语文世界。洞察生活,体察情感,感悟世界,我们可以运用语言文字来建构自己的吾言吾文;吟咏字词,品味句段,赏析篇章,我们可以运用语言文字来感悟他人的吾言吾文。于是,在语文世界里,有诗词曲赋,有寓记史剧,有叙议说传,它们所充盈的是一个个语言主体独特的语言艺术,所流淌的是一个个语言主体独特的生命情怀。

一年四季,季季有景,时时见情。春天,万物复苏,生机勃发,给人向上生长的力量。在现代散文家朱自清的笔下,他对"春"的语言建构,是"贮满诗意"的"春的赞歌"。在诗人、词人、翻译家、评论家刘湛秋的笔下,他对"春水"的语言建构,是"陶人沉醉"的"水的歌唱"。

盼望着,盼望着,东风来了,春天的脚步近了。

一切都像刚睡醒的样子,欣欣然张开了眼。山朗润起来了,水涨起来了,太阳的脸红起来了。

小草偷偷地从土里钻出来,嫩嫩的,绿绿的。园子里,田野里,瞧去,一大片一大片满是的。坐着,躺着,打两个滚,踢几脚球,赛几趟跑,捉几回迷藏。风轻悄悄的,草软绵绵的。

桃树、杏树、梨树,你不让我,我不让你,都开满了花赶趟儿。红的像火,粉的像霞,白的像雪。花里带着甜味儿;闭了眼,树上仿佛已经满是桃儿、杏儿、梨儿。花下成千成百的蜜蜂嗡嗡地闹着,大小的蝴蝶飞来飞去。野花遍地是:杂样儿,有名字的,没名字的,散在草丛里,像眼睛,像星星,还眨呀眨的。

——朱自清《春》

是什么声音,像一串小铃铛,轻轻地走过村边?是什么光芒,像一匹明洁的丝绸,映照着蓝天?

　　啊,河流醒来了!三月的桃花水,舞动着绚丽的朝霞,向前流啊。有一千朵桃花,点点洒上了河面;有一万个小酒窝,在水中回旋。

——刘湛秋《三月桃花水》

吾言吾文,运用自来。从这一视角来审视语文世界,充分、恰切、自由地运用吾言吾文,是语文世界不断地开疆拓土的必要之途,也是人的个体生命与群体生命在语文世界生发吾言吾文的必要之途,更是作为发展性主体的学生丰富语文世界而展现吾言吾文的必要之途,同样是教师引领学生运用吾言吾文去创造语文世界财富的必要之途。

二　语文教学:建构语言的风格

语文是一个磁场,在这个磁场里,每一个人都渴盼自由地运用语言文字来进行学习、生活和工作,每一个人都乐于自在地传递语言文字运用的方式、规律和经验,每一个人都需要自为地学会语言文字运用的方法、范式、艺术。

融入语文教学,我们既能欣喜地领略语言的风格,又能自信地创造语言的风格。在领略与创造之间,语言不断建构,我们的语文核心素养便不断提升,于是我教你学的生活,展现出风格的姿态,独特又稳定地鲜活起来。

1. 建构语言,提升素养

一个人的可持续发展,素养是必不可少的。因为,素养指一个人"平日的修养",即一个人平日的"理论、知识、艺术、思想等方面的一定水平",也指一个人"养成的正确的待人处事的态度"[《现代汉语词典(第7版)》,商务印书馆,1248页,1475页]。也就是说,一个人在成长过程中,逐渐习得而积淀的思想观念、德行品质、学识能力,并基于生活情境的实际问题与可能挑战,去展开有效行动而实现可持续发展的水平,反映的就是这个人的素养。它是一个人立足于社会而展现生命价值的必要条件。

核心素养对于人的发展尤为重要,因为核心素养是一个人处于中心位置的重中之重的素养,它是一个人在成长过程中逐渐形成的促进可持续发展的基本观念、必备品格和关键能力，它在课程领域即是一种完整的育人目标体系，规约着教育的方向、内容及方法。2016年9月13日，我国发布《中国学生发展核心素养》。它以培养全面发展的人为核心，分为文化基础、自主发展、社会参与三个方面，综合表现为人文底蕴、科学精神、学会学习、健康生活、责任担当、实践创新六大素养，各素养之间相互联系、互相补充、相互促进，在不同情境中整体发挥作用。人文底蕴主要表现为人文积淀、人文情怀和审美情趣，科学精神主要表现为理性思维、批判质疑和勇于探究，学会学习主要表现为乐学善学、勤于反思和信息意识，健康生活主要表现为珍爱生命、健全人格和自我管理，责任担当主要表现为社会责任、国家认同和国际理解，实践创新主要表现为劳动意识、问题解决和技术运用。这一素养框架的提出，充分反映了我国新时期经济社会发展对人才培养的新要求，也为我国新时期的学校教育明确了育人的新任务。

各学科课程是学校培育学生核心素养的重要载体。每个学科都应聚焦于学科核心素养来实现学科育人价值，即引领学生经由学科学习来形成基于学科的基本观念、必备品格和关键能力。在《义务教育语文课程标准（2011年版）》中，全面提高学生的语文素养是语文课程的基本理念之一。

> 九年义务教育阶段的语文课程，必须面向全体学生，使学生获得基本的语文素养。
>
> 语文课程应激发和培育学生热爱祖国语文的思想感情，引导学生丰富语言积累，培养语感，发展思维，初步掌握学习语文的基本方法，养成良好的学习习惯，具有适应实际生活需要的识字写字能力、阅读能力、写作能力、口语交际能力，正确运用祖国语言文字。语文课程还应通过优秀文化的熏陶感染，促进学生和谐发展，使他们提高思想道德修养和审美情趣，逐步形成良好的个性和健全的人格。
>
> ——《义务教育语文课程标准（2011年版）》

《普通高中语文课程标准（2017年版）》明晰了语文学科核心素养及其四个方面的表现与关系（见表1.1）。

可见，建构语言以提升学科核心素养是语文教学的根本任务，即只有在建构语言基础上的语文教学，学生才能逐步提升语文学科核心素养。

建构语言，提升素养。作为语文学科育人价值的集中体现，语文学科核心素

表 1.1　语文学科核心素养框架

定义	类别	关系
语文学科核心素养是学生在积极的语言实践活动中积累与构建起来，并在真实的语言运用情境中表现出来的语言能力及其品质；是学生在语文学习中获得的语言知识与语言能力，思维方法与思维品质，情感、态度与价值观的综合体现。	语言建构与运用——学生在丰富的语言实践中，通过主动的积累、梳理和整合，逐步掌握祖国语言文字特点及其运用规律，形成个体言语经验，发展在具体语言情境中正确有效地运用祖国语言文字进行交流沟通的能力。	语文学科核心素养的四个方面是一个整体。语言是重要的交际工具，也是重要的思维工具；语言的发展与思维的发展相互依存，相辅相成。语言文字是文化的载体，又是文化的重要组成部分；学习语言文字的过程也是文化获得的过程。语言文字作品是人类重要的审美对象，语文学习也是学生审美能力和审美品质发展的重要途径。语言建构与运用是语文学科核心素养的基础，在语文课程中，学生的思维发展与提升、审美鉴赏与创造、文化传承与理解，都是以语言的建构与运用为基础，并在学生个体言语经验发展过程中得以实现的。
	思维发展与提升——学生在语文学习过程中，通过语言运用，获得直觉思维、形象思维、逻辑思维、辩证思维和创造思维的发展，促进深刻性、敏捷性、灵活性、批判性和独创性等思维品质的提升。	
	审美鉴赏与创造——学生在语文学习中，通过审美体验、评价等活动形成正确的审美意识、健康向上的审美情趣与鉴赏品位，并在此过程中逐步掌握表现美、创造美的方法。	
	文化传承与理解——学生在语文学习中，继承和弘扬中华优秀传统文化、革命文化、社会主义先进文化，理解和借鉴不同民族和地区的文化，拓展文化视野，增强文化自觉，提升中国特色社会主义文化自信，热爱祖国语言文字，热爱中华文化，防止文化上的民族虚无主义。	

养的形成之路，就在语文学科的有效教学与有效学习之中。我们既要注重语文教学内容的价值取向，并致力于发挥其陶人成长的作用，又要尊重学生，赋予其独特的学习体验，让他们在语文学习过程中实现语言建构与运用、思维发展与提升、审美鉴赏与创造、文化传承与理解等语文核心素养方面的全面发展，从而逐步形成基于语文学科学习的正确价值观念、必备品格和关键能力。

2. 我教你学，风格自来

在语言建构与运用的操作上，我们教师都是依托以语文教材为主要课程资源来进行的，具体的活动依凭的则是听说读写等形式的语言建构与运用、思维发展与提升、审美鉴赏与创造、文化传承与理解。听说读写等方面的素材，无论是阅读文本的语文学习素材，还是其他形态的语文学习素材，其素材本身是各有各的语言风格的,师生教学时的语言风格也是各有不同的,而整个教与学的过程中历经的语言建构与运用等素养提升也是风格迥异的。也就是说,在语义课程的你教我学的过程中,语文课程素材的风格各有不同,语文课程教学的风格各有不同,语文课程学习的风格各有不同,语文课程习得的风格各有不同。这些风格对于语文教学来说,既是素材风格的多样态体现,也是教学风格的多样态体现,还是学习风格的多样态体现,更是习得风格的多样态体现,而风格自来的拐杖与成果就在于语文学科核心素养。

正是在提升建构与运用语言等核心素养的教学过程中,学生不仅体验到语言风格的多元化意蕴,而且还能经由语文核心素养的不断提升而迷上语言的建构与运用等语文学习。语文教师之所以能够促使学生迷上语言的建构与运用等语文学习,学会学习语文,爱上语言文字的运用,是因为在这种相互支持、互为助益的我教你学的教学实践中,形成并不断丰富个人的教学主张的结果,是因为教师因教学主张的探索与践行而烙印出清晰的教学风格,进而延展出清晰的学习风格,尤其是师生运用语文文字的风格。

教学主张是什么?"主张"指对于如何行动持有某种见解,也指对于如何行动所持有的见解[《现代汉语词典(第7版)》,商务印书馆,1712页]。从这两个释义出发,教学主张可以认为是教师对于教学如何行动持有某种见解,也是教师对于教学如何行动所持有的见解。

历经二十余年的语文教学实践,我见识过多种多样的教学形态,也锤炼过各种各样的教学范式,更渴盼着建构自己的教学主张。

这样的语文教学是我不喜欢的:在教学情境中,教师做的多是把学生当作"鸭子"一般,一板一眼地灌输知识,讲解一道道习题,评讲一份份试卷;学生做的多是像"鸭子"一般,一字一句地被灌知识,刷练一道道习题,应对一场场考试。这样的教与学,教师在枯燥乏味地讲,学生在辛苦单调地学,双方紧张地博弈其中,体验的是无奈无趣的教育生活。我喜欢的语文教学是:在教学情境中,教师想方设法地引领学生放飞天性,释放想象的力量,去挣脱书本,自由地翱翔于语言文字的建构与运用中;学生则是积极主动思考、讨论、分享,尽可能地提出自己的问题,发表自己的见解,享受学习的自由与快乐。

于是,我日益清晰了自己对语文、语文学习、语文世界等的认识与看法,并体察与分析了自己教学的风格，从而把自己的语文教学主张凝练为"有氧语文"。

氧，人和动植物呼吸所必需的气体。呼吸就是生物体与外界进行气体交换。一个人不喝水大概可以坚持 2—7 天，不吃饭可以坚持 30 天左右，但是不呼吸只可以坚持几分钟。呼吸是一个人存活而自由的重要证明。在氧气充分供应的情况下，一个人进行体育锻炼，能锻炼心、肺功能，使心血管系统能有效、快速地把氧传输到身体的每一个部位，尤其是在运动过程中，人体吸入的氧气与需求相等，达到生理上的平衡状态，就越发有利于人的健康。语文"有氧"，语文学习"有氧"，语文世界"有氧"，意味着语文是自由而充满生机的，意味着语文学习是自在而充满活力的，意味着语文世界是自为而充满价值的。语文教学需要这样的"有氧"境界，因为在这样的境界里，师生才能随着语文价值的敞现而尽情地释放生命价值。

"有氧语文"就是贴合学生的呼吸，跟着他们的脉搏，遵循他们成长的节律，让他们可以在课堂上自由呼吸，自由充盈着他们的人生，让他们在自己的天性下体会语文之美，感悟语文的善与真。作为一位语文教师，让学生在语文学习中自由自在、快乐轻松地成长，有所得，有所感，有所悟，这是我最诚挚的期许。

我教你学，风格自来。秉持"有氧语文"教学主张，我和学生上的是自由呼吸的语文课，享受的是自在呼吸的语文学习，身处的是自为呼吸的语文世界。

三　有氧语文：酿造语言的气度

语文是一种境界，在这个境界里，有听说读写的学习样态，有心智品行的成长姿态，有当下未来的人生梦态。人人醉学，可见语文的美丽；人人竞长，可见语文的甜蜜；人人共生，可见语文的魅力。

步入语文境界，我们既能催生自己的教学主张，又能自信地酿造语言的气度。在催生与酿造之间，语言文字犹如鲜活的大自然，诱人徜徉其间，于是，语文"有氧"的教学主张，随着学习的样态、成长的姿态、人生的梦态，翩翩起舞。

1. 语文有氧，学习更香

有氧语文的教学应该是自然的、自由的、开拓的、发散的，同时应该是自砺的、自为的、美丽的、快乐的，应该是引领学生充分发挥自己的想象力、创造力以及才情,在自由自在的艺术殿堂里展示自己的人生体会与感悟。因为,学生是语文学习的小主人,他们应该也可以做语文核心素养提升的主体,如此他们就能够在教师的组织与引导下,自主地、合作地、探究地沉浸于语文学习的情境之中。

语文教学追求"有氧",就是追求学生学习兴趣得以不断激发,自主学习的意识与习惯得以不断培养,就是追求学生能够掌握与运用语文学习的方法,能够在紧张又充满活力的环境中自主学习、合作学习、探究学习,就是追求学生的个体差异受到尊重,而自然地选择适合自己的方式展开有效学习。

在有氧语文的天地里,自主学习成为时尚,学生对自己的学习当家作主,能够独立地运用质疑分析、实践探索、思辨创造等方法来展开学习。他们不仅愿意学习,而且乐于学习,总是有办法调动并形成强烈的学习动机,兴致盎然地去发现问题、探究问题、解决问题。他们不仅会学,而且善学,总是懂得运用多种学习方法进行学习,善于选择合适的方法去获得更好的学习效果。他们不仅自砺能力强、自控能力强,而且自主能力强,能够认清自己的学习基础,能够根据自己的学习起点去确定自己的学习路向,具有自我砥砺、自我调控、自发学习的意识与能力,善于适应环境,主动应对,积极地发展自己的兴趣爱好。

在有氧语文的天地里,合作学习成为时尚,学生对于共同的学习任务,能够分工协作,在分担明确的学习任务基础上相互协助地展开有效学习。他们不仅能够基于合作精神、创新精神而展开学习,也能够基于平等意识、竞争意识而展开学习,还能够基于交往能力、承压能力而展开学习。他们不仅会聚焦于问题与研讨来展开合作学习,也会聚焦于表演与展示来展开合作学习,还会聚焦于情境与活动来展开合作学习。

在有氧语文的天地里,探究学习成为时尚,学生从自己的猜想或假设出发,以科学理论为指导,围绕核心问题,积极主动地运用科学的方法进行持续深入的研究,从而自主建构知识体系,实现创新与实践能力的提高,促进多种思维的发展。他们不仅能够通过探究活动来主动地生成知识,也能够通过亲身实践来主动地发现答案,还能够通过多种学习方式来主动地统合知识与技能。他们不仅能够经由探究学习培养发散性思维和创造性思维,还能够经由探究学习发展分析、综合与评价等高阶思维。

语文教学追求"有氧",就是追求听说读写等的一体化学习,让听说读写能力得以一体化提高,就是追求语文与生活世界的融合,让知识与能力、过程与方法、情感态度与价值观得以整体性发展,就是追求语文实践的综合性学习,让学生在感兴趣的自主活动中全面提高语文核心素养,活化学习兴趣,发展学习能力。

在有氧语文的学习历程中,语文听说像呼吸一样自然,学生懂得口语交际能力是个人必不可少的成长能力,喜欢与他人一起文明和谐地进行口语交际活动。他们乐于在具体的交际情境之中展开听说活动,并在这种互动式学习活动中掌握与运用口语交际的原则和要领。他们乐于在其他学科学习过程中和日常生活中展开听说活动,在此过程中提高基于交际话题的倾听、表达和应对的能力。

在有氧语文的学习历程中,语文阅读像呼吸一样自然,学生懂得阅读是运用语言文字获取信息、认识世界、发展思维、获得审美体验的重要途径,喜欢与他人一起阅读文本,并分享各自独特的阅读所得。他们乐于钻研文本,并随着思维的敞开与情感的激荡去感悟与品味文本,实现言意兼得的语文学习。他们乐于对文本进行多角度、有创意的阅读,并在充分地感受、理解、欣赏与评价文本的过程中升华阅读理解,体验情感熏陶,获得思想启迪,享受审美乐趣。他们乐于在多种场域展开阅读,喜欢通过多种媒介,自主选择阅读材料进行广泛的阅读,并充分利用展示与交流的机会,分享自己的阅读收获。

在有氧语文的学习历程中,语文习作像呼吸一样自然,学生懂得习作是运用语言文字进行表达与交流的重要方式,喜欢随着持续的练笔而认识世界、认识自我,学会创造性表达所见所闻所感。他们乐于在取材、立意、构思、起草、加工等习作过程中锤炼写作本领,体验自己在观察、思考、表达与创造等方面的提高。他们乐于经由习作学习而学会关注现实、热爱生活,积极向上地表达真情实感,体验说真话、说实话、说心里话的习作生活。

语文有氧,学习更美。无论是自主学习、合作学习、探究学习,还是听说读写等的一体化学习,在我所追寻的有氧语文的教学情境里,学生的学习都是更美的,他们自由、自在、自为地运用着语言文字,徜徉于语文学习,沉浸在语文世界。

2. 语文有氧,成长更甜

在有氧语文的课堂上,语文有氧,语文学习有氧,语文世界有氧,因为,教师和学生可以跟着她,去见证诸子百家的思想争鸣;可以跟着她,去领略奇妙瑰丽的风骚楚体;可以跟着她,去赏析魏晋风度的丰赡写意;可以跟着她,去感受唐诗宋词的诗意灵韵;可以跟着,去触摸汉魂唐魄那血与肉的载体。

中国文化源远流长、博大精深,绚烂多彩。中国有五千多年有文字可考的历史,文化典籍极其丰富。在春秋战国时期,各种思想学术流派的成就斐然。先秦时期各学术派别统称为诸子百家,其中流传最为广泛的是法家、道家、墨家、儒家、阴阳家、名家、杂家、农家、小说家、纵横家、兵家、医家,为中国文化发展奠定了宽广而坚实的基础。学习诸子百家,我们可以发现不同的学派有不同的思想主张,如围绕人与自然、人与人、个体与社会等价值问题,在论争基础上所提出的人道原则、自然原则、个性原则和群体原则,这些思想主张成为中华文化的根脉,也奠定了中国文化的根基。学生进入有氧语文的课堂时空,可以自由地学习诸子百家,发现百家争鸣的思想与文化宝库,并从其所蕴含的哲学思想、人文精神、教化理论、道德理念等文化精髓中,获得许多有关认识世界、治国理政和道德建设等方面的有益启迪。尤其,在有氧语文注重充分扩展学习张力的课堂生活中,学生更能够形成个人独特的学习感悟,进而为自己的成长打下厚实的文化底蕴和思想根基。

中国文学历史悠久、形式多样、作家众多、作品丰富、风格独特、个性鲜明,是世界文学宝库中光彩夺目的瑰宝。从先秦始,诗经、楚辞、汉赋、晋书、唐诗、宋词、元曲、明清章回小说、民国杂文……绘就了灿烂的中华文学史。在中国文学的浩海中,我们可以发现语言文字的独特魅力,从中国文字的象征表意中获得独特的审美体验,既有词句对称、章法布局的形式美,又有节奏鲜明、抑扬顿挫的音韵美,更有意味深长、品味多样的意蕴美。在中国文学的云山间,我们可以品悟文学观念的独特样态,从中国文字的思维特质中获得独特的思想润育,既有君臣遇合、民生苦乐、宦海浮沉的主题律动,又有战争胜败、国家兴亡、伦理向背的主题张扬,更有人生聚散、人性善恶、人情抑放的主题唱响。学生融入有氧语文的课堂天地,可以自在地学习中国古典文学、现代文学和当代文学,品味文学筋骨与肉髓中的思想真谛,品悟文学的形式与内容中的艺术力量。

在中国文学史上,唐诗与宋词是两颗明珠。唐诗形式多种多样、风格丰富多彩。五言古体诗、七言古体诗、五言绝句、七言绝句、五言律诗、七言律诗是唐诗的六种基本形式。唐诗代表了中华诗歌的最高水准。李白、杜甫、白居易、王维等是唐朝独具风格的大诗人。宋词始于南朝梁代,形成于唐代,极盛于宋代,句子有长有短,便于歌唱,是合乐的歌词,又称曲子词、乐府、乐章、长短句等,可与唐诗争奇,可与元曲斗艳,苏轼、辛弃疾、柳永、李清照是其代表人物。唐诗宋词并列对举,中外闻名。学生深入有氧语文的课堂内外,可以从唐诗宋词中探索唐宋时期的政治、民情、风俗、文化等,可以从唐诗宋词的炼字、遣词、过脉、摇曳、跌宕等手法与章法中咀嚼语文的特点与特色,玩味语文的艺术与品质,而润化于中国乃至世界文学的整个殿堂中自为地含英咀华,更是一个人尤为甜美的成长姿态。

语文有氧,成长更甜。品文化精华,咏文学经典,探语文意蕴,究语文艺术,在发现中领悟语言文字的张力,在思辨中领略语言文字的甜美,这样的学习在有氧语文的天地里发生,助力学生健康成长,品尝成长的甜味,显得格外自然又尤为重要。

3. 语文有氧,人生更美

有氧语文的教学,就是要让语文走入学生的内心,融入学生的灵魂深处,化养学生的人生,就是要让语文课本不再是冷冰冰的文字,而是师生一起遨游先贤所创造的文化瑰宝的秘密宝库,是师生去一座一座地开启,一步一步地探索,一念一念地深入,最终绽放生命风采的人生精神宝库。

作为一名语文老师,既要教会学生做人的道理,也要教育学生继承与发扬祖国璀璨的传统文化,还要让他们学会体验、感悟、书写人生这本缤纷多彩的语文大书。

有氧语文是一种可以自由呼吸的养分,是一种可以自在吐纳的机理,是一种自为创造的生命。有氧语文执着于对学生人性的培养,是为塑造学生健全人格而提供充盈的精神养分,就像春雨过后的空气里夹带着湿润的泥土气息,新鲜而又澄澈,滋润而又清爽。

有氧语文是一道光,尽其所有地照亮每个人的人生,光里有着我们对这个世界与自己的期许。北宋理学家张载说过一句很有名的话,"为天地立心,为生民立命,为往圣继绝学,为万世开太平",这是一种崇高的道德之光,也是一种对自我的道德修养。有氧语文就是让学生拥有这样一道崇高的道德之光,去积极主动地找寻自己人生的美好之路。

语文与人生息息相关，语文的生机可以随着人生的延展而勃发，人生的价值可以随着语文的滋养而凸显。在语文里，在语文学习中，在语文世界里，有具体的语言知识、厚实的文学修养、多样的人生观，也有丰富的思维方式、多样的思想感情、别样的文学意趣，这些不仅是一个人学习语文可得可用的东西，也是一个人人生历程中需要需用的东西。学习语文既是习得语言文字的建构与运用之道，也是透过语言文字去触摸自然、发现社会、丰富生活的幸福之途，更是融合于语文世界去思考生存、叩问生命、表现生活的人生之路。

　　语文有氧，人生更美。在有氧语文的天地里，就是读一本书，诵一篇作品，写一路生活。于是，人生便随之不断地得以充实，展现无穷的魅力。那一本书里，一辑作品里，一路生活里，珍藏着作者勾勒的人生观，尤其是选入教材的文本，其中蕴含的人生观积极而充满力量，能够指引人积极向上。

　　语文有氧，就是要在自由呼吸的语文境界里与文本对话，与人生交流，并在对话与交流中学习如何做人，如何处事，如何探究学问，如何明辨是非，进而带着本领走可持续发展的人生。

　　语文有氧，就是要在自在吐纳的语文境界里运用语言文字去吸收文化精髓，去汲取文学精华，去穿过时光隧道而览阅诗情文味，去穿梭书海文道而吟唱词意文韵，进而因语文的自在吐纳而拥有丰富多彩的人生。

　　语文有氧，就是要在自为创造的语文境界里运用语言文字去再现生活，去展现生命，去表达自己与自然的相遇，去传递自己与他人的相知，去倾述自己与生活的相处，去表现自己与世界的相安，进而因语文的自为创造而享受回味无穷的人生。

第二章

有氧语文的姿态

眷顾儿童,迎接真实,扎根生活。一门学科体现价值有其相应的方式,这些相应的方式也就成就了学科课程的姿态。

有氧语文的姿态,在于课程性情的发现,无论是语文学科性质的确立,还是语文学科课程理念的凝练,抑或是语文学科课程目标的厘定。

有氧语文的姿态,在于课程样貌的勾勒,无论是语文学科课程结构的建构,还是语文学科课程设置的布局,抑或是语文学科课程内容的布排。

有氧语文的姿态,在于课程韵味的酝酿,无论是有氧课堂的价值彰显,有氧课程的体系丰富,还是有氧学习的习惯培养,有氧节日的涵养熏陶,抑或是有氧空间的氛围营造,有氧研学的底蕴升华。

一　有氧语文：发现课程的性情

语文一旦如氧气一样，滋养着每一个生命，我你他就能自由呼吸而灵动地成长。如此，我们就能徜徉于无处不在的语文世界之中，感受文字的魅力，品悟诗文的意蕴，咀嚼文化的韵味，进而学趣勃发，对世间万物的发现与表达都能兴致盎然，且文韵悠长。

信奉有氧语文的教学主张，需要从确立语文学科价值观、凝练语文学科课程理念、厘定语文学科课程目标方面，以课程建设的作为，来发现其促人灵动成长的性情。

1. 语文课程，确立性质

语文学科是一门怎样的学科，它具有怎样的特性？这是一个语文人，一个语文教师必须拥有的清晰认知，并以此指导教学实践。对语文学科所持有的总的看法，就是我们所确立的语文学科价值观。

语文是语言和文字，也是语言和文学。作为人类文化的重要组成部分，作为人类最重要的交际工具，作为人类最重要的信息载体，语言文字在人类生活的各个领域发挥着其应有的作用。语文课程是学习语言文字运用的课程，运用语言文字的过程即是语文课程发挥其工具性与人文性的过程，而语言文字的运用既是综合性的，又是实践性的。为此，工具性与人文性的统一，综合性与实践性的统一，是语文课程的基本特点。这在"语文课程标准"里，得到明确的定位。

> 语言文字是人类最重要的交际工具和信息载体，是人类文化的重要组成部分。语言文字的运用，包括生活、工作和学习中的听说读写活动

以及文学活动,存在于人类生活的各个领域。

语文课程致力于培养学生的语言文字运用能力,提升学生的综合素养,为学好其他课程打下基础;为学生形成正确的世界观、人生观、价值观,形成良好个性和健全人格打下基础;为学生的全面发展和终身发展打下基础。语文课程对继承和弘扬中华民族优秀文化传统和革命传统,增强民族文化认同感,增强民族文化认同感,增强民族凝聚力和创造力,具有不可替代的优势。语文课程的多重功能和奠基作用,决定了它在九年义务教育中的重要地位。

语文课程是一门学习语言文字运用的综合性、实践性课程。义务教育阶段的语文课程,应使学生初步学会运用祖国语言文字进行交流沟通,吸收古今中外优秀文化,提高思想文化修养,促进自身精神成长。工具性与人文性的统一,是语文课程的基本特点。

语文课程应激发和培育学生热爱祖国语文的思想感情,引导学生丰富语言积累,培养语感,发展思维,初步掌握学习语文的基本方法,养成良好的学习习惯,具有适应实际生活需要的识字写字能力、阅读能力、写作能力、口语交际能力,正确运用祖国语言文字。语文课程还应通过优秀文化的熏陶感染,促进学生和谐发展,使他们提高思想道德修养和审美情趣,逐步形成良好的个性和健全的人格。

——《义务教育语文课程标准(2011 年版)》

由此,语文课程要面向全体学生,充分利用其工具性与人文性相统一、综合性与实践性相统一的特点,致力于引领每个学生全面而优质地提高语文核心素养。

语文课程发挥其工具性的作用,既要兴发学生热爱语文的思想情感,积极主动地积累语言,培养语感,发展思维,又要学会运用基本的方法学习语文,培养良好的学习习惯,从而正确而有效地运用语言文字,提高听说读写等的能力。

语文课程为有效地引领学生全面而优质地提高语文核心素养,就要发挥其人文性的作用,充分利用优秀文化去熏陶感染学生,让他们既能够获得思想道德修养和审美情趣的提高,又能够实现良好个性和健全人格的逐步形成,进而获得德智体美劳诸方面的全面而和谐发展。

我们正确把握语文课程的工具性和人文性，并发挥其和谐统一的作用，就是引领学生理解和掌握语言文字运用的过程，而其运用过程也必然是综合性与实践性的。也就是说，我们要想方设法地引领每一个学生，充分利用无处不在的学习资源和实践机会，去学习运用祖国的语言文字，在大量的综合性的语文实践中学会听说读写，提高识字写字能力、阅读能力、写作能力，深入体会与把握语言文字的运用规律，初步养成现代社会所需要的语文核心素养。

综上，我们认为，语文课程具有多重功能和奠基作用，在九年义务教育阶段的地位重要，它的核心价值就在于助力每一个学生全面而优质地形成与发展语文核心素养，为学习其他课程打好扎实的根基，更为德智体美劳全面而和谐发展扎下可持续发展的基础。

2. 语文课程，凝练理念

确立语文学科价值观，为教师打开了语文教学的天窗，从而基于这样的价值观而凝练并践行自己的语文教学主张。我对语文学科价值观的认识随着教学实践而越发清晰，并提出"有氧语文"的教学主张，期望在语文教学实践中，能够探索出一条个性化的语文学科价值的实现之路。

氧即氧气，有氧即生命，即真实，即生活。有氧语文即是语文如氧气一般，无处不在，不可或缺，不用即退。有氧语文的使命就在于，让生命自由呼吸而生机盎然，让生命自在真实而扑面而来，让生命自然展示而丰富生活。

有氧语文是眷顾儿童而引领儿童生机盎然的语文。语文有氧，意味着学生的自然生长一如生命有氧一般而得以不断地滋润，意味着学生的自信生长一如生命有氧一般而得以不断地激励，意味着学生的自由发展一如生命有氧一般得以不断地引导，意味着学生的自我价值一如生命有氧一般得以不断地实现。

有氧语文是迎接真实而追求真实扑面而来的语文。语文有氧，意味着语文课程的价值就是追求真理、教人求真，就是永葆真诚、学做真人，意味着语文教学能够重视语言文字的基本规律，去引领学生持续地理解与掌握语言文字的运用，意味着语文学习需要回归语文的本真，带着儿童以他们喜欢的方式去品悟原汁原味的语文。

有氧语文是源于自然、依托自然而丰富生活的语文。语文有氧，意味着顺应学生的学习天性,让他们在生活天地里自然地学习语言文字的运用。融通语文学习之道,意味着研究学生语文学习的真实需求,让他们的语文学习能够基于个性差异、独特方式而延展于自然生活之中,意味着丰富学生的语文生活,让他们在多元的语文实践中提升语文核心素养,进而生活化地实现自信、向上地生长。

具体而言,秉持有氧语文教学主张的语文教学,应以儿童的姿势、真实的态度、生活的气息,去实现语文课程的育人价值。

有氧语文以儿童的姿态演绎语文。有氧语文的教学应树立以学生发展为本的思想,以学生为学习中心,从学生的角度解读文本,尊重每个学生学习语文的独特体验。苏霍姆林斯基说:"在学生的脑力劳动中,摆在第一的并不是背书,不是记住别人的思想,而是让学生本人进行思考,也就是说,进行生动的创造。"有氧语文就是要助力学生学习语文犹如有氧一般,以儿童当家作主的姿态,去自由地呼吸语文,去自在地吐纳语文,去自为地焕新语文,成为拥有语言文字运用能力的学习者、发展者、成功者。

有氧语文以真实的态度演绎语文。有氧语文的教学应赋予学生自由自在的表达权,让他们能够在语文实践活动中展开以自由为基础的发现与表达,呈现语文学习犹如无拘无束地呼吸一样,积极主动地参与到语言文字运用的对话中来,和老师一起探索,一起发现,一起创造,经历原生态真实的语文学习,进而在思想碰撞和心灵交流的动态学习过程中锤炼真实的语文,不断地提高听说读写等语文能力,提升综合素养。

有氧语文以生活的气息演绎语文。有氧语文的教学应回归属于儿童的真实的生活世界,以世间万物为资源,基于生活而展开语文的教学、语文的学习,让学生能够发现语文就在生活世界之中,并能够在生活世界之中学习语文,在学习语文的历程之中扎根于生活世界去实践语文,展现语文离不开生活、生活酿造着语文的教与学的情境,进而以美化日常生活的气息去体现出习得语文与运用语文的价值,去不断地提高语文核心素养,去不断地获得更全面而和谐的发展。

基于儿童立场而展现出生机盎然的语文姿势,立足真实时空而展现出扑面而来的语文面貌,沉浸生活场域而展现出美化日常的语文气息,进而助力每一个学生学习语言文字的运用,获得听说读写等能力的提高,实现知能互促、学识共长,就是我所追求的有氧语文。

3. 语文课程，厘定目标

学好语文继而为学好其他课程打好基础，学好语文继而为形成健全人格打好基础，学好语文继而为可持续发展打好基础，是语文课程的目标所在。即为学好其他课程打好基础，语文课程需致力于培养学生的语言文字运用能力，让他们的综合素养得到不断提升；为形成健全人格打下基础，语文课程需致力于助力学生通过语言文字运用的实践，来培养并形成正确的世界观、人生观、价值观，让他们得以形成良好的个性和健全的人格；为打好可持续发展的基础，语文课程需致力于以丰富多样的语文实践活动，来促进他们获得德智体美劳诸方面全面而和谐发展的力量。

义务教育阶段的课程目标设计，从知识与能力、过程与方法、情感态度与价值观三个方面来进行，并注重三者相互渗透，融为一体。整体提高学生的语文核心素养，是语文课程目标的设计着眼点。"语文课程标准"就此明确了 10 条总体目标：

1. 在语文学习过程中，培养爱国主义、集体主义、社会主义思想道德和健康的审美情趣，发展个性，培养创新精神和合作精神，逐步形成积极的人生态度和正确的世界观、价值观。

2. 认识中华文化的丰厚博大，汲取民族文化智慧。关心当代文化生活，尊重多样文化，吸收人类优秀文化的营养，提高文化品位。

3. 培育热爱祖国语言文字的情感，增强学习语文的自信心，养成良好的语文学习习惯，初步掌握学习语文的基本方法。

4. 在发展语言能力的同时，发展思维能力，学习科学的思想方法，逐步养成实事求是、崇尚真知的科学态度。

5. 能主动进行探究性学习，激发想象力和创造潜能，在实践中学习和运用语文。

6. 学会汉语拼音。能说普通话。认识 3500 个左右常用汉字。能正确工整地书写汉字，并有一定的速度。

7. 具有独立阅读的能力，学会运用多种阅读方法。有较为丰富的积累和良好的语感，注重情感体验，发展感受和理解的能力。能阅读日常的书报杂志，能初步鉴赏文学作品，丰富自己的精神世界。能借助工具书阅读浅易文言文。背诵优秀诗文240篇(段)。九年课外阅读总量应在400万字以上。

8. 能具体明确、文从字顺地表达自己的见闻、体验和想法。能根据需要,运用常见的表达方式写作,发展书面语言运用能力。

9. 具有日常口语交际的基本能力,学会倾听、表达与交流,初步学会运用口头语言文明地进行人际沟通和社会交往。

10. 学会使用常用的语文工具书。初步具备搜集和处理信息的能力,积极尝试运用新技术和多种媒体学习语文。

——《义务教育语文课程标准(2011年版)》

我所倡导的有氧语文,是眷顾儿童而引领儿童生机勃发的语文,是迎接真实而追求真实扑面而来的语文,是扎根生活而依托生活美化日常的语文。为实现这样的教学愿景,有氧语文的课程总体目标包括语文基础知识学习的总体目标、语文阅读学习的总体目标、语文写作学习的总体目标、语文口语交际学习的总体目标、语文综合性学习的总体目标。

语文基础知识学习的总体目标。语文基础知识包括识字、写字、汉语拼音。识字是小学语文教学的重点,也是阅读和写作的基础。识字方面,学生能够对学习汉字形成浓厚的兴趣,能够培养较强的独立识字能力,能够达到3500个左右常用汉字的小学阶段识字总量。写字方面,学生能够充分利用每天语文课和其他时间练习写字,能够掌握正确的写字姿势和基本的书写技能,能够养成良好的书写习惯,能够使用硬笔熟练地书写正楷字,做到书写规范、端正、整洁,能够使用毛笔临摹正楷字帖,同时在日常书写中增强练字意识,注意间架结构,初步感受汉字的形体美和讲究练字效果。汉语拼音方面,学生能够读准和正确书写声母、韵母、声调和整体认读音节,能够借助汉语拼音独立识字,能够学会用音序检字法和部首检字法查字典。

语文阅读学习的总体目标。阅读是运用语言文字获取信息、认识世界、发展思维、获得审美体验的重要途径。阅读教学是学生、教师、教科书编者、文本之间对话的过程。在这一过程中,教师要通过行之有效的教学方法,让学生感受阅读的乐趣,喜欢阅读,培养良好的阅读习惯,使学生具有独立阅读的能力,学会运用多种阅读方法,初步把握文章的主要内容,体会文章表达的思想感情。在这一过程中,教师要引领学生对课文内容与表达发表个人的心得、看法,使学生能够尽情地品味语言,作出自己的判断,学会阅读日常的书报杂志,学会初步鉴赏文学作品,丰富自己的精神世界,学会借助工具书阅读浅易文言文。在这一过程中,教师要助力学生认识中华文化的丰厚博大,吸收民族文化智慧,学会关心当代文化生活,尊重多样文化,吸取人类优秀文化的营养,提高文化品位。在这一过程中,教师要促使学生乐于培养爱国主义、集体主义、社会主义思想道德和健康的审美情趣,发展个性,培养创新精神和合作精神,逐步形成积极的人生态度和正确的世界观、人生观和价值观。

语文写作学习的总体目标。写作是运用语言文字进行表达和交流的重要方式,是认识世界、认识自我,创造性表述的过程。写作能力是语文素养的综合体现。经由写作教学,学生既要能够建立起浓厚的写作兴趣和极大的自信心,学会养成留心观察周围事物的习惯,并有意识地丰富自己的见闻,也要能够关注现实,热爱生活,积极向上,不说假话、空话、套话,而说真话、实话、心里话,学会具体明确、文从字顺地表达自己的见闻、体验和想法,学会充分展开想象和幻想,写想象中的事物,更要在自我修改和相互修改的过程中提高写作能力。

语文口语交际学习的总体目标。口语交际能力是现代公民的必备能力。语文口语交际的教学既要注重培养学生倾听、表达和应对的能力,使学生具有文明和谐地进行人际交流的素养,又要注重听与说双方的积极互动,通过选择贴近生活的话题,采用灵活的形式组织教学活动,让学生具有日常口语交际的基本能力,学会倾听、表达与交流,并初步学会运用口头语言文明地进行人际沟通和社会交往。

语文综合性学习的总体目标。综合性学习主要体现为语文知识的综合运用、听说读写能力的整体发展、语文课程与其他课程的沟通、书本学习与生活实践的紧密结合。语文综合性学习的教学既要让学生自行设计和组织综合性学习活动,特别注重探索和研究的过程,以充分激发每一个学生自身的自主性和积极性,强化合作精神,培养学生策划、组织、协调和实施的能力,又要促使学生学会积极主动地进行探究性学习,激发想象力和创造潜能,学会在实践中学习和运用语文,更要与其他课程相结合,开展跨领域学习,让学生的综合能力得到锻炼与提高。

基于语文学科课程的总体目标,根据学生的年龄特点,有氧语文的愿景还需要随着各个年级目标的达成而得以逐步实现。

其一，一年级语文课程的具体目标。

识字与写字。能掌握汉字的基本笔画和常用的偏旁部首，能按笔顺规则用硬笔写字，注意间架结构。学习感受汉字的形体美。努力养成正确的写字姿势和良好的写字习惯，书写规范、端正、整洁。

阅读。喜欢阅读，能感受阅读的乐趣。学习用普通话正确、流利地朗读课文。学习借助读物中的图画阅读，结合上下文和生活实际了解课文中词句的意思，在阅读中积累词语。阅读浅近的童话、语言、故事，向往美好的情境，关心自然和生命，对感兴趣的人物和事件有自己的感受和想法，并乐于与人交流。诵读儿歌、童谣、浅近的古诗，展开想象，获得初步的情感体验，感受语言的优美。诵读古诗100首，课外阅读总量不少于1万字。

写话。对写话有兴趣，能简单写自己想说的话。

口语交际。学讲普通话，逐步养成用普通话的习惯。能认真同别人讲话，努力了解讲话的主要内容。听故事、看音像作品，能复述大意和精彩情节；学习完整地讲述小故事和简要地讲述自己感兴趣的见闻。与别人交谈，态度自然大方，有礼貌。

综合性学习。对周围事物有好奇心，能就感兴趣的内容提出问题，结合课内外阅读，共同讨论；结合语文学习，观察大自然，学习用口头或图文等方式表达自己的观察所得；热心参加校园、社区活动，结合活动，学习用口头或图文等方式表达自己的见闻和想法。

其二，二年级语文课程的具体目标。

识字与写字。基本掌握正确的坐姿、握姿、基本汉字笔画、笔顺、偏旁部首和汉字间架结构。能观察和分析字形，并更好地进行书写。感受中国楷书的艺术美、形体美，体会书法家的书法精神，从而产生学习兴趣，增强对方块字的审美意识，提高对自己的书写要求。

阅读。更喜欢阅读，感受阅读的乐趣。养成爱护图书的习惯。能正确、流利、有感情地朗读课文，并可以在具体语境中体会角色的心情，读出不同语气、重音，开始向读出情感、读出理解过渡。能结合上下文和生活实际了解课文词句的意思，在阅读中积累词语。学习默读，做到不出声、不指读。背诵优秀诗文30

篇(段)。

写话。对写话有兴趣,写自己想说的话,写想象中的事物,写出自己对周围事物的认识和感想。在写话中乐于运用阅读和生活中学到的词语。根据表达的需要,正确使用逗号、句号、问号、感叹号。

口语交际。学讲普通话,逐步养成用普通话的习惯。能认真同别人讲话,努力了解讲话的主要内容。听故事、看音像作品,能复述大意和精彩情节;能较完整地讲述小故事,能简要讲述自己感兴趣的见闻;与别人交谈,态度自然大方,有礼貌。有表达自信心,积极参加讨论,对感兴趣的话题发表自己的意见。

综合性学习。对周围事物有好奇心,能就感兴趣的内容提出问题,结合课内外阅读,共同讨论;结合语文学习,观察大自然,自信、大方地用口头或图文等方式表达自己的观察所得;热心参加校园、社区活动,并结合活动,自信、大方地用口头或图文等方式表达自己的见闻和想法。

其三,三年级语文课程的具体目标。

识字与写字。较为熟练地运用音序检字法和部首检字法查字典、词典。能使用硬笔熟练地书写正楷字,做到规范、端正、整洁。学习欣赏优秀的软笔书法作品,掌握基本笔画的书写,并用毛笔临摹正楷字帖。

阅读。用普通话正确、流利、有感情地朗读课文。初步学会默读,做到不出声,不指读。学习略读,粗知文章大意。能联系上下文,理解词句的意思,体会课文中关键词句表达情意的作用。能借助字典、词典和生活积累,理解生词的意义。能初步把握文章的主要内容,体会文章表达的思想感情。能对课文中不理解的地方提出疑问。能复述叙事性作品的大意,初步感受作品中生动的形象和优美的语言,关心作品中人物的命运和喜怒哀乐,与他人交流自己的阅读感受。诵读优秀诗文,注意在诵读过程中体验情感,展开想象,领悟诗文大意。养成读书看报的习惯,收藏图书资料,乐于与同学交流。课外阅读总量不少于40万字。

习作。乐于书面表达,增强习作的自信心。愿意与他人分享习作的快乐。观察周围世界,能不拘形式地写下自己的见闻、感受和想象,注意把自己觉得新奇有趣或印象最深、最受感动的内容写清楚。能用简短的书信、便条进行交流。尝试在习作中运用自己平时积累的语言材料,特别是有新鲜感的词句。

口语交际。能用普通话交谈。学会认真倾听,能就不理解的地方向人请教,就不同的意见与人商讨。听人说话能把握主要内容,并能简要转述。能清楚明白地讲述见闻,说出自己的感受和想法。讲述故事力求具体生动。

综合性学习。能提出学习和生活中的问题,有目的地搜集资料,共同讨论。结合语文学习,观察大自然,观察社会,用书面或口头方式表达自己的观察所得。能在教师的指导下组织有趣味的语文活动,在活动中学习语文,学会合作。在家庭生活、学校生活中,尝试运用语文知识和能力解决简单问题。

其四,四年级语文课程的具体目标。

识字与写字。懂得欣赏优秀的软笔书法作品,学会基本笔画的书写,学习汉字的书写,并初步了解书写一幅作品的整体布局,尝试自主创作。

阅读。初步学会默读,做到不出声、不指读,能对课文中不理解的地方提出疑问。学习略读,粗知文章大意,能初步把握文章的主要内容,体会文章表达的思想感情。能复述叙事性作品的大意,初步感受作品中生动的形象和优美的语言,顺畅地与他人交流自己的阅读感受。诵读小学生必背古诗 75 首,掌握诵读技巧,包括停连、轻重、速度、语调、节奏等。能对重点诗歌进行赏析,以注释为工具,理解、感悟古诗文的内容,以及作者的思想感情及蕴含的哲理等。养成读书看报的习惯,收藏并与同学交流图书资料。课外阅读总量不少于 40 万字。

习作。留心周围事物,乐于书面表达,增强习作的自信心。能不拘形式地写下见闻、感受和想象,注意表现自己觉得新奇有趣或印象最深、最受感动的内容。愿意将自己的习作读给他人听,与他人分享习作的快乐。能用简短的书信便条进行书面交际。尝试在习作中运用自己平时积累的语言材料,特别是有新鲜感的词句。根据表达的需要,学会使用冒号、引号。

口语交际。能用普通话与人交谈。在交谈中能认真倾听,领会要点,并能就不理解的地方向对方请教,就不同的意见与人商讨。听人说话能把握主要内容,并能简要转述。能清楚明白地讲述见闻,并说出自己的感受和想法。能主动地具体地讲述故事,努力用语言打动他人。

综合性学习。能提出学习和生活中的问题,有目的地搜集资料,共同讨论。结合语文学习,观察大自然,观察社会,组织语言,熟练运用书面与口头结合方式表达自己的观察所得。能在老师的指导下组织有趣味的语文活动,在活动中学习语文,懂得合作。在家庭生活、学校生活中,懂得运用语文知识和能力解决简单问题。

其五,五年级语文课程的具体目标。

识字与写字。在提高写字质量的同时,有写字的一定速度。能用钢笔书写楷书,行款整齐,并有一定的速度。体会汉字的独特魅力,感受名家笔下的艺术气息,提高对软笔书法的鉴赏能力。初步学习楷书的间架结构以及书写偏旁技巧。

阅读。具有用普通话正确、流利、有感情地朗读课文的水平。学会默读,做到既有更高的理解程度,又有更高的默读速度,一般读物每分钟不少于300字。能大体把握文章的主要内容,体会文章表达的思想感情。

习作。喜欢写作,认识到习作是学习、生活的需求,是倾吐、表达的需求,并开始养成留心观察周围事物的习惯,有意识地丰富自己的见闻,懂得珍视个人的独特感受,积累习作素材,并懂得根据题目要求选择最妥帖的内容来写。进一步明确小学生作文的本质是练笔,是习作,不是创作。培养观察、思想、表达三种能力。

口语交际。激发兴趣,体现双向互动。继续提高口语程度,培养良好的语言习惯。

综合性学习。学习了解查找资料、运用资料的基本方法,为解决与学习和生活相关的问题,懂得利用图书馆、网络等信息渠道获取资料,尝试写简单的研究报告。对自己身边的、大家共同关注的问题,或电视、电影中的故事和形象,组织讨论、专题演讲,学习辨别是非、善恶、美丑。学习策划简单的校园活动和社会活动,对所策划的主题进行讨论和分析,学会写活动计划和活动总结。

其六,六年级语文课程的具体目标。

识字与写字。会使用字典、词典进行识字,有较强的独立识字的能力。能用毛笔书写楷书,并体会汉字的优美。体会汉字的独特魅力,感受名家笔下的艺术气息,提高对软笔书法的鉴赏能力。深入学习楷书的间架结构以及书写偏旁技巧。初步学习楷书运笔方法及书写技巧。

阅读。学习浏览,能初步了解查找与运用资料的方法,根据需要搜集相关的信息,并按一定的标准分类。具有独立阅读的能力,在交流和讨论中,敢于提出看法,作出自己的判断。体会关键词句在表情达意方面的作用,理解环境描写和心理描写,读课文时能联系实际,深入思考,理解含义深刻的句子,继续学习用较快的速度读课文。能联系上下文和自己的积累,体会课文中含义深刻的句子,体会关键词句在表情达意方面的作用。在阅读中能揣摩文章的叙述顺序,体会作者的思想感情,初步领悟基本的表达方法。背诵 20 篇以上的优秀诗文,课外阅读不少于 15 万字。

写作。懂得写作是为了自我表达和与人交流,养成留心观察周围事物的习惯,有意识地丰富自己的见闻,珍视个人的独特感受,积累习作素材。能写简单的记实作文、想象作文、读后感等,内容具体,感情真实。能根据内容表达的需要,分段表述。学写读书笔记,学写常见应用文。能修改自己的习作,书写规范、整洁。

口语交际。初步了解演讲、辩论的技巧,以及基本的演讲和辩论礼仪,学会对演讲和辩论内容进行筛选、鉴别、分类,有理解身体语言和管理表情的能力。

综合性学习。初步了解查找与运用资料的基本方法,解决与学习和生活相关的问题,懂得利用图书馆、网络等信息渠道获取资料,会写简单的研究报告。对自己身边的、大家共同关注的问题,或电视、电影中的故事和形象,组织讨论、专题演讲,学习辨别是非、善恶、美丑。初步学会策划简单的校园和社会活动,对所策划的主题进行讨论和分析,学会写活动计划和活动总结。

二 有氧语文:建构课程的面貌

在课程类别方面,目前,义务教育阶段的语文学科课程一般分为基础性课程和拓展性课程。基础性课程主要遵循《义务教育语文课程标准(2011 年版)》的培养要求,以部编小学语文教科书为依据,培养学生听说读写等方面的基础性素养。拓展性课程主要满足学生的个性化发展要求,在落实《义务教育语文课程标准(2011 年版)》的基础上,把学生的学习兴趣同学校特色课程相结合,通过激发学生学习兴趣、发挥特长,营造学校特色课程文化。每一所学校,每一个教师都可基于此建构语文课程,呈现出应有的可能的期许的课程面貌。

1. 语文课程,构建结构

《义务教育语文课程标准(2011 年版)》从识字与写字、阅读、写作、口语交际、综合性学习五个方面出发,在小学阶段分三个学段对学生语文核心素养的发展提

图 2.1 有氧语文的课程结构

出了具体的要求。为此,有氧语文的课程从听说读写四个维度进行分解,勾勒出包含有氧识写、有氧阅读、有氧写作、有氧交流、有氧探究五大模块的课程面貌。其整体架构,如图 2.1 所示。

有氧识写。即基于有氧语文的教学愿景,认识与书写相应的汉字,助力学生积极主动地趣味化识字,培养端正的写字姿势和良好的书写习惯,学会在识记中感受汉字的历史,学会在书写中体会汉字的优美。这一课程模块根据《义务教育语文课程标准(2011 年版)》中小学识字要求,学会认识常用汉字 3 000 个左右(会写 2 500 个),开设"有氧言语""有氧书法""有氧妙笔"等课程。

有氧阅读。即基于有氧语文的教学愿景,掌握与运用阅读方法,理解与分享阅读文本,助力学生积极主动地学用朗读、默读多种方式学习文本,培养良好的阅读习惯,课外阅读总量不少于 100 万字,学会积累并运用文章的表达手法,理解标点符号的不同用法,并能在阅读实践中敢于提出自己的看法,作出自己的判断,学会从优秀作品中受到感染和激励,激发对美好理想的向往和追求。这一课程模块根据《义务教育语文课程标准(2011 年版)》中的阅读要求,开设了"有氧声韵""有氧诗意""有氧诗荟""有氧遇言"等课程。

有氧写作。即基于有氧语文的教学愿景,学习独立写作与修改习作,助力学生积极主动地把日常生活中的所见所闻所感等,用积累的词句以书面形式表达出来或与人交流,学会根据表达的需要自如地运用标点符号,养成留心观察周围事物的习惯,有意识地丰富自己的见闻,珍视个人的独特感受,积累写作素材,学会积累各种文体的写作方法,学写简单的纪实作文和想象作文,逐步做到内容具体,感情真实。这一课程模块根据《义务教育语文课程标准(2011 年版)》中的写作要求,开设"有氧妙语""有氧撷英""有氧童诗""有氧剧场"等课程。

有氧交流。即基于有氧语文的教学愿景,展开口语交际,掌握交际用语的规范性,同时注重语言美,助力学生积极主动地学会在与人交流时能尊重和理解对方,养成清晰有条理地表达自己意见的语言习惯,学会在听他人说话时认真耐心,能抓住要点和简要转述,学会根据对象和场合,在有准备的基础上做简单的发言。

这一课程模块根据《义务教育语文课程标准(2011年版)》中的口语交际要求,开设"有氧礼尚""有氧粤语""有氧节庆""有氧感恩""有氧励志"等课程。

有氧探究。即基于有氧语文的教学愿景,展开搜集资料、策划简单活动、专题演讲等学习,助力学生积极主动地在学习和生活中运用语文知识和能力解决问题,学会利用图书馆、网络等信息渠道获取资料,并尝试写简单的研究报告,学会对自己身边的、大家共同关注的问题,或电视、电影中的故事和形象,组织讨论、专题演讲,从而辨别是非、善恶、美丑。这一课程模块根据《义务教育语文课程标准(2011年版)》中的综合性学习要求,开设"有氧花语""有氧公民""有氧说道""有氧修身"等课程。

2. 语文课程,铺排设置

基于有氧语文的课程结构,从《义务教育语文课程标准(2011年版)》出发,有氧语文的课程按"有氧识写、有氧阅读、有氧写作、有氧交流、有氧探究"五大模块分年级进行设置。其相应的设置,见表 2.1。

表 2.1　有氧语文的课程分年级设置

课程 / 学段		有氧识写	有氧阅读	有氧写作	有氧交流	有氧探究
一年级	上学期	有氧言语	有氧声韵	有氧妙语	有氧礼尚	有氧丝语
	下学期					
二年级	上学期				有氧粤语	
	下学期					
三年级	上学期	有氧书法	有氧诗意	有氧撷英	有氧节庆	有氧公民
	下学期					
四年级	上学期		有氧诗荟	有氧童诗	有氧感恩	
	下学期					
五年级	上学期	有氧妙笔	有氧遇言		有氧励志	有氧说道
	下学期					
六年级	上学期			有氧剧场		有氧修身
	下学期					

3. 语文课程，布局内容

随着课程设置的铺排，有氧语文的课程内容也要以《义务教育语文课程标准（2011年版）》为指导，以部编小学语文教科书为媒介，分年级进行相应的布局。其具体的布局，见表2.2。

表2.2　有氧语文的课程分年级内容

年级	内容课程	课程名称	课程目标	课程内容
一年级	有氧识写	有氧言语	1. 喜欢学习汉字，有主动识字、写字的愿望。 2. 努力养成良好的写字习惯，写字姿势正确，书写规范、端正、整洁。 3. 学会汉语拼音。能读准声母、韵母、声调和整体认读音节。能准确拼读音节，正确书写声母、韵母和音节。认识大写字母，熟记《汉语拼音字母表》。	以硬笔正楷书写的笔画、笔顺、偏旁部首及汉字间架结构为主要内容，以"端端正正写字，堂堂正正做人"为主题，分为"书法鉴赏、技能训练、书为心画"三个模块。
	有氧阅读	有氧声韵	1. 喜欢阅读，感受阅读的乐趣。养成爱护图书的习惯。 2. 认识课文出现的常用标点符号；在阅读中体会句号、问号、感叹号所表达的不同语气。 3. 诵读儿歌、儿童诗和浅近的古诗，感受语言的优美。	以《读百诗识千字》为主要教材，该读本共精选了100首古诗，包含40首五言诗、60首七言诗的4句诗；正文总字数为2 480个，生字1 243个；平均每首诗12—13个生字，每首诗如同一个"小字盘"。
	有氧写作	有氧妙语	1. 乐于表达自己，愿意主动与老师和同学进行交流。 2. 对写话有兴趣，留心周围事物，写自己想说的话，写想象中的事物。	分为四个板块；根据一年级新生的发展水平和听说读写的发展规律，通过听说读写，作出铺垫，带领学生积累文句素材，体会文字传达的精神、感受和意境，对生活和世界进行观察和思考，形成聆听和阅读的习惯，敢于、乐于表达自己的想法。

年级	内容 课程	课程名称	课程目标	课程内容
二年级	有氧交流	有氧礼尚	1. 学说普通话，养成说普通话的习惯。 2. 与别人交谈，态度大方自然，有礼貌。 3. 听故事、看音像作品，能复述大意和自己感兴趣的情节。	围绕礼仪知识的学习和运用，包含"校园礼仪、课堂礼仪、校内公共场所礼仪"三个模块。
	有氧探究	有氧花语	1. 初步了解我国常用花历及其"花语"，知道其代表的花神传说，对"花语"及中国传统文化产生学习兴趣。 2. 简单了解古代诗词中常见的花，朗诵关于花的诗句，理解诗句中的花的象征意义，体会诗词之美，进一步理解花语，学习"托物言志"的写作手法。 3. 观察花卉的形态和生长习性，学会以文字形式表述，提高表达能力。	以"花语"在我国传统文化中的象征意义为主题，分为"节日与花语、文化与花语、诗词与花语、表达与花语"四个模块。
	有氧识写	有氧言语	1. 掌握汉字的基本笔画和常用的偏旁部首，能按照笔顺规则用硬笔写字，注意间架结构。初步感受汉字的形体美。 2. 累计认识常用汉字1600个左右，其中800个左右会写。 3. 学习独立识字。能借助汉语拼音认读汉字，学会用音序检字法和部首检字法查字典。	以硬笔正楷书写的笔画、笔顺、偏旁部首及汉字间架结构为主要内容，以"端端正正写字，堂堂正正做人"为主题，分为"书法鉴赏、技能训练、书为心画"三个模块。
	有氧阅读	有氧声韵	1. 学习用普通话正确、流利、有感情地朗读课文。学习默读。 2. 结合上下文和生活实际了解课文中词句的意思，在阅读中积累词语；借助读物中的图画阅读。 3. 积累自己喜欢的成语和格言警句。背诵优秀诗文50篇（段）。课外阅读总量不少于5万字。	以《读百诗识千字》为主要教材，该读本共精选了100首古诗，包含40首五言诗、60首七言诗的4句诗；正文总字数为2480个，生字1243个；平均每首诗12—13个生字，每首诗如同一个"小字盘"。

年级	内容 课程	课程名称	课程目标	课程内容
	有氧写作	有氧妙语	1. 在写话中乐于运用阅读和生活中学到的词语。 2. 根据表达的需要，学习使用逗号、句号、问号、感叹号。	针对学生的书面表达能力，以运用阅读中积累到的词句为内容。
	有氧交流	有氧礼尚	1. 能掌握粤语中基本口语，具备用粤语交流表达的能力。 2. 了解粤语中的故事内容，了解广府历史文化和风俗民情。	针对学生的口头表达能力和基本沟通能力，以粤语童谣、粤语常用语、广府小故事等为主要学习内容。
	有氧探究	有氧花语	1. 初步了解我国常用花历及其"花语"，知道其代表的花神传说，对"花语"及中国传统文化产生学习兴趣。 2. 简单了解古代诗词中常见的花，朗诵关于花的诗句，理解诗句中的花的象征意义，体会诗词之美，进一步理解花语，学习"托物言志"的写作手法。 3. 观察花卉的形态和生长习性，学会以文字形式表述，提高表达能力。	以"花语"在我国传统文化中的象征意义为主题，内容分为"节日与花语、文化与花语、诗词与花语、表达与花语"四个模块。
三年级	有氧识写	有氧书法	1. 对学习汉字有浓厚的兴趣，养成主动识字的习惯。 2. 有初步的独立识字能力。会运用音序检字法和部首检字法查字典、词典。 3. 有初步鉴赏软笔书法的能力。	以软笔书写的笔法、字法为主要内容，以"端端正正写字，堂堂正正做人"为主题，分为"书法鉴赏、初识笔墨、笔画训练、集字训练"四个部分。
	有氧阅读	有氧诗意	1. 诵读优秀诗文，注意在诵读过程中体验情感，展开想象，领悟诗文大意。 2. 懂得什么是吟诵，体会吟诵之美。 3. 懂得欣赏古诗画面之美，增强对中华文化的认同感、自豪感。	以吟诵诗词为主，内容分为"吟诵及其方法、吟诵诗词、吟诵会"三部分。
	有氧写作	有氧撷英	1. 乐于书面表达，增强习作的自信心。愿意与他人分享习作的快乐。 2. 观察周围世界，能不拘形式地写下自己的见闻、感受和想象，注意把自己觉得新奇有趣或印象最深、最受感动的内容写清楚。	对阅读中的好词好句进行摘录，以课内好词好句积累为范例，逐步掌握积累方法，自主积累课外好词好句，分为"写景、写人、写物、写事"四个模块。

年级	内容\课程	课程名称	课程目标	课程内容
			3. 尝试在习作中运用自己平时积累的语言材料,特别是有新鲜感的词句。	
	有氧交流	有氧节庆	1. 能清楚明白地讲述见闻,说出自己的感受和想法。讲述故事力求生动。 2. 了解中华传统各个节日的由来与传说。 3. 通过学习与实践,增进社会与文化参与,尊重并学习不同地域的文化,增强社会责任感和民族自豪感。	以感受和交流传统节日文化为主题,分为"不同节日由来及各地风俗习惯、节庆主题活动与成果展示"两大模块。
	有氧探究	有氧公民	1. 能认识到自己是中华人民共和国的公民。 2. 能了解自己的家庭成员、身边的老师同学以及生活的社区,懂得尊老爱幼,并能用自己的方式表达对他人的感激、尊敬和关心,积极成为他人的朋友。 3. 学习简单劳动技能。	针对小学三年级学生的理解能力,以了解公民的权利和义务,认识生活的环境、增加实践体验等为主要内容。
四年级	有氧识写	有氧书法	1. 欣赏优秀的软笔书法作品。 2. 累计认识常用汉字2500个左右,其中1600个左右会写。 3. 能使用硬笔熟练地书写正楷字,做到规范、端正、整洁;能用毛笔临摹正楷字帖。	以学习软笔笔法、字法为主要内容,以"端端正正写字,堂堂正正做人"为主题,分为"书法鉴赏、初识笔墨、笔画训练、集字训练"四个部分。
	有氧阅读	有氧诗荟	1. 掌握诵读技巧,包括停连、轻重、速度、语调、节奏等。 2. 能够对重点诗歌进行赏析,以注释为工具,理解、感悟古诗文的内容,以及作者的思想感情及蕴含的哲理等。	以《小学生必背古诗词75首》为教材,进行小学必背古诗词学习。
	有氧写作	有氧童诗	1. 初步了解儿童诗这种文学体裁,感受儿童诗的魅力,学会仿写。 2. 能用简单的书信、便条进行交流。 3. 学习修改习作中有明显错误的词句。根据表达的需要,正确使用冒号、引号等标点符号。	通过教师指导、学生自学、互学、仿写创作等方法,让学生感受儿童诗的魅力,并创作属于他们的儿童诗。

年级	内容 课程	课程名称	课程目标	课程内容
	有氧交流	有氧感恩	1. 能感受到父母、老师、朋友、同学等在生活中给予自己的帮助，进而理解到爱无处不在的道理。 2. 通过观看感恩视频、倾听感恩故事、举办感恩活动，探究感恩的方式，学会感恩他人。	懂得珍惜他人为自己的付出，怀有感恩之心，不忘父母恩、师长恩、同学恩等，塑造健全的人格，从小做到心中有集体的思想，从而弘扬中华民族的传统美德，全面推进素质教育。
	有氧探究	有氧公民	1. 能认识到自己是中华人民共和国的公民。 2. 能了解自己的家庭成员、身边的老师同学以及生活的社区，懂得尊老爱幼，并能用自己的方式表达对他人的感激、尊敬和关心，积极成为他人的朋友。 3. 结合语文学习，观察大自然，观察社会，用书面或口头表达自己观察所得。	针对小学四年级学生的理解能力，以了解公民的权利和义务的内容为主，以及学生生活的周边环境、实践体验等。
五年级	有氧识写	有氧妙笔	1. 体会汉字的独特魅力，感受名家笔下的艺术气息，提高对软笔书法的鉴赏能力。 2. 能用毛笔书写楷书，在书写中体会汉字的优美。 3. 硬笔书写楷书，行款整齐，力求美观，有一定的速度。	以提高学生软笔书写汉字的能力，培养学生审美能力为主，以名家优秀书法作品鉴赏、软笔书法技能训练，以及多角度评价能力训练等为内容，包含"书法鉴赏、技能训练、字帖临摹"三个模块。
	有氧阅读	有氧遇言	1. 能用普通话正确、流利、有感情地朗读课文。养成每天坚持阅读的好习惯，喜欢读书，和书成为好朋友。 2. 默读有一定速度，默读一般读物每分钟不少于300字；学习浏览，扩大知识面，根据需要搜集信息。 3. 敢于自信地展现自己，敢于和别人交流。能利用演讲这一有力工具传递信息、交流思想、表达情感。	培养小学生演讲能力以及语言表达能力，达到敢说、能说、会说、巧说的语言表达要求。
	有氧写作	有氧童诗	1. 初步了解儿童诗这种文学体裁，感受儿童诗的魅力，学会仿写。	选用与高年段学生知识发展和身心发展相符合的儿童诗进行教学，通过教师指导，学

年级	内容\课程	课程名称	课程目标	课程内容
			2. 积累语言,增强对儿童文学作品的感悟能力,提升文化素养。 3. 养成留心观察周围事物的习惯,有意识地丰富自己的见闻,珍视个人的独特感受,积累习作素材。	生自学、互学、仿写创作等方法,让学生感受儿童诗的魅力,并创作属于他们的儿童诗。
	有氧交流	有氧励志	1. 能认识到坚毅等意志品质,能掌握用自己力量成长的技巧。 2. 能积极探索人生的意义、生命的价值,树立高尚的理想。 3. 能根据对象和场合,稍作准备后简单发言。	主要涉及"爱国、自信、认真、守信、独立、宽容、坚强、担当、惜时"等品质,其重合部分则是相关品质的再度提升。
	有氧探究	有氧说道	1. 策划简单的校园活动和社会活动,对所策划的主题进行讨论和分析,学写活动计划和活动总结。 2. 对自己身边的、大家共同关注的问题,或电视、电影中的故事和形象,组织讨论、专题演讲,学习辨别是非、善恶、美丑。	以活动策划为主题,通过演讲和实践的方式开展课程,分为"走进演讲的世界、我是传声筒、我讲给你听、评评那些事、我的心里话、小小演讲家"六个模块。
	有氧识写	有氧妙笔	1. 体会汉字的独特魅力,感受名家笔下的艺术气息,提高对软笔书法的鉴赏能力。 2. 能用毛笔书写楷书,在书写中体会汉字的优美。 3. 硬笔书写楷书,行款整齐,力求美观,有一定的速度。	以提高学生软笔书写汉字的能力,培养学生审美能力为主,以名家优秀书法作品鉴赏、软笔书法技能训练,以及多角度评价能力训练等为内容,包含"书法鉴赏、技能训练、字帖临摹"三个模块。
六年级	有氧阅读	有氧遇言	1. 在阅读中了解文章的表达顺序,体会作者的思想感情,初步领悟文章的基本表达方法。在交流和讨论中,敢于提出看法,作出自己的判断。 2. 阅读叙事性作品,了解事件梗概,能简单描述自己印象最深的场景、人物、细节,说出自己的喜爱、憎恶、崇敬、向往、同情等感受。阅读诗歌,大体把握诗意,想象诗歌描述的情境,体会作品的情感。受到优秀作品的感染和激励,向往和追求美好的理想。阅读说明	培养小学生阅读能力以及语言表达能力,达到敢说、能说、会说、巧说的语言表达要求。

年级　课程 内容	课程名称	课程目标	课程内容
		性文章,能抓住要点,了解文章的基本说明方法。阅读简单的非连续性文本,能从图文等组合材料中找出有价值的信息。	
有氧写作	有氧剧场	1. 了解并掌握扎实的戏剧知识,在表演过程提高表演能力。 2. 提高自主学习能力。 3. 增强合作意识,并在学习的过程中提高感受美、欣赏美、表现美、创造美的能力。	以课本剧编写和编演为主题,内容分为"课本剧欣赏、课本剧改编、课本剧编演、课本剧展示"四个模块。
有氧交流	有氧励志	1. 能认识到坚毅等意志品质,能掌握用自己力量成长的技巧。 2. 能积极探索人生的意义、生命的价值,确立高尚的理想。 3. 乐于参与讨论,敢于发表自己的意见。	将励志教育和提高学生自主发展能力紧密结合、相互渗透,以学校实施全员育人导师制这一育人体系为契机,分为"励志名言、励志书籍、励志电影、励志歌曲、励志故事"五个模块。
有氧探究	有氧修身	1. 初步了解影响人更好发展的优良品质有哪些,知道现阶段我们需要培养自己哪些方面的品质,尽量做到有的放矢。 2. 知道一些有社会影响力的成功人士背后的故事,研究是哪些优秀的品质影响着他们。 3. 参与主题辩论、事件辨析、情境模拟等活动,切身体会到品质对人的影响。 4. 为解决与学习和生活相关的问题,利用图书馆、网络等信息渠道获取资料,尝试写简单的研究报告。	通过搜集资料的方式解决问题,涉及"爱国、自信、认真、守信、独立、宽容、坚强、担当、惜时"等品质,其重合部分则是相关品质的再度提升。

三　有氧语文：酿造课程的态度

语文资源无处不在,语文价值自有其处,语文学习方法有价,语文世界广阔悠长。语文课程的建设之道，就在于语文资源的有效整合，就在于语文价值的有效发挥，就在于语文学习的有效延展，就在于语文世界的有效融合。

基于课堂价值的彰显、课程体系的丰富、学习习惯的培养、节日涵养的熏陶、空间氛围的营造、研学底蕴的内化，全面引领学生明白语文学科的重要性和学习语文的可行性方法，让学生明白无论何时何地皆有语文，皆可学习语文，皆可运用语文，将语文推向与生长、生活、生命息息相关的境界，真正做到一切为了学生，即是有氧语文酿造课程的应有态度。

1. 课堂有氧，彰显价值

有氧语文的课堂是怎样的课堂，它如何让学生在语文的世界里自由呼吸，在语文的世界里自在沉浸，在语文的世界里自如运用？有氧语文的课堂以语文无处不在为指向，遵从学生的发展规律，从教学目标、教学过程、教学评价等各个方面以提升学生的语文素养，让学生明白生活处处可见语文、处处可学语文、处处可用语文，是以内化学生语文能力与语文涵养为宗旨的课堂。其操作以"三学一练"的方式进行，"三学"为"自学、互学、导学"，"一练"为"练习"。

有氧语文的课堂自学。即有针对性的课前预习，根据学生学习阶段和水平形成有关预习的一整套方法步骤。在不同的年级根据不同的学科目标和层级提出具体的预习要求。"自学"部分全面考虑学生的学习阶段和学习层次，围绕语文的人文性和工具性、综合性和实践性特点，从生活化语文出发，针对不同年级提出与该年级阶段相符合的预习要求。

有氧语文的课堂互学。即课堂上学生与学生之间的思维碰撞，教师先考虑不同学生的学习能力及学生性格形成学习小组，采用讨论、互教、辩论、互测等方式，充分发挥学生之间积极的促进作用，让学生在交互学习的过程中不断地进行语文的学习、语文思维的训练和语文素养的提升。

有氧语文的课堂导学。即教师发挥引领作用以助推学生学习，在这里，教师不是什么都教，因为学生才是课堂的主人，而是针对学生进行充分、大范围的、各种形式的互学之后产生的疑问或者难度较大的学习内容，教师进行方法上的指引和方向上的启迪，做到课程由浅入深的挖掘。

有氧语文的课堂练习。即指向学生语文能力和素养的训练——教师将围绕课堂学习内容创设分层学习单,对学生进行各种各样的语文能力和素养进行巩固和培养。

这样的课堂真正做到将课堂留给学生,充分调动学生学习的主动性和积极性,将学生语文的学习、合作、探究、创新的精神和能力作为培养重点,于潜移默化中彰显生本核心,为学生的终身发展考虑。

这样的有氧课堂有其相应的评价标准:①自学——教师根据授课内容结合学生实际情况,编制符合学生的预习大纲,并在教学开始前对学生预习情况进行检查,分别从已掌握和未掌握的学习内容、存在的问题、自学思考三方面进行;②互学——教师依据教学内容,设计小组独立思考和互动分享环节,5—6人为一组推选出组长,分享小组内成员学习情况,针对困惑问题进行讨论、交流心得;③导学——从确立目标、探究问题、小组展示、归纳总结四个方面引导学生进行学习,并要求学生明确目标,富有创意,而教师根据互学情况,设计问题链,把控重点、疑难点,针对典型问题,引导学生提出疑问并进行分析;④练习——分课堂检测、每日一练、巩固检查三个环节,由学生在课堂自主挑选经典题型,独立完成并讲述解题思路,而教师针对课堂情况设立每日一练,设置测试题,巩固并检查学生掌握情况。其具体的评价标准,见表2.3。

表 2.3 有氧语文的课堂评价标准

评价项目	评价要点	权重	得分	小计
教学目标 10%	1. 分层目标:充分依据课程标准在充分研读教材文本的前提下,结合学情,合理分层设定。	10%		
教学行为 50%	2. 教学内容:适合学生的不同发展水平,容量恰当,难度分层;注意知识的拓展与运用;努力开发、利用教学资源。	10%		
	3. 教学方法:突出学生的自学与互学,将课堂还给学生;根据学生学习状态进行深入浅出的引导;根据教材特点、教材内容及教学情境,灵活运用教法,富有教学机智。	10%		
	4. 教学手段:能根据实际,采用直观、形象教具和现代教学手段辅助教学,创造性地改进教学内容及问题呈现方式,有效整合教学资源。	5%		
	5. 教学过程:教学环节合理,层层深入;教学环节衔接自然,突出重点,突破难点;展示发展思维、培养能力的过程。	15%		

评价项目	评价要点	权重	得分	小计
	6. 教学评价：关注课堂的全体学生，尊重和信任学生；善于倾听，评价具体而恰当；激励方式灵活多样，竞争适度，氛围和谐。	5%		
	7. 教学基本功：教学语言准确、规范；教态亲切自然；课堂应变能力强；板书设计合理，书写工整美观。	5%		
学生表现 25%	8. 学习状态：在学习中感受到乐趣，注意力集中，愿意学习；思维活跃；能自主学习，合作交流，积极探究。	10%		
	9. 学习方法：课堂常规训练井然有序，学生学习方法科学、高效。	5%		
	10. 参与程度：不同层次学生均能参与到课堂教学中，有分工有交流，能扬长补短，充分发挥学生的带动作用；师生、生生互动交流平等、积极、有效。	10%		
教学效果 15%	11. 目标达成：学生自主择题，能独立完成并讲解思路；听、说、读、写训练扎实、有效，各层次学生均有收获和提高，达成预设目标。	10%		
	12. 综合发展：学生体验到学习和成功的愉悦，进一步提高学习自信；形成良好的学习习惯与思维方式。	5%		
总分（评分说明：90—95 分为优秀，80—89 分为良好，70—79 分为一般）				

2. 课程有氧，丰富体系

有氧语文的课程着眼于为了学生的生长、生活、生命，为此，在有氧语文的课堂教学之外，还要从学生未来考虑，精心打造一系列精品校本课程，以此丰富有氧语文的课程体系，帮助学生在课本之外，另辟蹊径地感受语文学习的快乐，多角度多层次地获取语文能力，发展语文素养。

这些精品化的语文校本课程，从生活实际出发，从培养学生在生活中必备的语文能力出发，注重形式的多样性以及课程的实效性，着力营造语文学习氛围，切实提升学生的语文素养。如"有氧花语"，意在让学生将花朵与语文、文化、生活联系起来；"有氧遇言"意在鼓励学生运用有声语言和无声语言，就问题说明道理、发表意见、抒发感情，培养口才能力；"有氧励志"意在让学生于励志名言、诗词、书籍、电影、故事中获得精神的力量；"有氧撷英"意在帮助学生在只言片语中学会以文言志、我以我手写我心等。此外，"有氧诗意""有氧声韵""有氧言语""有氧妙语""有氧书法"这些课程都以年级为划分依据，将学生的生活、生长、生命与语文紧紧地交融在一起，让学生根据自己的兴趣与爱好加以选择，符合学生的个性要求，从各个角度多元地将教书与育人并举，让学生在快乐中学好语文，书写一个个真正的人。

同样，有氧语文的这些校本课程的评价，也应由相应的要求：①评价内容——关注过程性评价和激励性评价的结合，主要通过激励性的评价语言对学生的表现进行评价，评价主要依据授课教师的记录评价，包括学生课堂表现、任务完成情况、学生参与度和积极性、学生的团队合作意识、学习体会感受及展示和测试等；②评价目标——既要在学生所选择课程方面有知识或者技能的提高，又要在学习兴趣和展示勇气方面得到进一步提高，并形成掌握能力或者技能的评价标准，学会根据标准自评与他评价，以不断完善自身不足，促使语文实践能力得到加强，同时在小组合作中学会倾听、表达，学会团队协作，学会评判性思维，感受语文学习的重要性与多样性；③评价方式——一是表格性评价，由教师制作本门课程甚至是本节课具体的评价表格，由学生自己和小组内部根据评价标准进行评价，二是过程性评价，由教师通过观察、学习过程中的情况记录，以及多种形式的作业、作品等形式对学生进行评价，三是实践性评价，学生对于课程目标的把握情况，也需要及时布置相应的作业，让学生回归家庭或者社会，去把课程学到的能力或者知识运用到实际的生活中，并由父母对学生的实践进行点评与及时的指导，将掌握情况反馈给老师。

此外，为了将语文学习溶入学生的血液，成为如氧气般自然化，如一日三餐般常态化的存在，我们还在每日清晨开设 15 分钟的国学诵读，每日中午开设 15 分钟的写字时间。这种微小的课程，主要是从站立姿势、写字姿势、诵读与书写认真程度、背诵任务的完成情况，以及书写作品的质量等方面来评价。而背诵任务则在每年以年级抽测形式进行，书写方面以书写比赛方式进行，并将赛后优秀作品进行长廊式展出。

3. 学习有氧，培养习惯

当学生时时刻刻都在主动地、自觉地进行与语文有关的学习，以促进语文多项习惯的养成和改善,这便是语文学习"有氧化"的表现。让学生明白语文的重要性和随时随地可学、应学,坚持学语文的意识可以称之为"有氧意识",这是语文学习得以顺利进行、语文素养和能力得以培养的重要保障,是一个人得以生存,一个民族得以发展繁荣的精神支柱。在学校,语文学习中的"有氧意识"的具体内涵,应该包括积极主动的学习态度、无穷无尽的学习兴趣、拥有持之以恒耐力、坚忍不拔的韧性、兼容并包的学习胸怀。而这样的"有氧意识"形成,也需要培养以下十种精致习惯加以辅佐,这些习惯是否习得便是评价的标准。

用心倾听的习惯——师生发言时,学生能保持安静,认真倾听,并开动脑筋思考,能进行质疑与点评。

乐于交流的习惯——愿意与他人交流自己的学习心得与感受,敢于表达自己的想法。

说普通话的习惯——进入校园,与师生交流都使用普通话,并能有意识地将说普通话的习惯带入自己的家庭。

勤学好问的习惯——学习主动而自觉,能积极地处理好自己的学习,遇到疑惑乐于质疑。

站立诵读的习惯——国学诵读和课堂诵读时,都能养成站立大声诵读的习惯,背脊挺直,自信而投入。

规范书写的习惯——能掌握正确科学的握笔与书写姿势,在能根据各科老师的要求工整而规范地完成作业的前提下追求美观大方。

自主学习的习惯——能自主而独立地完成学习任务,善于预习,主动与师生交流合作学习,不懂就问。

广泛阅读的习惯——热爱阅读,阅读内容广泛,坚持每天阅读并养成记录有价值阅读内容和阅读感受的习惯。

积累素材的习惯——善于观察,乐于思考,有意识地积累所观所感所思的内容,养成写日记的习惯。

学以致用的习惯——建立学习内容与生活的联系,可完成生活与学习内容的相互迁移,学习课文时能联系生活进行理解,也能将课堂所习得的知识运用到生活中。

为有效培养学生形成这十种有氧语文的学习习惯,我们主要是采取过程性评价方式对其进行跟进和评价。这些习惯的养成与所有的语文课程和活动息息相关，每一堂课、每一次活动、每一次对话、每一次朗读、每一次习作……我们抓住每一个教育契机，对学生的表现进行及时而有效的反馈，助力其有氧学习习惯的养成。

4. 节日有氧，涵养文化

利用节庆，尤其是读书节，开展相应的语文活动，是彰显有氧语文价值的必要做法之一。如，每一学年第二学期的世界读书日所在的四月份，举办为期一个月的"有氧读书节"活动。给全体学生提供各种语文学习、语文能力展示的机会。

有氧读书节的活动大致有：经典诵读比赛、亲子阅读、讲故事比赛、演讲比赛、课本剧或话剧表演、书法大赛、写作小达人、阅读之星评选，等等。这些活动能够丰富语文学习形式，营造浓厚的语文学习氛围，给孩子们展示一个更广的有氧世界，让孩子们在快乐中走进生动的语文，真正感受语文世界中的美妙，让孩子身心的每一个细胞都尽情汲取书籍的营养。

而每一年有氧读书节的主题与具体活动，又可以不同。一般地，我们主要是根据学校当年的计划与目标先制定一个主题，围绕主题各学科会讨论商议相关的活动形式。每一个活动的设计中都需要先拟定活动的具体主题与目的，确定活动的参与对象，安排活动的时间与地点，制定活动的具体内容和活动方式，最后构思活动的展示方式或评价方式。

在评价方面，有氧读书节可按以下方式进行：表现性和赛事性评价，让学生的语文学习以活动的形式（如诵读、讲故事、演讲、课本剧等）表现出来；游园性评价，在学生在各班的穿行中感受不同主题不同形式的语文；过程性评价和激烈性评价融合，聚焦于学生参与积极性、热情、表现、状态等过程的评价；评选式评价和展示性评价结合，对热爱阅读的学生及学生家庭进行阅读之星和亲子阅读家庭的评选，对写作小达人和书法优秀作品进行评选，并最终进行展览。

5. 空间有氧，营造氛围

以学校、班级和家庭为载体，在学生活动最多的场合营造与语文相关的环境氛围，是有氧语文充分利用空间来实现其育人价值的可行做法。

为了使语文味儿浸润于校园的每一方空气中、每一寸土地上,从操作上讲,有氧语文的空间创建可以从以下几方面进行:①图书馆与阅览室的开放——学校图书馆、阅览室一般都藏书丰富,又环境宁静舒适,学生可以根据自己的需要自由借阅书籍,教师还可以在阅览室进行阅读教学;②校园墙壁与展板的开发与利用——在校园里,我们可以开设专门的语文墙,内部布置各种有关语文小知识的宣传画,陈列各种有趣的语文期刊与书籍,让学生在课间或闲暇时间都能进入语文墙感受语文的美丽;③班级图书角的设置——每个班级自行配备图书角,或由集体购置一批有阅读价值的各类书籍,或由教师推荐必读书目,或由学生自愿将自己家里的藏书带来班级与同学分享交流;④班级学习园地等平台的充分利用——展示学生优秀的书法作品、诗配画作品、作文等。

有氧语文空间的氛围营造,最终是通过展示性评价和制作评价表格、开展班级竞赛的方式进行,对学生是否热爱语文、是否会欣赏或感悟语文墙和展廊作品、班级阅读氛围是否浓烈、学生是否热爱阅读等方面进行评级,最终评出书香班级、书香家庭、阅读之星,等等。

6. 研学有氧,升华底蕴

研学旅行是学生发现世界、融入生活的一种学习方式。有氧语文的价值彰显自然需要这种学习方式的支撑,即学生走出学校,去寻访一切与语文有关的祖国大好河山,在旅行之中走进自然、走进人文世界去接受语文的熏陶。当然,也可以将校外的一些语文活动引入校内,让学生在参与和观赏的过程中进行精神的旅行。

走访名人足迹,汲取精神力量。为了拓展学生学习语文的方式和形式,从先人的足迹中汲取语文内在的涵养和精神,我们可以从实践角度出发,组织毕业生走访先人走过的地方,近距离去感受语文的魅力,与先人共鸣,将他们成长的经验化作我们前进的精神力量。

整合校外资源,举办国学大赛。近年来,国内掀起了学国学、学语文的热潮,汉字听写大赛、成语听写大赛、中华诗词大赛等层出不穷。因此,有氧语文的学习需要将这些大赛形式引进校内,让学生在备赛、参赛、观赛中进行深入的语文学习,使语文以氧气般的存在渗透学生的日常生活之中。

有氧语文的研学课程可以从以下方面展开评价。第一，研学旅行的评价——研学活动前，先进行相关知识的搜索与学习，研学过程中则展开知识问答、最佳导游评选等活动，让学生在这些比赛与评选中行有所获；寻找最美"美篇"，即在走访名人足迹的研学旅行中，让学生在教师指导下每天将所观所感通过制作美篇方式记录下来，并转发家长群、班级群和朋友圈；制作班级游学纪念册，即研学旅行结束后，以班级为单位制作研学旅行的纪念册，收集大家成长和感悟的照片、记录成长和感动的写作，并评选出最优纪念册。第二，国学大赛的评价——学校整合校外资料，将诗词大赛、国学大赛等引入校园。比赛过程，是先以班级为单位进行初选，选出诗词或者国学知识最丰富、临场发挥最佳的学生作为班级代表参加年级赛，而年级赛中脱颖而出的学生则代表学校与校外学校进行比赛，最终评选出一二三等奖。

　　近年，我带领东荟花园小学和玉鸣小学的语文科组教师，从学科价值观确立、课程理念凝练、课程目标厘定，到课程结构勾勒、课程设置铺排、课程内容布局，到课堂价值彰显、课程体系丰富、学习习惯培养、节日涵养熏陶、空间氛围营造、研学底蕴内化等方面，系统地展开有氧语文的一系列课程，发现有氧语文的课程姿势，建构有氧语文的课程样貌，酿造有氧语文的课程态度，让眷顾儿童、迎接真实、扎根生活的课程姿态得以整体性呈现，让每一个孩子充分享受有氧语文的别样意趣。

第三章

有氧语文的魅力

　　向上力，规律力，吸引力。当一次次教学都拥有了这些力量，并展现出因这些力量一致性地促进教学的作用，这些一致性的力量也就洋溢着教学的魅力。

　　有氧语文的魅力，在于教学风采的发现，无论是因教学有氧而自成一格的教学主张，还是因教学有氧而自得其乐的教育见解。

　　有氧语文的魅力，在于教学秩序的建构，无论是因教学有氧而有板有眼的教学模式，还是因教学有氧而有路有径的教育门道。

　　有氧语文的魅力，在于教学魅力的传递，无论是因教学有氧而千锤百炼的教学艺术，还是因教学有氧而传经送宝的教育经验。

一　有氧风格：发现教学的风采

一个人，在生命激情洋溢时总能展现出积极向上的精神面貌，这种生长态势就是生命可持续发展不可或缺的风采。在本质上，教学就是要让置身于其中的人时时激扬生命风采，以展现出积极地教与学的观念和态度，以及积极向上的情感和能量。我渴望并致力于追求人人风采绽放的教学境界。正是在这一追求过程中，我的教学风格逐渐形成，也逐步形成了有氧语文的教学主张，并因教学主张的践行而展现出越发明亮的教学风格，绽放出教学生涯的别样风采。

1. 教学有氧，自成一格

风格之意有二，一指气度，作风，如"发扬助人为乐的风格"；二指一个时代、一个民族、一个流派或一个人的文艺作品所表现的主要思想特点和艺术特点，如"艺术风格"[《现代汉语词典(第7版)》]。随着教学实践的不断锤炼，一个教师越是能够依托一定的思想观念展开教学探索，就越是能够学会运用多样化的教学方法与策略来提高教学能力，进而逐渐地拥有属于自己的教学观念和教学特点，这样也就拥有了教学风格。也就是说，教学风格是教师基于教学实践的长期锤炼，以一定的教学理念为指导，使各种教学方式方法得以创造性地释放，进而体现出来的属于个人的教学作风与教学格调。

回想2008年，我被评为广州市萝岗区省首届骨干教师，2012年被评为萝岗区十佳教学能手，2013年被评为萝岗区首届品牌教师，2013年参加广东省骨干教师培训，2013年参加广州市百千万名师培训。其中，提交的材料中需要有自己的教学特色和风格，我便认真梳理了自己的成长之路，把自己的教学风格定位在"激情、简约、智慧"。从近些年的发展看，我一直围绕自己所希冀的教学境界进行探索实践，也逐渐显现出教学激情化、教学简约化、教学智慧化的整体风貌与格局，但依然认为构建自我风格还有很长的路要走。

作为教师，我们需要教出自我，教出自己的教学特色。因为，在日常教学中，我们如果对教育教学不进行深入研究，只能日复一日地重复昨天的故事。事实上，很多教师都能在课堂上坚守着自我的实践，在课堂中实践着自我的梦想。面对教学，我们需要找到适合自己的教学方式，因为教无定法，贵在得法，只要你的教育教学方式适合学生，就能取得最佳的效果。作为教师，有了自己的特色，就能教出你自己，就能教出别样的学生，这样你的教学也就别有特色，与众不同，更具思想，从而促使你在不断的探索实践中去除职业倦怠，在探索实践中成就自我的教学风格和特色。

教出特色，让教师在课堂实践中独具个性；教出特色，让教师在不断的自我总结与完善中提升自我；教出特色，让教师拥有自我教学的个性空间；教出特色，让教师的教育教学更具魅力；教出特色，让教师认识到更加理想的自我。

做一个有教学风格和特色的教师，是我们终身努力的方向，也是我们向杰出教师迈进的必由之路，特色促进成长，风格彰显特色，让你的教学更有浓厚的特色和风格，也促使你成为最优秀的自己，从而不断地向上向前迈进。

做一个有教学风格和特色的教师，在不断的思考和实践中成就自我的教育教学，在不断的探索和研究中提升自我的教育价值，真正成为自我专业成长的主人，如此方能从自我认识、自我选择走向自我设计、自我评价的发展之路，让我们在行走中更有个人特色和魅力，进而更游刃有余地引领学生的健康成长。

于是，在教学实践探索中，我总是能够激情飞扬地与学生一道沉浸于教学情境之中。在希腊语中，激情即心中的神；在汉语中，激情指强烈的、具有爆发性的情感。激情深藏在每个人的心中，它一旦喷薄而出，就能驱使我们锐意进取，奋勇前行，无畏于困难险阻；就能驱使我们执著追求，锲而不舍，不惑于流言蜚语。教师在教学中拥有激情，学生因受感染也充满学习热情，教与学就可以提高效率，催生创意，成就课堂。正是如此，充满激情的教学风格，使得我的语文教学实践更富生命活力。

于是，在教学实践探索中，我总是能够以言简韵长的教学方式与学生一道沉浸于教学情境之中。所谓大道至简,我认为,语文课必须返璞归真,体现一种简约而绵长的美,换句话说,就是简简单单地教好语义,扎扎实实地促进发展。无论是教学目标的拟定、教学内容的确定,还是教学环节的推进,教学评价的跟进,讲究的是简约而不简单,达至的是省时而高效的教学境地。

简约而不简单的教学目标是简明有效的,即教学目标要科学、具体、明确、可检测。一堂课围绕核心问题去设计教学目标,让学生学会解决一两个切实需要解决的学习问题,真正给学生留下可用的东西,这比浮光掠影、蜻蜓点水的教学要有效得多。

简约而不简单的教学内容是简洁有效的,即教学内容要聚焦于教学目标的达成,做到以一引多,学生可以举一反三,并致用于后续的学习。课堂教学的时间是个常数,是有限的,学生的学习精力也是有限的。因此,选择学习的内容,特别是关乎学生终身受用的核心知识,就显得尤为重要。这也就需要教师用教材教,而不是教教材,需要教师对教材、对教学内容进行深入的研读,发现那些为学生真正所需要的、终身有用的核心知识,以充分发挥教学内容的语文教学价值,这是语文教师义不容辞的职责。

简约而不简单的教学环节是简化有效的。语文学习本身是一件简约的快活的事情,学习的过程应该是科学的、顺畅的,是符合学生的学习需要和学习规律的。我们没有必要设计过多的学习环节,没有必要设置过多的问题和陷阱让学生去钻,没有必要把学习搞得复杂化,甚至变得玄乎而深奥。

简约而不简单的教学评价是简便有效的。教学简约意味着学习是学生经过努力可以达到的。简便的方法、简捷的思路是为学生所喜欢、所乐意接受的。好的学习方法是真正能为学生学以致用的方法。现代教学技术使用过度,也会扼杀学生学习语文的独特体验和丰富想象力。课堂中除却了一切不必要的繁文缛节,省去了不必要的言说,就如同秋天的天空一样明净,让人有一种心旷神怡的感觉。而这些,又是可以通过简便有效的教学评价来促进的。

于是,在教学实践探索中,我总是能够与学生一道享受智慧迸发的教学情境且乐此不疲。怀特海说,智慧比知识更模糊,但更伟大,在教学过程中更居主导地位。有智慧的教学实践,教学风格才更有魅力。作为教师,要在思想上引领学生进行自由快乐的精神旅行。我认为,教师的课堂教学能思接千载、智慧迭生,其前提就是对文本的深度研究,对文本有着深刻的理解与精确的把握。语文教学有智慧则意味着教学有深度,是深思熟虑、深情厚谊、深入浅出的,而不是浅淡、玄奥而晦涩的。语文教学的深度实际上是相对深度,是相对学生的认知水平而言的,是在符合学生认知水平基础上,引领学生去探索和发现,培养其创新精神和创新能力的深度。语文的魅力就在于用智慧的火炬,照亮学生学习语文的诗意而灿烂的道路。

智慧迸发的语文教学在于深入的目标解读。语文教学的深与浅,包括深入深出、浅入浅出、浅入深出、深入浅出4种组合。只有深入地解读教学目标,整个课堂教学才能以有效的教学目标为指引,呈现出这4种深浅得宜的教学效能,进而使学生易于理解、巩固与运用。

智慧迸发的语文教学在于深层的教学设计。教学设计是一种智谋,体现了语文教学的思想、智慧、谋略。教学设计是一种结构重建,应体现由浅入深、由低向高的发展态势。如在学完《蜜蜂引路》后,一位老师说:"大家学得不错。但我还有一个问题:难道蜜蜂这个小动物真的像人一样会引路吗?"这样就把学生的学习和思考引向了深入:蜜蜂本身是不会引路的,这是列宁善于观察和思考的结果,是列宁的一种智慧。

智慧迸发的语文教学在于深厚的语言习得。语文教学既要积极调节学生对语言文字的敏锐感,包括文本语言、教师语言和学生语言,又要让学生多角度多层次体味文本的深层义、言外义、双关义、象征义等隐性语义,感受汉语的独特魅力。讲解只能使学生"知道",而朗读不仅能使学生"知道",而且能让学生"感受"。

智慧迸发的语文教学在于深入的情感体验。语文教学要注重对人物情感的深层感悟,在教学过程中挖掘文本的情感点,让学生来感悟语言文字背后的情感。教学中,我们不仅要把课文中蕴含着的情感挖掘出来,还要通过各种形式和各种途径,把这种情感渗透到学生的心里,使之逐步内化。

智慧迸发的语文教学在于深刻的思维训练。智慧语文的策略是同化和顺应。同化促进知识结构数量的增加,顺应能引起知识结构质的变化,所以,主要目标是顺应。在顺应的策略运用过程中,强化深刻的思维训练,进而促进学生的高级思维发展。

智慧迸发的语文教学在于深远的人文内涵。中国的母语教学是以汉语为主要标志的,汉语不仅是一种语音、符号系统,在其中也积淀了民族的精神、智慧和文化,是中国古今文化的结晶,融会各个不同历史时期、各个民族文化的精华。中华民族的思维、意识、心理、风俗等自然表露在语言文字之中。所以,母语教学,既包括语言知识的传授和语言能力的培养,又包括民族情感、民族思想及特有的思维方式的教育,而后者体现了教育的人文价值。从提高人文素养的高度进行语文学习活动,是语文教学迸发智慧的必然要求。我们要注重引领学生在语言的积累和感悟中领会课文的人文底蕴。语文教学如果抽掉人文内涵,只训练语言文字的形式,就会使语文教学失去生命而暗淡无光;同样,脱离语言文字空讲人文性,也会背离语文教学的本质特征。语言性和人文性的有机结合,是推进语文教学发展的基本原则。

课堂是充满魅力的场域。有特色,有魅力的课堂才能吸引学生,才能让学生在语文的天地里驰骋,吸取语文营养,尽情地享受学习语文的快乐。于是,随着有魅力的语文课堂打造,随着愉悦宽松的语文课堂营造,教师以独具特色的教学风格引领着学生真实、有效而快乐地学习语文。

在教学风格的形成之路上,我致力于打造激情飞扬的课堂,助力学生精彩地学习语文;致力于构建简约韵长的课堂,助力学生生动地学习语文;致力于展现智慧迸发的课堂,助力学生享受地学习语文。

2. 教学有氧,自得其乐

每一个人都有绽放风采的可能性与需求性,都有经由风采绽放而自得其乐的必要性与发展性。一个教师锤炼教学水平的历程,既是他逐步形成教学风格的历程,也是他绽放风采而自得其乐的历程。在逐渐形成教学风格的实践探索中,我也洋溢着激情的、简约的、智慧的教学风采,更自得其乐地践行着有氧语文的教学主张。

在我看来,激情飞扬显示出有氧语文教学的一种独特氛围,成为推进教学的有效力量;简约韵长显示出有氧语文教学的一种独特路径,成为推进教学的有效策略;智慧迸发显示出有氧语文教学一种独特境界,成为推进教学的有效态势。为此,在激情飞扬、简约韵长基础上,有氧语文走向智慧迸发,方显其教学有氧的价值。

小学语文作为学生接触语文的初始,其重要性不言而喻。一旦追求智慧迸发的教学,必将极大提升小学语文教学的吸引力,真正使语文教学成为培养学生创新精神、合作意识、人文精神的平台。

准确地把握小学语文教学的规律特点,是有氧语文追求教学迸发智慧的基础。

教学目标:从知识变为能力。课堂教学是一个记忆知识、发展思维、获得能力的连贯性过程。在有氧语文的课堂里,我们需要从学生的学习实际出发,以重知识更重能力的教学目标为指引,使学生们在掌握语文知识的同时,培养语文的实际应用能力,进而促进语文素养的提高。

教学模式:从单向变为多向。现代教学是一个师生、生生多向连接的生成性过程。在有氧语文的课堂里,我们需要构建以学习为中心的教学模式,让自主、合作、探究的学习方式能够在师生、生生的多向互动中得以不断推进,进而促进学生的学习。

教学方法:从理论变为实践。语文教学是一个听说读写能力综合发展的实践性过程。在有氧语文的课堂里,我们需要以理论为指导,注重设计综合性的语文实践活动,让听说读写能力的培养能够从实践中来到实践中去,进而促进学生融会贯通地运用听说读写能力。

持续地遵循小学语文教学的基本原则,是有氧语文追求教学迸发智慧的前提。

立足实际有针对的教学原则。有氧语文的课堂教学要从学生的实际出发,根据他们的发展特点和认知规律,有针对性地选择教学内容,灵活采取各种方法展开教学,让每一个学生的智慧都能得到不同程度的开启和发展。如,在《看月食》一文的教学中,教师就应当结合学生的认识特点,用更为形象、直观的方式来展示月食现象,加深孩子的理解,进而引发孩子对自然科学的热爱,培养起探究意识和创新的思维模式。

增强效果有人文的教学原则。有氧语文的课堂教学要在增强教学效果上发力,将传统的突出字词教学的模式转换为培养学生人文情怀上来,在有限时空里陶冶学生的情操。如《乡下人家》一文通过对乡村安逸、舒适、和谐的生活场景描写,来体现乡村生活之美。这种美与现实中的城镇生活有着截然不同的概念。特别是对于小学生而言,往往因家庭背景、成长环境的影响而对于这种乡村生活还比较陌生,难以引发其共鸣。对此,我们如果采取图片介绍、家庭生活介绍、视频欣赏等手段,就容易让学生在课堂的有限时间里习得方法,进而在课下寻找乡村生活的元素,加深对乡村之美的感悟,理解自然与人和谐共处的意境。

提升素养有能力的教学原则。有氧语文的课堂教学要想方设法地在以教学目标引路、以教学过程寻路、以教学方法探路、以教学评价铺路等方面,持续性地锤炼教学能力,提高教师自身素养。如在教法方面,我们应当善于组织和引导学生开展丰富的教学活动,将自身由传统的领导者变为引导者,突出学生的主体性,激发学生的思维,实现教学不断迸发智慧的目的。

全面地探索小学语文教学的有效途径,是有氧语文追求教学迸发智慧的关键。

在构建教学模式中迸发教师的智慧。有氧语文的课堂教学在教学模式的构建上,首先注重的是学生自学能力的培养,关注的是学生自我学习意识的形成,重视的是学生自主学习能力的培养。如在《李时珍》一课的预习中,针对提高学生实践能力、严谨精神这一主题,让学生们自己查找一些日常生活中常见的中草药。通过这种方式,有氧语文的教学既能让学生感受到我国的悠久文化,也能看到古人治学的严谨。其次,有氧语文的教学重视发挥教师的引导作用,以诱导学生进行有效学习。如在进行生词学习时,有氧语文的教学充分利用我国文字演变的规律,让学生从图案特征开始,进而掌握文字的特点,逐步引导其认识汉字。最后,有氧语文的教学重视家校协调同步,让家长参与到学生的语文学习之中,为学生提供必要的帮助。如在《爸爸和书》一文中,传递的是父亲对孩子的关爱。在有氧语文的教学中,我们让父亲参与到学生学习之中,让他们讲述自己的点滴故事,让孩子感受到家庭的温暖。

在优化教学方法中迸发课堂的智慧。有氧语文的课堂教学在教学方法的优化上,首先注重的是突出高技术手段的运用。如学习《神笔马良》一文,有氧语文的教学充分借助多媒体技术在课堂上让孩子欣赏同名动画片,加深孩子的印象。其次,有氧语文的教学注重课堂活动的组织,在尊重学生主动地位的背景下,开展丰富有效的教学活动,引导学生参与到教学之中。最后,有氧语文的教学注重课堂内容的拓展,注重课堂在空间和时间上的延展,为学生留下自我发挥的空间,引导其学习。如《要是你在野外迷了路》一课与学生生活有了紧密联系，特别是随着旅游活动的日益升温，孩子对野外有了更多的接触，能讲能想的内容十分丰富，有氧语文的教学往往会结合这一特点，不是将一些内容简单地告诉学生，而是让孩子们自己去尝试探究，让他们在增强动手能力的过程中提高语文学习能力。

在激发学习热情中迸发学生的智慧。有氧语文的课堂教学在学习热情的激发上，首先注重结合学生的心理特点，采取适宜的教学方法来提高教学效能。如孩子 7 岁左右时，对小学生活已经有了一定的认识，学习态度也逐步定型，在这样的背景下就需要教师能够以鼓励为主，从而更好地规范学生学习习惯，培养其学习兴趣。在有氧语文的写作课上，教师就能够帮助学生从不同角度来分析自己的作品，挖掘其中的优点，增强孩子的信心。其次，有氧语文的教学注重充分尊重学生的成长规律。如根据 7—10 岁儿童可连续集中注意 20 分钟左右，10—12 岁儿童可持续集中注意 25 分钟左右的规律。有氧语文的教学追求劳逸结合，既要能够将孩子的注意力收得拢，也必须能够收都快，从而在有限的时间内达到教学的目标。最后，有氧语文的教学注重充分开展合作学习活动。如《高大的皂荚树》一文，有氧语文的教学会在课程末端，围绕如何更好地说明一个事物（如动物）来组织开展小组合作活动，根据学生表达能力、书写能力、动手能力等不同特质，将孩子们进行合理分组，让大家从不同的角度来介绍这种事物，从而培养他们动手动脑动口的能力，集中学生不同的思维模式，激发学习热情。

二　有氧模式：建构教学的秩序

有秩序地完成一件事，这件事的完成过程便显得既有条理，又有组织，而事件各部分的推进一旦能达至良好态势，这件事也便显得秩序井然、成效明显。教学模式的构建及演绎，就在于使教学能够在有秩序的态势下促进学生发展。有氧语文教学主张的践行，同样离不开教学模式的构建及演绎，如此，教学有氧便显得有板有眼，有路有径。

1. 教学有氧，有板有眼

在九年义务教育阶段，阅读是学生最常用的语文学习手段，阅读能力是学生最重要的语文素养,阅读教学在语文课程中所占的课时比例也是最大的。可以说,抓住了小学语文阅读课就抓住了培养学生语文素养的关键。小学语文课在教学内容确定、教学方法选择、评价方式设计方面,都应有助于新课程改革所倡导的自主、合作、探究学习方式的形成。如何才能做到呢?有氧语文的做法是通过构建相应的教学模式,来助力学生学会有效地运用自主、合作、探究学习方式,进而培养语文能力,提高语文素养。其中,在广泛学习、长期探究基础上,我们创新小学语文课堂模式,提出了"三学一练"教学模式的主张。

"三学一练"教学模式即"自学—互学—导学—练习"教学模式。其"自学"指的是在语文教学活动中,依据不同的学习内容设计各类问题,或编写与学习内容相关的预习任务,让学生在课前所展开的预习性学习。"互学"指的是在课堂上,为完成学习任务,让学生以小组合作的方式,所展开的互助性学习。"导学"指的是教师课堂上,组织学生交流,引导学生质疑,指导学生讨论,讲授疑点、化解难点、突出重点,所展开的导引性学习。"练习"指的是在课堂或课后,为巩固、深化所学内容,以口头或笔头形式所展开的训练性学习。

其一,教学有氧,三学一练,自有特点。

"三学一练"教学模式:为激发学习兴趣而用。相对于其他学科而言,语文的"自学"可以采用的方式更为多样,教师为学生选择的自学空间更加宽泛,能够有效地针对学生不同的兴趣、爱好来设计自学的内容,激发学生的学习兴趣,使学生感受到学习的快乐,为下一步的课堂教学做好乐学的准备。

"三学一练"教学模式:为凸显学生主体而用。在小学阶段,学生思维能力、认知能力尚不健全,对事物的认知不够全面,而合作学习能够有效地增进学生之间的交流,培养合作、探究的习惯,提高学生思维、表达、协作等多方面的能力,同时,合作学习中学生对一事物的不同认知也有利于增强他们的想象力、创造力。

"三学一练"教学模式:为引导便捷学习而用。如何有效地展开"导学"而促使学生更为积极主动?这对教师的综合素质提出了更高要求,既要放得开,也要收得拢,从而有序地引导学生参与到学习中,实现教学目标,同时,教师的导学还体现在基于语文课程的多元性特点,为学生参与教学活动提供有力的条件和保障。

"三学一练"教学模式:为丰富学习活动而用。这一教学模式的练习是理解运用训练或是巩固拓展训练,它不是如数学一样反复进行练习,而是多种有利于学生语文能力培养的训练方式,这将更有利于随练习开展多种相关活动,使学生将课堂延伸到生活之中,使学生掌握知识、形成能力、发展自我。

其二,教学有氧,三学一练,自有其用。

"三学一练"教学模式:以自学提高课堂教学的起点。从而有利于课堂教学环节的推进,提高课堂教学的起点与效率。

"三学一练"教学模式:以互学提高课堂教学的质点。每个学生的生活经历不同、家庭背景不同,因此对于美的理解,对于乡村生活的认识也有所不同。《乡村人家》"互学"教学环节,就是要采取讨论、辨析等形式,让学生相互加强沟通交流,发挥合作学习的积极作用。如,概括乡村生活画面时,我们可以采取生生互动,合作取画名的方式进行——乡下人家,到处都隐藏着一道道独特迷人的风景,每一处风景就是一幅美丽的画,现在就请同学们默读课文,看看作者为我们呈现了哪几幅画面? 并用简洁的语言为几幅画面取名——生生合作交流,教师巡视指导(什么地方、什么东西、什么特点或干什么),引导学生概括小标题,如屋上瓜藤趣、门前花绽放、雨后春笋冒、林中鸡觅食、河中鸭嬉戏、门前吃晚餐、月夜睡梦甜等。这一教学过程由扶到放,引导学生习得方法,并形成技能。为画面取名的学习,考查的不仅仅是学生点面结合的概括能力,还检验学生斟酌、推敲字眼的功夫。如此,生生合作、探究的学习方式就进一步凸显学习主体地位,让他们在互学中取长补短,集思广益,也就更有利于使学习充满成就感和乐趣,提高学习质量。

"三学一练"教学模式:以导学提高课堂教学的助点。三学一练的导学,既重视对教学内容的引导,也注重对教学节奏的引导,从而始终保持教学活动的有序高效开展。在对《乡村人家》课文内容讲解过程中,教师要始终把握文中的重点词语,让学生通过这些点来感受文字之美。如,"当花儿落了的时候,藤上便结出了青、红的瓜,它们一个个挂在房前,衬着那长长的藤,绿绿的叶"这段文字,是用色彩来展示乡村丰富多彩的生活,用"长长、绿绿"的叠词来展示生活乐趣。对此,教师要引导学生理解这些简单的文字是如何展示一幅生动画面的,助力学生加深对修辞手法的理解,提高文字表达能力。又如,"从他们的房前屋后走过,肯定会瞧见一只母鸡,率领一群小鸡,在竹林中觅食;或是瞧见耸着尾巴的雄鸡,在场地上大踏步地走来走去"这段文字,是以拟人的修辞手法,通过"大踏步"这个词表现出乡下的雄鸡很威风,像一位大将军在阅兵,斗志昂扬,又如同一个尽职尽责的丈夫在保护着自己的家人,守护着自己的家园,很有男人的担当。对此,教师就要引导学生认识到其中的责任意识,助力学生正确地看待所应承担的责任。

"三学一练"教学模式:以练习提高课堂教学的延点。教师要善于将课堂延伸到学生生活之中,通过多种方式来达到学习巩固提高的目的。在《乡村人家》课上,对于引导孩子进行读写结合,以描绘乡村的训练。我们可以设计这样的练习——同学们,除了课文中所描绘的景色,你还知道乡下人家有哪些独特、迷人的景色吗?老师也在乡下待过一段时间,对那里的生活,那里的景色也特别留恋。在那里可以看到绿油油的禾苗,可以看到金黄的稻田,可以和伙伴们无忧无虑地躺在草地上,可以去小河边钓鱼,还可以骑着黄牛去玩,多么惬意啊!老师从乡下带来了几幅美景图,请同学们用优美的语言选择其中的一幅进行描述,可以仿写课文中的片段,也可以运用文中的写作方法,比如在写瓜藤攀檐时运用了对比的写作手法,在写雨后春笋和鸡群时运用了拟人的写作手法,开始吧!——情动辞发,在富有美感的情境之中,学生得到质朴自然的乡村之美的熏陶与感染,而语言的学习、积累也促使他们产生倾吐的渴望,这样的读写结合练习,就拓展了课文的学习,实现了学习的吸收与倾吐的有效融合,促进了读写能力的提高。

其三,教学有氧,三学一练,自有关键。

提高认识,转变角色,演绎"三学一练"。教师要改变传统的以教师为主的教学程式,在教学过程中将自身定位在引导者、策划者、参与者、追问者和合作者的位置,将课堂变为学生展示的舞台,推动学生在课堂上展示自己的风采,阐述自己的感想,从而激发其思维灵感,培养创新能力和意识。有氧语文的三学一练教学模式的课堂演绎,我们特别注重为学生开阔眼界,丰富阅读材料,助力学生从多个视角来看待事物,养成良好的学习习惯。

丰富内容,营造环境,演绎"三学一练"。就语文课程来说,其内容相对丰富,从诗歌到散文等多种体裁都能够满足学生多元学习的需求。在演绎"三学一练"教学模式的课堂学习中,教师要为学生提供更为多元的要素,让孩子们能够从自己感兴趣的话题入手,逐步进入到课堂学习活动之中。如在组织预习活动时,教师不能仅仅局限于课本的要求,而是应当选取更加丰富的内容和形式来充实预习活动,使孩子们能够预有所得,习有所获。

科学组织,强化协作,演绎"三学一练"。在组织合作学习过程中,教师要进行科学分组,以保证每个小组在大致相同的水平上开展合作学习,同时,为了使他们能最大限度地互补学习,互相帮助,发展智力,培养能力,在位置与学习上应确保互助式同桌小组构成科学可行。每小组中要有素质高、表达能力强、为人热心的学生。互助合作的"师徒"同桌上课,出现个别"师徒"合不来的现象时要让他们重新互选,直到满意为止。当然,课上也会出现个别成绩好的学生帮"徒弟"作弊的行为,教师要提高课堂驾驭能力来监督学生,要经常给成绩好的学生进行正面教育。

提高素质,满足需求,演绎"三学一练"。对教师自身而言,随着学生需求多样性的特征日益显著,对教师能力素质的要求也越来越高。无论是学校,还是教师,都必须充分认识到语文教学活动不仅仅要帮助学生学会认识字、词,更要带领学生提高其人文素养和道德品质。因此,三学一练教学模式的有效演绎,教师一是要加强对新时代文化的了解,能够帮助学生认识和了解新时期文化的特点,正确引导孩子看待和认识新生的事物;二是要加强对学生心理的了解,能够切实认清小学生心理发育特点,从而在教学过程中有的放矢,因地制宜,提高教学质量;三是要加强对高新技术应用技能的培养,能够充分发挥网络、计算机等最新教育手段的优势,提高教学的趣味性、吸引力。

2. 教学有氧,有路有径

自学能力和合作能力的培养,在有氧语文的课堂教学中,是促使学生学会运用自主、合作、探究学习方式的根本点。三学一练教学模式的演绎,就能通过自学和互学的推进,来促使自主、合作、探究学习方式的形成。

其一,教学有氧,自学成能,其乐悠长。

自学能力作为一个人学习的重要组成部分,在现实社会中发挥的作用越来越重要。小学阶段接受到的是一个人所受教育体系的基础,培养良好的自学能力对其今后的发展至关重要。因此,有氧语文的教学要让学生达到像呼吸一样自然地学习语文,就离不开对学生自学能力的培养。

自学能力的培养不可能一蹴而就,需要一个循序渐进的过程,更需要学校、教师、家长以及学生自身的不断努力才能见成效。自学能力的培养要紧贴学生实际情况,注重发挥不同对象的积极作用,具体而言应当坚持以下原则:

适生性引导自学原则。自学能力的形成,其关键在于自学者自身,而小学生生理、心理发育刚刚开始,注意力、观察力、思维能力相对较弱,这就需要教师从学生身心发展规律和学习特点出发,采取适合学生的多种方式,给予多方面的引导,以帮助学生正确看待学习中出现的各种问题,妥善处理自学过程中出现的各类不足,促使他们学会自学。

评价性激励自学原则。教学评价不当,否定评价过多,伤害了学生的自尊心,那就会使学生失去学习的信心。实践证明,一个人的潜能激发需要正确而充分的激励。这就需要教师在明确学生有无限潜能的基础上,采取多种方式积极有效地评价学生的学习,以有效的激励来激发学生的学习兴趣,使学生能够勇于面对学习中出现的问题,使学生能够以积极心态去发现各种自学的方法,从中获取学习的乐趣。

长期性积累自学原则。学生所要学习的课程内容包罗万象,教师的教学思路也有所不同,学生自身的经历和兴趣点更是各异,因此不可能仅依靠一学期、一学年的教学来提高其自学能力。这就需要教师结合学生不同发育时期的特点,针对其不同的性格,在教学中持之以恒地培养学生的自学能力,让学生能够在不断的学习积累中找到适合自己自学的方式方法。

关联性协力自学原则。在小学阶段,学生的学习与发展尤其需要学校与家庭的密切配合,来共同促进他们的学习与发展。因此,自学能力除了在教学过程中不断培养外,更需要家长与教师的密切配合,来为孩子提供更好的自学环境,使家长能够与教师保持良好的沟通,将学习环境延伸到家庭之中,从而达到"1＋1＞2"的目的。

在把握好以上四大原则的基础上,为培养学生自学语文的能力,需要从多个方面努力,针对语文课程各个环节的不同特点,灵活采取各种方法,才能够达到事半功倍的效果。

把握规律,激发兴趣。小学生自身的特点,决定了语文课程的内容。语文课程的规律,决定了教学模式的选择。从整体上看,小学语文多以基础性学习为主,旨在激发学生的语文学习兴趣,培养学生听说读写的语文能力,进而全面提升语文素养。在自学能力的培养中,我们应当把握小学生的特点、语文课程的规律,激发和保持学生的学习兴趣和热情。一是不断变化焦点。小学生难以长期保持对一个事物的兴趣和热情，教师在教学实践中应当注重不断变换学习的焦点，以吸引学生的学习兴趣。如《看月食》一文的教学，教师要能够在课文内容与日食、彗星等课外知识普及的不断变换中，让孩子从月食这一个现象了解更多的内容，使学生愿意探究其中的秘密。二是注重循序渐进。良好的目标能够有效地激发学生学习的积极性，树立学习的自信心。因此，在语文阅读教学中，教师要能够针对不同阶段的孩子，设立不同的学习目标，让孩子在失败与成功中感受到学习乐趣。如《要是你在野外迷了路》一文的教学，教师就要跳出课本，不但给孩子设立不同的条件，如没有指南针怎么办、见不到太阳怎么办、手机打不通怎么办，等等，让学生在克服困难中不断地学到知识，学会将知识转化为能力。三是注重合作学习。不同的孩子，其思维模式不同，教师要善于将孩子不同的特点发挥处理，让彼此之间能够相互学习，共同进步。在教学完《船长》这一课后，学生对于船长哈尔威充满了敬意，有些同学觉得让哈尔威死去是难以接受的，此时提出"那同学们展开想象，哈尔威最后如何战胜海浪，胜利脱险的"这一发散型问题，就更容易引发学生展开讨论，使得哈尔威最后的命运有了好多改变。

因人而异，灵活处理。在培养学生自学能力的方式方法上，因材施教也要有所差异。如对于那些性格较为外向的学生而言，他们愿意表达自身的看法，愿意与他人进行交流。在培养这类学生的自学能力时，就可以将其看作一个独立个体，布置独立性较强的问题，让这样的学生自己独立完成。对于那些性格较为内向的孩子而言，则可以布置一些需要进行合作才能完成的任务，帮助这样的学生在不断地与他人的交流中，探究问题，完善性格。如在《我家跨上了信息高速路》一文的预习阶段，对于那些外向的孩子，就可以让其用语言的方式从身边的实例中找出信息高速路的优势和用途；而对于那些较为内向的孩子，则可以让其在自由结合后通过制作 PPT 等方式来表达。这样，既能不断地完善孩子的性格，也能针对其优势和不足，培养起自学的意识和能力。同样，教师也可以通过发挥学生的不同特点和特长的方式，来激发他们的学习热情。如在学习《海上日出》一文时，我们可以让学生通过绘画、音乐、演讲等形式来阐述对海上日出的认识和看法，使他们能有话讲、有事干，从而让他们通过不同方式来表达出对海上日出的认识和感受，将抽象思维转化为形象思维，以更好地完成学与用的转换，达到自学的目的。

突出重点,找准方向。不同的学习阶段,对自学能力的养成有着不用的价值,因此,小学语文教学要能够结合不同环节,突出教学重点,培养学生的自学能力。一是通过预习,让学生认识自学步骤。教师要根据不同课文的要求,提出不同的预习要求,让孩子明确目标,并能够带着疑问进行自学。如要学生预习的是熟读课文,不添字漏字,对生字查字典了解词义,查阅相关背景文献,试着概括文章的主要内容,提出有核心价值的问题,等等,都可以成为预习的目标,从而让孩子们在预习过程中不断地掌握学习方法。二是课堂教学,让学生体验自学价值。在课堂上,教师既要善于引导学生深层次地理解课文内容,又要通过提问、答疑等形式,帮助孩子了解预习过程中出现的问题,找准自学的方向。如《观潮》《雅鲁藏布大峡谷》等文章的教学,教师可以充分利用多种方式再现书中所写的情境,播放课文录音,视听结合,让学生从具体、鲜明的画面和生动形象的语言描述中产生如闻其声、如临其境的感觉。同时,教师也可以发现学生预习中在词汇、课文思想、写作方式等方面的不足。三是通过多种习惯的培养,来促进自学能力的提高。学完一个单元或多个单元后,教师要引导学生对知识内容进行由点到线,再由线到面的总结,从而使知识条理化、网络化。这是一个让学生把知识"由厚变薄",逐步提高总结归纳能力的过程。随着学习知识的增多,让学生养成勤于总结归纳的习惯,把学过的知识和方法,分门别类地纳入到自己的知识结构里,并让学生养成先复习总结后作业的习惯,助力他们在做作业之前先复习总结所学知识,然后再做作业。教师要反复告诫学生,使他们懂得作业是对所学知识的巩固和运用,从而乐于养成独立完成作业的习惯;要养成做完作业并检查的习惯,即做完作业之后及时检查,可以及时发现存在的问题,及时改正错误,进而培养严肃认真的学习态度。教师要培养学生养成记笔记的习惯,学会掌握与运用批注、圈点、划线等记笔记的方法,并定期检查批阅;要培养学生记课外阅读笔记的习惯,学会运用摘抄、剪辑、读书卡片等方法积累课外知识,以开阔视野,增长知识;要培养学生使用工具书的习惯,学会利用如字典、网络和资料等进行学习。

发挥优势,创造环境。教师培养学生的语文自学能力,不仅仅应当在课堂上,更应当在课堂外下功夫,同时不仅要注重对传统学习方式的掌握,更要结合新时代的要求科学运用现代技术,助力孩子提高学习效率,养成良好的自学习惯。在家校协作方面,教师要将学校和学生家庭看作一个整体,让家长在孩子学习过程中扮演重要角色。如在《猫》一文的学习中,教师可以让孩子家长参与其中,与孩子一起分析、描述、讲解自己家中宠物的情况,帮助孩子学习如何进行表达。这样既能使孩子在良好的家庭氛围中提高学习效率,更能够让家长了解孩子自学的状况,纠正孩子不良的学习习惯,形成自学意识。在新技术运用方面,教师要发挥网络、电脑、智能手机等现代技术的优势,通过视频、音频等形式,将孩子之间、师生之间的沟通便捷化,特别是在预习以及复习阶段,通过网络让孩子之间能够顺畅高效地沟通与交流,解决学习中遇到的问题。同时,教师也可以通过现代技术来了解孩子的学习情况,及时发现和纠正问题。将合作学习与自主学习有机地结合起来,助力学生开拓思维,尽快掌握适合自身的学习方法。

传授知识,数量有限;培养能力,受惠无穷。把培养学生的自学能力摆在首要位置上,并坚持不懈地启发、指导、督促和促进,从而达到提高学生自学能力的目的,是语文有氧的法门之一。

其二,教学有氧,合作成能,其乐悠长。

合作学习是构建学习型语文课堂的有效方法,它能使小学语文课堂更加丰富多彩,能全面提高小学语文的教学质量,促使学生得到更加全面的发展,提高学生的合作精神和竞争意识,发展学生交往与审美能力。有氧语文的教学在培养合作学习能力方面,主要从以下方面着力:

科学合理地分工合作,让组员各尽其职。合作学习作为一种学习方式,是要求学生在小组中为了完成共同的任务,有明确分工的互助性学习。合作学习能充分发挥学生队伍中最优秀的学生,依照学生的组织能力、语文学习能力、性别等方面进行优化组合,使每个组都有各个层次的学生,为各小组的公平竞争打下基础;小组成员的角色分工应该是动态的,采取轮流担任的方法。每小组大致确定好主持人(小组长)、记录员、报告员、检查员等职位。这样不仅可以提高学生的合作兴趣,也可以改变学生在组中长期形成的地位,给每个学生都提供公平发展的机会。同时,教师应当教给学生合作的技巧,如怎样组织,怎样倾听,怎样发言,怎样质疑等。整个课堂人人参与学习、个个互动补充,合作促进了学习互动,互动升华了学习乐趣。

创设良好的合作氛围,关注学生参与度。小组合作学习确实增加了学生参与的机遇,但优秀学生一旦发言的次数多,代表小组汇报的多,困难学生就成了听众,也就会导致困难学生在小组合作学习中的获益比在班级教学中的获益还少。因此,在每次的小组合作学习中,我们首先有意识地创设宽松的交流氛围,要求合作小组的同学对每一位发言者都给予感情上的支持。如"你一定能行""我们支持你,你大胆表现吧""某某必胜",等等,让学生大胆地表达。其次,我们也会适当地介入合作学习,关注每个小组中每一个学生的成长,特别是关爱那些极少发言的"弱小者"。在组织学生合作学习时,我们都非常重视激发"弱小者"的自信心,给予他们更多的关爱和鼓励,创造机会让他们多表现、先表现,并及时地捕捉、放大他们学习过程中的闪光点,使弱势转化为优势,让他们参与到小组学习中来。如此,有氧语文的课堂合作学习,总是呈现出一派生机勃勃的景象。

创设合理的合作情境,开展小组合作学习。要使小组学习取得最大的收益,教师要善于把握小组学习的时机,为学生创设情景开展合理有效的小组合作学习,激发学生的探索欲望和合作欲望,充分利用集体的智慧,使小组合作学习能真正扎实有效地在语文课堂中开展起来,成就有氧化学习。

如,探究过程中的小组合作学习。教学《钓鱼的启示》这篇课文时,在理解课文重点语段时,我们可以设计这样一个情景:"34年前,父亲的严格教育让我作出了道德的选择,那么,在以后的日子里,我是怎么做的呢?请同学们读最后10、11节,找出你感受最深的句子读一读,联系上下文,联系生活实际,与小组同学交流自己的体会。"这样的问题能激发学生探索的欲望,很有必要进行合作学习。这个探究过程需要组员各自发表自己的见解,并且就问题展开讨论,所以小组成员需要适当搭配,否则有些学生会被冷落。依据小组成员的分工,主持人、记录员、汇报员、检查员等同学在组内活动时完成不同的职责任务:主持人负责小组全局、协调小组学习进程;记录员负责记录小组学习结果;报告员负责向全班同学汇报结果;检查员检查小组学习情况。组员各尽其职,完成探究。在学生小组合作的过程中,小组成员之间可以互相交流,彼此争论,共同提高,既充满温情和友爱,又充满互助与竞赛。

又如,表演过程中的小组合作。在语文教学过程中,根据不同的课文,运用不同的教学方法,是构建运用语文课堂的有效手段。有些课文就可以在表演过程中进行小组合作学习:在教学《两小儿辩日》一文时,选择分角色表演课文内容的方法进行小组合作学习,就很有效。小组内两人扮小孩,一人扮裁判孔子,主持人点评，要求小组成员用文言文进行辩论。经过演练，从中推选出三组在全班进行辩论赛。一小儿曰："日初出大如车盖，及日中则如盘盂，此不为远者小而近者大乎？"字正腔圆，语气强烈。一小儿曰："日初出沧沧凉凉，及其日中如探汤，此不为近者热而远者凉乎？"节奏明快，针锋相对。孔子曰："吾不能决也。双方斗为平局，不分胜负。"当学生表演后，教师趁热打铁地追问："孔子当年判平局反映了孔子'知之为知之，不知为不知'实事求是的态度。假如孔子现在还活着，他老人家会怎么样裁判呢？"学生抢着回答："仍然是平局。""为什么？""因为两个小儿的观点都是错误的。两个小儿观察事物光凭直觉，被一些表面现象所迷惑。早晨、中午的太阳离地球的距离是一样的，太阳大小也相同，只是背景不同罢了。"在讨论过程中，学生各自寻找自己的有力证据，很好地理解了课文，掌握了文章的中心。在趣味盎然、快乐无比的表演中，学生产生对知识的渴求，学习自觉性就会自然而然地表现出来。

再如，作文评改过程中的小组合作。作文评改是作文教学的一个重要组成部分，学生之所以对写作不感兴趣，甚至逃避作文，这与教师批改作文的方式呆板单一不无关系。多数学生的作品往往被教师忽略，甚至被一元化的标准否定，因为教师面对几十或近百份作品，在短时间内都给予恰到好处的评价是困难的事情。为了改变这种局面，我们就可以吸收合作教学的思想，在作文评改中开展小组合作学习。在评改学生习作《难忘的"第一次"》时，运用小组合作的方式就能取得很好的效果。评改过程是这样的：由4—5名学生组成一个小组（固定），设组长一人，每小组每次批改2—4篇作文，小组成员间相互协作，共同完成初评任务，在小组批阅的基础上，老师根据需要适当地补充批阅。在小组学生初评习作时，我们对学生提出详细具体的批阅要求：①小组成员在初阅作文时，用红笔找出错别字，用波浪线划出好句，用三角形标出用得好的词，用常用修改符号对不通顺的语句进行批改；②讨论确定作文等级，撰写作文总评语（由组长执笔）；③总评语要用语委婉、公正、恰当——先说优点，后说缺点——多说优点，少说缺点——总评语还可以就文章的特色及其他方面作评价，同时提倡有创新意识的评价；④总评语写好后，在评语右下方写上小组成员名字及日期。

在学生初评习作这一关键环节上，我们充分相信同学，放手让学生去做。在作文评讲课上，教师则可担任主持人角色，由学生各小组组长作为主评人，开展评讲活动。评讲时,教师可重点引导学生围绕习作中"写清楚事情的经历""运用恰当的方法表达自己的感悟"等方面进行评讲,并在中间对学生评讲人进行鼓励性评价,对被评作品进行适时、适量的二次评价,并相机引导学生对自己的习作进行修改,让学生在修改中掌握写作技巧,提高习作水平。这样的小组合作不仅改变了教师在评价作文时的单一模式和定势心理,而且鼓励学生充分发挥主体性,把修改讲评过程变为自我提高过程,还提高了学生的写作积极性,提高了批改作文的效率,催生了有氧化的习作课堂。

重视独立思考的能力,合作学习时间要充足。一般情况下,合作学习旨在通过小组讨论,互相启发,达到优势互补,解决个体无法解决的疑难的目的。但是,在课堂教学中,我们会发现这样的现象:问题一涌现,教师不引导学生认真读书、深入思考,就立即组织小组讨论,让学生合作解疑。这一没有经过个体熟读精思而匆忙展开的讨论,一方面使学生因思考不够成熟,导致讨论流于肤浅,另一方面使那些思维迟钝、学习热情不高的学生,要么默默无语,充当听客,要么坐享其成,人云亦云,助长了他们学习的惰性和依赖性。这样的合作学习不仅解决不了疑难,而且也在无意中剥夺了学生独立思考、自主学习的机会。因此,合作学习必须建立在独立学习的基础上,只有在学生思考到达一定的程度而展开讨论,才有可能出现一点即通、恍然大悟的学习效果,也只有在此时展开讨论,才有可能出现观点的针锋相对和正面交锋。

如,在教学《真理诞生于一百个问号之后》这篇文章时,当上到"比较三个事例在内容、写法上的相同点"这个环节时,我们可以先请学生仔细地读读这三个事例,看看三段话在写法上、内容上有什么相同之处,并在课文中画一画,做一做批注。在学生充分读课文,充分思考后,教师再组织小组交流讨论:"老师看到有很多同学都在课文中做了批注,发现了这三段话中的很多相同点,现在请大家在小组内交流自己的发现,讨论存在的疑问。"学生在充分地独立读书、思考后,就能很好地在小组学习中进行交流探讨了,这样,突破学习重点,解决学习难点,就水到渠成了。

注重合作后学习,强化小组代表的汇报。合作学习后的汇报可以激发学生学习的兴趣,可以锻炼学生各方面的能力,可以让学生找到自信心。在组织学生进行小组合作学习时,我们经常请组长或记录员进行整理,把组员的观点简要记录下来,全班交流汇报时,代表小组发言的学生不仅要说出自己的观点,还要汇报其他组员的观点，并对这些观点进行比较、分析、接纳，在此过程中提高认知水平，这样才真正达到了小组合作的目的。学生不仅实现了认知结构的重组，而且养成了认真倾听的习惯。

如，在每单元"交流平台"的教学时，教师可以先组织学生按交流平台的要求，先在小组中交流讨论，小组长为中心发言人，记录员做好同学发言的记录，再请小组推荐说得最好的同学在全班发言，由小组交流到全班交流。交流中，教师相机引导学生对学过的整个单元知识点进行梳理总结，这个过程同时也锻炼了学生的胆量和口语交际能力，一举两得。因此，精心组织学生进行小组合作学习的汇报，学生们精彩的汇报就成为有氧语文课堂上一道亮丽的风景线，整个课堂学习更加充满活力，充满生机。

三 有氧策略：传递教学的理念

教学又如完成一件事情，这件事无论是事件本身，还是事件完成过程，一旦具有诱惑力，就能吸引人去兴致盎然地完成它，享受它。有氧语文教学策略的酿造，讲究这样的诱惑，而其力量的显现，则来自于实践探索中的千锤百炼，也来自于实践探索中的传经送宝。

1. 教学有氧，千锤百炼

能读会写是语文素养形成的体现。在九年义务教育阶段，阅读是学生最常用的语文学习手段，阅读能力是学生最重要的语文素养，阅读教学在语文课程中所占的课时比例是最大的。可以说，抓住了小学语文阅读课就抓住了培养学生语文素养的关键。而写作教学是语文教学的重点，也是难点。如何提高学生的写作兴趣和写作水平是语文教学中的重要课题，但凭教科书一个学期安排 8 次的写作训练教学，这不仅在"量"上严重不足，而且"质"的效果也不理想。因此，紧扣读写结合，依托阅读教学，探索如何引领学生在能读会写中提高语文素养，是有氧语文实现其教学愿景的锤炼之道。

其一，教学有氧，捕捉契机，巧选读写训练。

"给我一个支点，我可以撬起地球。"课堂练笔的关键在于结合文本找到恰当的练笔引爆点,以有效的读写结合训练来启动学生的练笔欲望。如果能在教学中把阅读教学与学生的作文实际紧密联系起来,根据教材特点,精心选择读写结合点,给学生提供有效借鉴的对象和创造的依据,及时有效地进行创造性练笔,那对于提高学生的作文水平是很有作用的。

如,我们可以选择学生熟悉的事物,有目的地布置小作文,从写生、写日记入手,引领学生进行仿写训练,以促使学生在读懂文本的基础上学会写作。学习《长城》一文后,给学生布置一篇小作文,让他们学会写熟悉的某一建筑;学习《桂林山水》后布置一篇小作文,让他们学会写某一样或某一处景;学习《古井》一文后布置一篇小作文,让学生学会借物喻人;学习《凡卡》后,布置一篇以"我和凡卡的童年"为题的小作文,让学生学会用作文来比较凡卡和自己的童年。

其二,教学有氧,依循途径,巧积写作经验。

抓住读写基本途径,提炼出行之有效的方法,首先要正确把握教材。我们先要"钻进去",作为一般读者阅读教材,"潜心会本文""披文以入情",与作者产生情感的共鸣。我们再"跳出来",站在学生的角度,依据教学目标,结合课文特点及思考练习的提示,确定课文语言训练的内容。如,需要理解的词句,需要积累的语言,需要习得的学法,需要揣摩的写法。如果教学内容较精当,可以瞄准课文的重点,训练的难点,学生的疑点,语言发展的生长点。读写结合的方式很多,如学课文写短文,以及进行仿写、缩写、扩写等。

读写结合的基本途径是抓住读和写的共同之处进行训练,这些共同点就是:语言、内容、中心。在训练学生阅读课文时,让学生懂得如何逐词逐句地写清楚,这就是共同之处。拿课文内容来讲,阅读时要抓住文章的主要内容,弄清作者是怎样具体写出来的。作文时就要选择主要内容,把主要内容写详细具体。从文章的中心方面说,阅读时,概括文章的中心;作文时,首先就要确定自己的写作目的——即明确中心,这也是共同之处。把这三个方面相互联系起来,就不难看出阅读和写作只是一种逆向思维的关系,阅读是"语言-内容-中心",而写作是"中心-内容-语言"。因此,在有氧语文的教学实践中,我们紧紧抓住读写结合训练这个基本途径,在授课的适当时候,让学生对照学习,认识自己作文中的缺点和不足,这样学生自己就会逐渐地结合一些写作经验,把从阅读中学到的基本功,运用到作文实际之中。

其三,教学有氧,优化指导,巧训读写能力。

小学生读写能力的培养,不可能一蹴而就,如果通过适当迁移、学以致用等方法加强训练,就能更加有效。

把握课后练习,落实练笔指导。语文课后练习是教材的有机组成部分。课后练习设计体现了新课程理念。课后练习题中,往往将听、说、读、写、思等能力分解为若干训练点,按由易到难、由简到繁的顺序,有计划、有系统地安排,层次感很强。有些读写练习不仅可以引导学生加深对课文的理解感悟,而且有利于培养学生运用语言表情达意的能力。然而在实际教学中,普遍存在这样的现象:有的教师不加任何指导就把它布置为课外作业,结果学生束手无策;或在课堂上稍作指导,但没有落实训练,也难以达到练习设计的目的。结果许多学生的写作要么三言两语,内容空泛,语言生硬,要么不得要领,胡凑字数。面对课后读写练习,我们不能仅仅是教学生练习,也不可限于练习本身,还要注意灵活运用读写练习在课堂上触发生成点,由此引发学生对文本的研读,对语言文字的内化。

《特殊的葬礼》课后练习有这样一题:菲格雷特(Figlett)总统在葬礼上饱含深情地作了演讲,请你还原出菲格雷特总统饱含深情的演讲辞。教学时,我们可以多次进行读写结合的训练。如:教学第 3 自然段时,为让学生感受大瀑布的雄伟壮观,要求学生自由读,圈出重点词语,并写出自己的感受;第二次的训练是在讲现在的瀑布情形的时候:展开想象,现在的瀑布是什么样? 学生齐读后,以"瀑布在诉说,它会诉说什么呢"为问题,让学生站在瀑布的角度诉说它的悲惨遭遇。这也是让学生能深刻理解造成今天瀑布样子的原因。有了这样的铺垫,就能更好地激发起学生爱护环境,节约水资源的意识。最后,让学生以菲格雷特总统的名义写一篇讲演稿,有了前面的铺垫、准备,这次写作水到渠成,顺利地完成教学任务。

加强仿写训练,有选择地"拿来"。郭沫若曾说,"于无法之中求得法,有法之后求其化",这就是我们提倡的仿写。仿写是写作的捷径,仿写是内化别人的内容为自己服务,这样才能使自己的写作水平有所提高。既然课文为学生们提供了很多仿写的资源,我们就应该充分利用它。我们需要让学生明确的是,仿写不是抄袭,也不是生吞活剥式的搬用。它要在读懂值得模仿的他作,认清其超越自己的佳处,领会其精神和风格的基础上有选择地"拿来"。

在教学中,我们主要是依据课文材料,从以下几方面去做:

第一,仿写句子。如,在教学《草原》一课时,在指导学生有感情地朗读"羊群一会儿上了小丘,一会儿又下来,走在哪里都像给无边的绿毯绣上了白色的大花"后,可引导学生体会这句话的美感,从而引出"打比方"这种修辞手法。在明白了"打比方"这种手法之后,让学生细细感受这种动态美和画面美,再让同学们用"打比方"的方法写句。

第二,仿写段落。在写好句子的基础上,随着积累的增加,我们也注重结合课文的特点,选择一些符合学生认识规律,与学生写作结合比较紧密的段落,让学生进行仿写。如,《草原》第一自然段,首先让学生认识从整体到部分描写的规律,感受第一句交代了写作的对象,第二、三句是整体描写,写出了草原的一望无际与辽阔,接着由学生生读第三、四、五、六、七句,感受作者抓住小丘柔美、羊群动态美、画面美等的精笔细描,最后是让学生理解如何写自我的感受,以及采用拟人写法构成情景交融的艺术境界。学了课文后,我们让学生利用文本句子进行构段训练,按照由整体到部分的顺序写,当学生掌握方法后,再让他们用这种观察方法写自己曾经见过的一处景点,学生写出了许多优美的片段,这样的训练为学生的写作奠定了良好的基础。

第三,仿写思路。课本中有很多文章,作者的写作思路非常清晰、明了,而且学生很容易就能理解,并能接受和运用。在教学中,我们就抓住了这一宝贵的资源。如,《小草和大树》《詹天佑》等课文,都是写人的课文,作者都是通过具体的事例反映人物的品质,这些课文上完后,我们布置学生仿照课文写写家乡的名人、身边的熟人。这样的训练可以促进学生举一反三,再学习迁移中培养读写能力,为今后的发展奠定基础。

——想象补空,增进理解。读写结合的方法很多,可以对课文中一个简单句子进行扩充和发挥,可以给课文续写,或假设另外一种情况进行写作,也可以填补课文的空白点。根据课文内容,对文中没有继续说下去或没有说出的部分展开想象,这是学生比较喜欢的一种写作方式。爱因斯坦(Einstein)曾经说过:"想象比知识更重要,因为知识是有限的,而想象概括世界的一切……而且是知识的源泉。"想象力不仅对作文极其重要,也跟创新力有着密切的关系。为此,我们必须去启迪、开发提高、发展学生的想象能力。利用课本内容便是其最直接最有效的一种方法。如,《地震中的父与子》一文中,我们可以让学生想象——废墟中的阿曼达会想些什么呢？会说些什么呢？《生命的林子》中玄奘决定留下之后，又见到了劝他离开法门寺的那个人，他们会说些什么？我们都让学生进行想象，并写一写。这样的读写结合一方面增加了学生练笔的机会，有利于提高学生的写作能力，另一方面，因为写是由文本而生，写能有效地促进对文本的理解。如此，学生通过读写结合，就达到读写相长的目的。

——拓展延伸，深入挖掘。拓展延伸是指引导学生把课文内容从课内延伸到课外，做进一步的挖掘。这既是对课文更深层次的理解，又是提高学生习作水平的一种好形式。如，学习《草原》一课时，我们让学生展开想象，具体写出"蒙汉情深何忍别，天涯碧草话斜阳"这两句诗所描绘的情境。学生结合课文不但写出了分别时的草原美景，还把大胆想象分别时蒙汉人依依不舍的言语也写出来，进一步感受蒙古族同胞的纯朴热情和民族精神之美。又如，学习《慈母情深》后，我们又让学生写一写母亲，"我想对你说……"，学生都发自内心地把自己对梁晓声贫苦、辛劳、通情达理、宽厚与富于责任感的母亲的敬意表达出来，从而对文章表达的思想感情领悟得更加深刻。

——改变文体，内化语言。课文有记叙文、说明文、古诗词，等等，我们在教学中经常把它们改变为其他文体，让学生加以丰富的想象，说明文可以改为童话故事，诗歌也可以成为小故事。如，在教学《清平乐·村居》一课时，我们让学生在对诗意有所理解的基础上，结合自己的感悟和课文中的插图，想象诗中呈现的情景，体会诗中所描述的童年生活的趣味，鼓励学生揣摩人物的心理，恰当地描写人物的动作和语言，改编成一个小故事。

课堂"小练笔"现已成为语文教学的一道亮丽风景线。课堂练笔的内容广泛，内涵丰富，而能否正确运用教材，引导学生把教材的语言内化成自己的语言，这是教学成败的关键。在教学过程中，需要我们捕捉契机，充分挖掘教材中读与写的结合点，抓住读写基本途径，对学生有目的地加以指导，并加强课外阅读，进行读写训练，培养学生良好的读写能力。以读悟写，以读带写，素养提高，体现了有氧语文教学有路有径的整体优化。

2. 教学有氧，传经送宝

在千锤百炼后，教学实践出真知是必然之事。无论是对于有氧语文的整体性教学,还是对于有氧语文的局部性教学,历经多年的实践探索,我们都相继地积累了一些有用的经验。这些经验尤其是在传经送宝的过程中,会得到进一步优化与提升。

其一,有氧语文课堂和谐化的生成。

一个系统与外部客观世界之间,及其内部各要素之间的关系,如果处于一种协调、平衡的状态,这个系统即是和谐态。有氧语文的课堂追求和谐化,意在通过良好课堂氛围的积极营造,充分利用高新技术优势来展开教学方式,以密切的师生联系,促进师生、生生的良性互动,进而提高课堂教学效能。

有氧语文课堂和谐化的标志有三:多方平等;全体参与;高效轻负。

以多方平等见证有氧语文课堂和谐化。有氧语文的课堂,不是知识的交易所,不是克隆文化的场所,而是学生成长的精神家园,是学生探究文化的磁场。我们坚持以学生的发展为目标,追求课堂中师生的心理平等,尊重学生的主体性和个性,从学生的角度出发思考问题、发现问题、解决问题,给予每一个学生以发展空间,无论其目前学习成绩的好坏,都能够一视同仁,公平对待。

以全体参与见证有氧语文课堂和谐化。有氧语文的课堂,教师不是独奏者而是协奏者,学生不是听众,而是演员。我们坚持让全体学生都能参与学习的全程,让灵感轻舞飞扬,让情感欢畅沟通,让智慧自然迸发。课前,我们会及时与学生进行沟通,了解学生的思想状况和需求,结合课程学习要求,细化教学方案,提高教学针对性。课中,我们会积极地引导学生参与到教学中,通过开展不同的教学活动与学生进行交流互动。

以高效轻负见证有氧语文课堂和谐化。有氧语文的课堂倡导高效轻负,致力于将学生从繁重的机械训练中解脱出来,让学生能够进行自我学习,培养创新性思维模式。我们注重营造良好的课堂氛围,放松学生的心情,使其能够在宽松的氛围中进行学习;注重组织有效的教学活动,积极发挥信息技术的先进教学优势,开展丰富多样的教学活动,充分利用小学生活泼好动、求知欲强的特点,激发、引导学生进行学习。

为了实现有氧语文的课堂和谐化,我们注重从多个方面做好工作,特别是在建立良好师生关系、营造宽松课堂氛围、提高教师综合素质等方面做好工作。

建立和谐师生关系,以实现有氧语文的课堂和谐。感情定位和谐化,即教师注重于学生之间构建相互信任、相互依赖的情感关系,积极取得学生的理解和认可,从而提高在课堂教学中的效率。权力认知和谐化,即教师转变一言堂教学方式,充分尊重学生的权利,积极地吸引他们参与到教学活动之中,使他们以更为积极的行为与教师共同解决学习问题。角色关系和谐化,即教师成为教学活动的组织者和引导者,而学生不仅仅是接受者,更要成为参与者和活动者。沟通方式和谐化,即教师尊重学生的表达权,能够及时听取学生的意见和想法,而不是简单地将其作为无心之谈,尊重学生表达,提高沟通的效果。

尊重学生个体差异,以实现有氧语文的课堂和谐。注重学生学习基础的差异,即教师能够正确面对学生学习基础方面的差异,能够对学生做到一视同仁,从而在教学实施过程中能够有侧重地帮助学生分析其存在的问题和不足,找到解决问题的办法,提高学习积极性。注重学生性格情绪的差异,即教师能够基于每个学生因家庭背景不同、生活经历不同,而形成的性格等差异,在教学中采取不同方法进行教学。对于性格外向的学生,主要采取激励教学的方法,激发起求知欲望;对于性格相对内向的学生,注意多方引导,及时给予鼓励,保持其长久的热情。注重学生学习方式的差异,即教师做到因人而异、因材施教,能够通过多种教学活动的组织来帮助学生获取知识。如,在进行小组合作学习的过程中,将不同类型的孩子进行科学有效的组合,使每个孩子都能在小组活动中找到自身的位置,体现自己的价值,使其在团队的影响中不断提高。

提高教师综合素质,以实现有氧语文的课堂和谐。健全知识结构,即教师以完善知识结构为目标,突出心理学、管理学、人际关系学等方面的内容学习,全面准确了解小学生的心态,提高教学工作的针对性和时效性。丰富教学经验,即学校适时组织教师进行相互交流,丰富教学经验,制订可行高效的教学计划,特别是加强对新课程标准的学习和理解,准确把握新课程改革的要求,提高教学的科学性。掌握全面教学手段,即教师既要能够掌握传统的教学手段,又要借助新技术的优势,掌握电脑、网络等新技术的特点,提高课堂教学的质量与效果。

其二,有氧语文课堂审美化的生成。

美育是素质教育的重要组成部分,没有美育的语文教育是不完全的语文教育。在课堂教学各环节中实施美育,提高学生的审美素质,是有氧语文课程审美化的生成之道。

在美好的教学语言引导中感受愉悦美。在课堂教学中,美的教学内容和教学手段都要凭借富有美感的教学语言去体现。教学语言对儿童感知的活动、思维的活动、情感的活动都起着主导与调节支配的作用。儿童心中的琴弦,往往是美的语言拨动的。有氧语文的课堂教学,教师致力于语言准确、鲜明、生动、形象,富有逻辑性,富有吸引力,有条有理,声音抑扬顿挫,以具有强烈艺术感染力的语言引导学生学习,让语言文字中蕴含的思想和情感如春雨般自然地与学生交融,从而激发学生愉悦的情绪,引领学生去发现、感悟、追求美,不断提高审美素养。

在饱含深情的美读引导中体验语言文字美。一节成功的阅读课,琅琅的书声总能给人以美的享受。教学中能否达到美的境界,主要取决于教师对教学境界的追求。只有追求美,才能努力再现教材之美。如自然环境美:如《鸟的天堂》的幽美、舒适之美;《索溪峪的"野"》的天然、野性之美;《桂林山水》的奇秀、静谧之美;《五彩池》的神奇、多姿之美;《美丽的小兴安岭》的绮丽之美;《海底世界》的奇异之美,等等。又如人文景观美:《南京长江大桥》的雄伟、《人民大会堂》的壮观、北京《颐和园》的绝妙,等等。又如社会生活美:写母女俩关心照顾邻居老奶奶,不是亲人胜似亲人的《亲人》;寄寓身在异国的华侨老人一颗眷恋祖国的心的《梅花魂》;宁可自己再苦也要给别人照顾孩子的《穷人》,等等。再如人物形象美:《向命运挑战》中虽身患绝症,但意志顽强敢于向命运挑战的霍金;《狱中联欢》中对革命事业无比忠诚,置个人生死于度外的革命先辈;《三克镭》中醉心于事业,把一切贡献给科学、全人类的居里夫人;《宋庆龄和她的保姆》中敢于蔑视不合理传统习惯,向往民主平等,尊重劳动人民的宋庆龄,等等。小学语文教科书中的审美因素很多,这些美的因素或具有榜样的价值,或不同程度地对学生产生潜移默化的作用,这些都需要教师指导学生通过加强朗读来悉心感受。有声有色的美读,能渲染气氛,激发情感,能变无形为有形,变抽象为具体,变平面为立体,从而与作者心灵相通,获得愉悦的审美体验,不断受到美的熏陶,得到美的启迪,提高审美素养。

在丰富的想象引导中品味意境美。外在的自然风景与内在的心灵相互叠印,相融为一,即是意境。意境是作者的思想感情与所描写的景物融为一体所达到的艺术境界。在语文教学中,对意境的品析最容易引起学生心理的共鸣。学生要领会意境,就必须在教师引导下,抓住作者所描写的景物,结合作者的情感,联系阅读经验,放飞想象,以深入作者所描写的意境之中,这就是想象再造的过程。在这个过程中,可以作者的思想情感为经,以作者描绘的景物为纬,让想象展开翅膀自由飞翔。如,在教学古诗《忆江南》时,让一幅幅与诗风格相近的书画作品映入学生的眼帘,一首首委婉优美的古筝乐曲飘入学生的耳廓,加上教师声情并茂的朗读,学生自然地进入情境,体会江南风光的明媚及诗人对其的赞叹和眷恋,这样,学生就能更深层次地领悟诗中所蕴涵的意境美,这对启迪学生爱美的心智,涵养学生的美感,提高审美素养是大有裨益的。

在人物形象的精神引导中领悟情感美。课文不是无情物,课文愈好,思想感情愈强烈、愈真挚,这就要求我们在阅读感受的基础上,抓住重点,适时点拨,使学生把握文本的内涵,尤其是真正领悟到文本人物形象的精神内涵,及其所表现出来的情感美。如,在教学《再见了,亲人》这篇课文时,教师可以让学生感知全文,认识亲人指谁?为志愿军做了哪些事?接着便抓住文中句式和重点词、句、段的理解,分析典型场面,典型事例,想象朝鲜人民为志愿军舍生忘死,"雪中送打糕""智救侦察员""上山挖野菜"付出巨大牺牲的动人情景,扣动学生心弦。接着"移情入文",教师采用"情思结合""读议结合"等方法,使学生逐步深入到人物内心世界,体会中朝人民的伟大情怀,从而使"知"与"情","理解"与"情感"在联系中不断加深,不断升华,受到生动、深刻的国际主义教育,促进学生审美情思和道德意识的升华。如《秋天的怀念》这篇课文讲述了一位母亲是如何对待因双脚瘫痪而绝望的儿子的故事。作者史铁生先生通过母亲承受"我"的粗暴,不顾自己重病缠身,要推着"我"去看花,想努力鼓起"我"生活的勇气,"我"答应去看花时母亲的喜出望外,以及临终前的嘱托等点滴生活小事的回忆,表达对母亲的一片深情。小事看似微不足道却体现了母亲的坚强、伟大、可敬。教师可以引导孩子们深情朗诵、细细品读,并把语言文字所表达的内容融合成生活画卷,并联系作者的写作背景,以及《我与地坛》中的相关资料,让孩子们真正做到把握其内涵,与作者共悲切,较好地体验一个承受着生活沉重苦难的残疾作者对母亲的无比怀念和一片深情,体会那份真挚感人的毫不张扬的母爱之美,感受这份母爱使这位残疾作者获得新生,好好活下去的力量之美。此时,孩子们的情感得到升华,精神境界、审美素养得以提升。

在民主的教学理念引导中感悟人性美。教师要时刻注意情感的释放和启发,老师的每一个亲切的称呼、友好的眼神、期待的目光、关切的手势和充满爱意的微笑，都可以在无形中缩短师生之间情感上的距离，形成一种凝聚力和向心力，产生情感上的共鸣。尊重学生，体现人性美。尤其，在课堂上学生对问题的不同理解，不仅是他们对课文内容的不同感悟，也是他们不同生活经验的体现。我们要充分尊重他们的独特体验，为他们创造和谐、轻松的课堂氛围，使其感受到成功的快乐。对于这一方面，教师要让学生注意体验和领会，尊重学生，使学生感悟到人与人之间的平等，从而体验到人性的美丽。

第四章

有氧语文的存在

拓开空间，延展方式，体现价值。当一次次学习就这样一以贯之地演绎开来，并持续地助力于生命的成长，学习的存在就会自然显见。

有氧语文的存在，在于学习时空的发现，无论是以晨读晚诵或倚吧品读来穿透书香，还是以知语行文或时用常新来拥抱语文。

有氧语文的存在，在于学习方式的建构，无论是以策略开道来解决语文问题，还是以落实有方来完成语文习题。

有氧语文的存在，在于学习价值的提升，无论是基于单元而学会阅读的价值实现，还是聚焦主题而实践语文的价值彰显。

一　有氧语文：发现学习的时空

阅读是一项本领，一个人拥有这项本领，便能运用语言文字来获取信息、认识世界、发展思维，获得审美体验和知识。助力学生习得并不断地提高这项本领，是有氧语文的题中之义。于是，在有氧语文的时光里，你看到的是孩子们清晨的朗读和晚间的诵读，是孩子们依凭着书吧而快乐地品读，是孩子们知行合一地学习语文，是孩子们时时运用语文而收获常新的语文。

1. 晨读晚诵，倚吧品读

其一，晨读晚诵，有氧学习，美文陶人。

一日生活，有诗有歌有美文，对于学生来说，犹如吸氧一般是必要之举，也是必喜之学。为了让学生享受这样的一日生活，我们利用晨读与晚诵时光，引领学习美文，研发了相应的课程。这些课程以单元进行建构，每个单元安排一个学习主题，每个主题精选若干篇诗文，以此引领学生晨读与晚诵，让他们学会赏析与诵读，实现语文核心素养的提高。

在语文世界里，与时节关联的诗文有很多，学习这些诗文，对于提高学生语文核心素养大有裨益。如，基于秋天这一时节，我们确定"秋月静美"与"秋果丰硕"两大主题，并以此来构建相应的"晨读晚诵"课程，让学生陶醉于这些诗文的赏析与诵读之中，随一日生活而提高语文核心素养。表 4.1 为这两大主题"晨读晚诵"课程的设置。

表 4.1　有氧语文之"晨读晚诵"课程设置示例

单元主题	单元导语	单元诗文	单元推荐
秋月静美	月光如水,静谧柔美!掬一捧清风秋韵,凝望天空中那轮明月,情不自禁地朦胧出一片片诗意;揽一怀天际月色,藏一袖幽然暗香,不知不觉地淡忘了那份孤独和寂寞……	徐志摩:秋月 余光中:魔镜 艾兴多尔夫:月夜 李白:把酒问月 舒婷:中秋夜 郭沫若:天狗 秦华:月夜 鲁迅:秋夜	这一单元的诵读,一定引发了你对秋月的向往。大家还可以读一读诗人郭小川的《望星空》,冰心的《中秋前三日》,刘半农的《教我如何不想她》等作品。
秋果丰硕	仰望秋日天宇的闲云,感受秋晚斜阳的瑰丽,抚摸秋风的幽远,感受秋果独特的意蕴……让我们带着遐思,去观看"倦鸟归巢";带着热烈,去感受"叶颤花舞";带着满心的祈盼,去迎接静谧的秋晨,去感悟丰硕的秋果;带着欣喜的心情,去品味那淡而远、清而静的秋韵吧。	泰戈尔:飞鸟集(精选) 胡适:鸽子 于赓虞:秋晨 徐志摩:沪杭车中 何其芳:秋天 李季:江南草 罗兰:秋颂 冯骥才:秋天的音乐	这一单元的诵读,静谧的秋晨、丰硕的秋果……一定引起你的遐思。大家还可以读一读诗人刘大白的《秋晚的江上》,刘增山的《秋魂》,郁达夫的《故都的秋》等作品。

当学生面对"秋月静美"单元中余光中所写的《魔镜》一诗——

魔镜

余光中

落日的回光,

梦的倒影,

挂得最高的一面魔镜,

高过全世界的塔尖和屋顶,

高过所有的高窗和窗口的远愁。

而淡金或是幻银的流光,

却温柔地俯下身来,

安慰一切的仰望,

就连最低处的脸庞。

他们便可以这样"赏析与诵读"这首诗——

余光中,福建永春人,当代著名作家、文学评论家,被称为台湾省现代派"十大诗人"之一。

《魔镜》是余光中乡愁诗作的代表之一，饱含着浓浓的思乡之情。他说，月亮就是一面魔镜，它伟大神奇之处就在于你透过它，可以看见你想看到的人，可以看到你想看到的故乡。在海峡对岸的时候以为海峡会有多么远，但看到了月亮的时候你会发现它是一样的温柔，一样的皎洁，其实那海峡并不遥远。在高处的时候，以为高处不胜寒，但有那么多朋友，那么多同乡和我在一起，却让我感到回乡的温暖，这是真正找到了家的感觉。

朗读这首诗歌，前半节节奏较明快，语气可适度高扬，读出明月高悬的意境。"天上一轮才捧出，人间万姓仰头看。"后半节朗读节奏放缓，语气宜柔和沉静，读出月光的皎洁和柔美，读出思乡之情的深沉。

这首诗的停顿、重音等标注符号参考如下：

落日的回光→，梦的倒影→，挂得最高的一面魔镜↗，<高过全世界的塔尖和屋顶↗，<高过所有的高窗和窗口的远愁↗。

而淡金或是幻银的流光→，却温柔(轻读)地俯下身来↘，安慰一切的仰望↘，就连最低处的脸庞。

当学生面对"秋果丰硕"单元中徐志摩所写的《沪杭车中》一诗——

沪杭车中

徐志摩

匆匆匆！催催催！

一卷烟，一片山，几点云影，

一道水，一条桥，一支橹声，

一林松，一丛竹，红叶纷纷：

艳色的田野，艳色的秋景，

梦境似的分明，模糊，消隐，——

催催催！是车轮还是光阴？

催老了秋容，催老了人生！

他们便可以这样"赏析与诵读"这首诗——

朱自清先生写过一首脍炙人口的散文《匆匆》，与徐志摩这首《沪杭车中》比较来读真是饶有趣味。朱自清用舒缓从容的笔墨描写了时光匆匆流逝的步履、印痕,徐志摩却用极其简洁的文字再现了匆匆时光的形态、身姿。

这首诗的诗题是动态空间:沪杭车中。第一节写现代时空对自然的影响,第二节写现代时空在人类精神深处的投影,两节互为呼应、递进,通过"催催催"这逼人惊醒的声音让人正视时间。这种强烈的现代时间意识,正是诗人创作的原动力。

简洁明快的文字,让时间概念可触可感,诵读时,让我们去感受匆匆时光的形态、身姿,读出你对时光匆匆的惊叹之情。

上海与杭州短暂的距离已被现代交通工具火车不经意打破了。时间和空间本是相对物,此刻简直就是浑然一体了:"匆-匆-匆! 催-催-催!"(语调急促)两组拟声词把这种浑然表达得淋漓尽致。随着这到来的时空的浑然,时空中原本浑然一体的自然反被切割成零碎的片段:"一卷烟,一片山,几点云影;一道水,一条桥,一支橹声;一林松,一丛竹,红叶纷纷。"(节奏明快)和大自然一样安宁而永恒的梦境由分明而"模糊⌒,消隐⌒。""催-催-催!"这现代文明的速度和频率不能不使诗人惊叹:"催老了//秋容,催老了//人一生!"

其二,倚吧品读,有氧学习,书香醉人。

"快乐读书吧"是部编小学语文教科书新编排的课程模块,旨在依托这一模块课程,把教读、自读和课外阅读相结合,以一定的任务驱动,围绕学生困惑或感兴趣的问题,通过一系列的读书实践活动,来促进学生阅读本领的培养与提高。

如,部编小学语文教科书四年级上册第四单元的学习主题是"神话",其语文要素体现在读写两方面。在阅读方面是:了解故事的起因、经过、结果,学习把握文章的主要内容;感受神话中神奇的想象和鲜明的人物形象。在写作方面是:展开想象,写一个故事。基于这两方面的学习,教科书编排了"快乐读书吧"课程模块,以"很久很久以前"为题,围绕"世界是如何起源的? 人类是怎样产生的? 神和英雄是怎样生活的"三大问题,引领学生拓展阅读中外神话传说,让学生通过大量的阅读实践,进一步了解神话故事的起因、经过、结果,学会把握主要内容,感受神话中魅力无限的神奇想象和特点鲜明的神话人物形象,了解祖先在探索和改造世界过程中对大自然的独特解释、美好向往,从而激发学生阅读神话的兴趣,提高阅读神话的能力。

如何达成这样的课程目标？在广州东荟花园小学黄小艳老师看来，"明主题定目标，导读法分探究，展成果评本领"的教学操作是可行而又洋溢着有氧语文的特色的。

（1）明确阅读主题，确定阅读目标

统编语文教材四年级上册第四单元"神话"学习结束后，安排"快乐读书吧"以"很久很久以前"为导语，引导学生拓展阅读中外神话，进入更广阔的神话世界。

教师可以先从学生学过的神话入手，让学生了解这些神话是关于哪方面的神话，如"关于神话是怎么来的"和"人类与自然作斗争的"，为后面探究感兴趣的问题做好铺垫。接着，教师通过推荐"快乐读书吧"的《中国神话传说》《世界经典神话与传说故事》两本书，引发学生思考"你还想从神话故事中知道什么"，并对自己的探究主题形成初步思考。这里，学生可能产生很多问题：人是怎么来的？天地万物是怎么形成的？火、粮食、药等是怎么来的？人与洪水是怎么斗争的？等等。教师既要对充分肯定学生的好奇心，又要与学生一起就问题进行主题类别归纳，还要引导学生明确这些问题是可以通过他们自己读神话就可以解决，但是这不是探秘，探秘就是要寻找我们不知道的东西，不是读一本书就能发现答案的，从而引出这次"快乐读书吧"的阅读主题"神话故事中……探秘"。如此，学生认知冲突得以建立，阅读动机得以激发，就有利于在明确阅读目标的基础上乐于进一步展开"阅读探究"的学习。

于是，教师分别以"火是怎么来的"和"人与自然是怎么斗争的"这两个问题的阅读探究为例，指导学生探索关于同一个问题（一种事物怎么来的）和同一类问题的探秘方法。每个问题的探究都是以三篇故事为例，通过比较阅读让学生明确：同一个问题或同一类内容都是要找到不同的神话故事，首先了解故事内容，然后找出故事的相同点和不同点，并且归纳出来，这才是真正的探秘。

进而，教师布置学生以小组为单位，选择感兴趣的探秘"主题"，成立探秘小组，并制订探秘计划，让学生依据自己感兴趣的问题分成小组去探秘去读书，这就解决了为什么读书的问题。

（2）指导阅读方法，分组阅读探究

在学生分好组，确立好了探秘主题的基础上，教师需要指导学生围绕主题如何去选择读书内容，以及指导学生进行深度读书的方法。

在选择读书内容上,教师可以一个探秘主题为例,从三方面引导:一是让学生从已有知识经验出发去给其他同学推荐书目;二是让学生由"快乐读书吧"推荐的《中国神话传说》《世界经典神话与传说故事》两本书的目录去找到相关的内容(也可以找到其他神话故事书的目录);三是让学生利用网络进行有关的主题搜索,找到主题相关的内容。以上三种选择读书内容的方式里都用到略读文章的方法,让学生通过略读文章来判断故事内容是否是关系到主题的内容。

在阅读方法指导上,教师要明确"快乐读书吧"是在课内单元阅读基础上的拓展与延伸,要有意识地落实课内单元语文要素,将课内阅读习得的方法迁移到课外阅读中去,使课外阅读更加立体丰厚。在指导学生读书时,教师可选取三个神话故事,可以是同一个问题,也可以是同一类问题的三个不同的故事,让学生完成读书任务卡。

任务卡1:①按照故事的起因、经过、结果概括故事的主要内容;②在神话故事中找到神奇想象的情节划下来;③故事中的人物是怎样的形象?(你喜欢神话中的人物吗? 为什么?)

任务卡2:在充分读书完成上面任务卡1的三个任务后,找到这三个故事的相同点和不同点分别是什么,并记录下来,再探究解决自己的问题,得出探秘的结论。

在这里,教师要注意指导学生整理和筛选,在每个人独立完成以上读书任务后,小组合作汇总时要找到共性的内容整理共性的,同时要指导学生找个性的,并且汇总出不同的观点。

在此基础上,教师要引导学生回顾整理归纳出选择读书的内容和怎么去进行深度读书探究的方法来,强化学生的认识,为学生接下来独立读书探究和小组合作奠定基础;接着布置学生根据主题分组开始读书,并完成小组合作探究的任务,每个人完成任务卡1和2的内容,然后小组最后整理汇总。

(3)展示阅读成果,评价阅读本领

为了让学生对这次读书实践活动有兴趣,有参与的热情,让学生觉得是有一定难度的探秘读书活动,觉得有挑战性,教师可以改变以往读书成果交流形式单一的方式,以更加丰富多彩、图文并茂的方式来呈现。如,让学生最后以美篇的形式呈现。这对学生来说是新鲜的,有一些难度的方式,但更能调动他们的积极性。

同时,这最后的成果还可以发到家长群或朋友圈中,让学生更有成就感,获得认同感,也让更多家长关注和参与到孩子的读书和设计成果的过程中。

这里,教师要先自己制作出美篇的样本展示给学生。(以火的探秘为例)内容包括:题目——神话故事中火的探秘;第一部分《普罗米修斯》图片、故事内容、人物形象、神奇的情节;第二部分《钻木取火》图片、故事内容、人物形象、神奇的情节;第三部分《阏伯盗火》图片、故事内容、人物形象、神奇的情节;第四部分故事的不同点和相同点,教师提示学生会把样本发在班级群里,在小组合用制作的过程中可以参考,也可以在此基础上创新,一定要做到图文并茂,构图排版要美观。课下,学生以小组为单位对自己探究的主题进行谋划与制作,老师可以随时对学生进行指导,并鼓励学生向家长请教,与家长和同伴多交流,探讨更好的呈现方法。

这一过程中,教师让学生通过小组合作完成有一定难度的美篇制作,而这一成果展示形式极大地满足了学生学习心理需求。在学生的最近发展区设计有一定难度的任务,更好地激发学习动机,让学生更有学习动力,满足他们对于挑战自我的需求。同时,在自主阅读和合作探究这一系列实践中,学生搜集信息、处理信息、阅读理解能力、思维能力、探究能力以及合作能力、审美能力都能得到锻炼。

在完成以上学习后,师生可以开展一次以"神话故事中……探秘"为主题的读书分享会,由学生分组展示各自制作的美篇。这一展示可以让学生从探秘主题确定、书目如何选择、书的主要内容、人物形象、神奇情节、故事相同点与不同点等方面,结合着美篇进行汇报交流。学生交流汇报时,教师要引导学生进行分工,让每个学生都有表达的机会,都能参与到活动中,充分分享自己的读书收获和探秘的成果。

这样的成果展示形式,给了学生更大的空间去表达他们的读书和探究收获,他们解决了自己的问题,完成了读书的任务,感受了读书的乐趣,会特别有成就感。这样丰富、立体、多元的成果展示形式,使学生参与的热情更高,更愿意去表达和获得同伴的认同。

在成果展示的基础上,教师要引导学生对同伴的读书成果进行有效的评价,发现别人的长处,也客观地指出存在的问题,提出改进的意见,并反思自己组的成果存在的问题,在互相学习借鉴中对自己的成果提出调整和改进的方法,最后评出最佳成果奖。同时,教师要引导学生对成果展示中表现突出的学生进行评价,评选出最佳成果汇报员；引导学生组内进行互相评价，对在这一系列活动中每个成员的表现进行评价，让每个学生反思自己在这次活动中还有什么需要提升的改进的方面，最后评选出最佳探秘员。

经由"明主题定目标，导读法分探究，展成果评本领"的学习历程，学生在"快乐读书吧"里的阅读实践不但能够丰富阅读量，还能够学会根据问题选择书目，学会探究问题的方法、读书的方法，培养读书兴趣，提升语文核心素养。

2. 知语行文，时用常新
其一，知语行文，有氧学习，课堂化能。

语文是真实的，是原汁原味的，是如氧气般真实不可或缺的，语文核心素养是学生学好其他课程的基础，也是学生全面发展和终身发展的基础。秉持有氧语文教学的教师不仅会重视语言文字的基本规律，回归语文的本真，带领学生去享受地品尝原汁原味的语文，而且会直抵语文课程的核心价值，致力于学生语文核心素养的形成与发展。

如何恰当地运用教学智慧，让语文课堂活起来，充分发挥学生个体、学生群体及教师三个方面的能动作用，构建张弛有度、收发自如、游刃有余、轻负高效的有氧课堂，提高有氧语文的教学质量，让学生品尝原汁原味的语文，形成与发展语文核心素养？"趣味化学习、合作化学习、多得化学习"是我们引领学生知晓语文并使用语文的基本做法。在我们秉持有氧语文教学主张的团队里，广州东荟花园小学谢晓瑜老师的教学课例，就体现了这些的教学智慧。

趣味化学习：激发学习兴趣，促进自然生长。学生学习语文，语文就应该是生本化的。以学生为本的语文教学就是要滋润学生的自然生长，激励学生的自信生长，引导学生的自由发展，最终实现学生的自我价值。为此，教师要由传道、授业、解惑的传道者转变为导思、导学、导练、导法的引导者，充分运用情景创设、音乐诱导、情感熏陶、画面再现等教学方式，想方设法地激发学生积极主动地学习的兴趣，进而享受有氧语文的趣味化学习。

教学《月光曲》一课时，我首先让学生欣赏音乐《月光曲》，愉悦其耳目，激动其心灵，开发其智力，感受其情境，他们完全沉浸在音乐的熏陶之中。紧接着，我问学生："刚才的音乐好听吗？""你们知道这是谁的曲子吗？"学生可能会说出是贝多芬创作的《月光曲》，这时我又故作神秘地说："关于《月光曲》的创作还有一段动人的传说呢，你们想了解吗？"优美动听的音乐，生动激情的语言，一下子就把学生从静态的课堂，拉向了课文中的情境，使他们迫切地想学习《月光曲》。

设计《草原》一课的导入时，我选择先朗诵一首与课题有关的古诗："敕勒川，阴山下，天似穹庐，笼盖田野。天苍苍，野茫茫，风吹草低见牛羊。"这情景一下子把学生带入了浩瀚无边的大草原，唤起了学生急切地想知道老舍笔下的大草原是怎样一番风情的学习欲望。接着，我又播放了一段《草原风情》的录像，再次将学生带进美丽、辽阔的大草原，让他们在观赏中尽情地享受草原的美丽乐趣，领略蒙古人民的人情风俗，从而获得知识，形成技能。

在这样的学习舞台上，学生的主体意识被真正唤醒，主观能动性被充分激发，学生始终处于积极主动的学习状态。

在这样的有氧课堂上，学生不仅能主动、愉悦地获得知识、技能，而且较好地开发智力、提升学习能力。

合作化学习：学会学习合作，促进协同发展。勒温（Lewin）的"群体动力理论"指出，在一个合作的小组中，群体的目标、规范、凝聚力不仅能影响群体成员的个性发展，而且会影响群体发展的水平与群体绩效。不同智慧水平的小组成员可以互相作用、互相补充，用集体的力量共同完成学习任务，在交流与合作中共同获得发展。因此，小组之间互相学习是我们常用的教学方式。不同智慧水平的小组成员可以互相作用、互相补充，用集体的力量共同完成学习任务，在交流与合作中共同获得发展。小学识字教学中，我们可以开展各种游戏类的合作化学习，如编字谜、开火车识字、摘果子游戏、找朋友、夺红旗、风车转转转等，让学生在合中学、学中玩、玩中学，更好地完成识字任务。

小学生最喜欢猜谜语，在教学中，我经常编一些谜语让学生猜，或者让学生自己给汉字编字谜，激发他们学习的兴趣。如教学"且"字时，我让学生猜"早晨太阳从地平线上升起来"，学生在愉快之中既学会了新字"且"，又能牢固记住它的字形。

"找朋友"游戏可以训练学生利用字的结构来组合字的能力，把生字的偏旁部首分别写在两张或几种不同颜色的卡片上，将卡片分给几位小朋友。如学习"党"字，一个学生拿着卡片说："我是党字头，我要和'兄'字做朋友。我的朋友在哪里?"拿"兄"字的学生就会赶快站起来说:"你的朋友在这里。"其他同学可以看拼在一起的卡片齐读组词,并分析字形结构。这种"找朋友"的识字方法,让"生字宝宝"穿梭于教室中,在同学中寻找自己的"好朋友",既培养了学生的识字能力,又训练了学生用生字组词的能力,调动了学生识字的积极性,活跃了课堂气氛。

游戏教学是低年级学生巩固字词的有效方法,既适合小学生的年龄和思维特点,又能使学生达到长知识长智慧的目的,这也正是我们有氧语文"三学一练"教学模式中"互学"的精髓,以真正实现"教是为了不教"的教育境界。

多得化学习:追求学习多样,促进多样收获。小学语文阅读教学是语文教学的重要组成部分。语文教材是以几十篇文质兼美的文学作品为主体。这些作品是学生了解民族文化传统、拓展知识视野、培养道德情操、提升审美情趣、锻炼思维能力的凭借。在课堂教学中,教师要深入解读文本,分析学生的"起点学习能力",确定合理的学习目标,设计科学的自主学习活动,敢于放手让学生自主学习。同时,在阅读教学中,教师要引导学生依据他们的生活经历、情感体验、审美情趣,去研究那些未定性的层面,去填充那些"空白",进行文本的再创造。

在教学《草船借箭》第二课时,我创设了这样一个问题情境:"神机妙算"是什么意思? 读读课文,思考课文哪些地方体现了诸葛亮的神机妙算? 第二个问题一下子就激起了学生的"头脑风暴"。学生带着这个问题对课文进行了自主研读,与文本进行对话,对文本信息进行重建,并得出了很多有创意的回答,真正读出了文本的未尽之意。

在《将相和》教学中学到"负荆请罪"的故事时,"廉颇静下心来想了想,觉得自己为了争一口气,不顾国家的利益,真不应该。于是他脱下战袍,背上荆条,到蔺相如门上请罪。"这段话给学生留下了创造的空间。到了蔺相如的府上,廉颇说些什么,蔺相如说些什么,他们又做了些什么,可以让学生充分展开想象的翅膀。

语文教学本身是多重对话的过程,是思想碰撞和心灵交流的过程,是教师以学定教,通过对话让学生展开自由表达的过程。这才是真实的语文课堂。

我们所期待的课堂是生命相遇、心灵相约的课堂,是质疑问难的场所,是通过对话探寻真理的地方,而语文课堂更应该一切从学生立场出发,用真实的语文引领孩子发现语言的美,让孩子在宽松和谐的氛围中体会学习的乐趣,在愉悦中收获知识与能力。这就是我们所追求的"有氧语文"。

其二,时用常新,有氧学习,实践见能。

如何做到因语文时用常新而让学生阅读兴趣历久弥新?

作为学习的一项主要本领,阅读能力的培养如何落到实处,让学生的阅读兴趣能够历久弥新,并为学习语文及其他学科打好扎实的功底,是有氧语文追求学生学习语文达至时用常新境界要着力解决的问题之一。

为这解决好这一问题,我们在阅读兴趣培养上进行了深入的探索,认识到其落实到位不仅要遵循一定的阅读兴趣激发原则,也要采取一些可行的阅读兴趣激发策略。

从实践探索来看,一般地说,要想真正激发学生的阅读兴趣,使他们乐于兴致盎然地展开阅读实践活动,需遵循三大"趣读原则":"书惹趣"原则、"书适趣"原则、"书日趣"原则。

所谓阅读兴趣激发的"书惹趣"原则,就是学生阅读的书籍要能够惹引出他们的阅读期待、阅读猜想、阅读分享等学习兴致的阅读趣来之准则。我们在给孩子推荐书目时,注意学生的兴趣。如,一年级学生识字量虽然不多,但是往往对图画色彩比较敏感,因此,我们就会结合问卷调查和实践经验,从众多绘本中选取一年级学生感兴趣的有意义的绘本读物,推荐给他们,让他们从优秀的绘本中学会观察,领悟情感,获得启迪,爱上绘本。

所谓阅读兴趣激发的"书适趣"原则,就是学生阅读的书籍要能够适合他们的阅读年龄、阅读学段、阅读发展等学习阶段的阅读趣味准则。虽然说对于什么年龄读什么书,有其相对性,但是在一定的年龄阶段,学生适合读哪些书,还是会有相对稳定性,这关键还取决于学生的阅读理解能力,尤其是每个学生又各有不同。为此,我们既会基于年龄阶段,来推荐按年龄划分的书籍,又会根据学生的阅读理解能力,来推介适合他们阅读的书目,尤其是会根据每个学生的特点,来调整阅读书目的推荐,使阅读书目与学生的兴趣相匹配。

所谓阅读兴趣激发的"书日趣"原则,就是学生能够每天坚持阅读自己喜欢的书籍而常态化进行阅读交流、阅读分享等学习效能的阅读趣来之准则。阅读兴趣的持久既需要落实兴趣激发的"书惹趣"原则和"书适趣"原则,又要落实兴趣激发的"书日趣"原则。也就是,教师要联合家长乃至社区(会)人士,从学校、家庭、社区(会)三方面,培养学生养成每日阅读的习惯,持之以恒地进行每日阅读、常爱阅读的实践活动,使学生面对阅读能够"知之者不如好知者,好知者不如乐知者",逐渐对阅读产生兴趣,在阅读中感受快乐,从而乐于主动地阅读,享受阅读的乐趣。

兴趣自小起,阅读自趣来。对于小学一年级学生,阅读兴趣的培养在整个小学六年尤为重要。他们在阅读兴趣培养方面,有诸多影响因素,如因为识字量少而阻碍阅读的进度与阅读的所得,又如影视网络等诱惑而降低阅读的吸引力,再如家长与老师助力学生阅读不够而导致阅读兴致不高等。除了减少这些影响因素外,我们在激发学生阅读兴趣方面,也探索了诸多有效的策略:"校引堂导"促读策略、"建库立吧"促读策略、"赛展节庆"促读策略。

所谓阅读激趣的"校引堂导"促读策略,是指学校从整体上进行书香校园的顶层设计,以引导学生过上让阅读促进成长的学校生活,并聚焦于课堂教学,引导学生在课堂阅读过程中学会阅读并热爱阅读。

所谓阅读激趣的"建库立吧"促读策略,是指通过在学校及家庭建设图书库、图书吧、图书柜、图书角等阅读区域,来搭建学生有书可选、有书可读、有书可用的阅读平台,进而促进学生阅读。

所谓阅读激趣的"赛展节庆"促读策略,是指通过设计与开展多样化的阅读比赛活动,通过设计与开展多样化的阅读节庆活动,让学生在经历这些活动中充分展示阅读收获,进而提升学生阅读激趣。

基于这些基本的阅读兴趣激发原则,在我们秉持有氧语文教学主张的团队中,不同的老师又各有其策。广州东荟花园小学薛穗敏老师特别重视一年级学生阅读兴趣的激发,她注重多种策略的综合运用,起到明显的效果。

根据影响学生阅读兴趣的因素和培养阅读兴趣的原则,我对一年级学生试行了以下的阅读兴趣激发策略。

课堂激发阅读兴致。学生学习汉语拼音后,独立阅读的可能性将提高。在课堂上,教师从一年级学生爱读故事的兴趣出发,呈现带拼音的文字故事,可以让学生感受到运用拼音阅读故事的成就感,从而鼓励他们课后读注音版图书。识字教学同样可以适时引导学生进行阅读。如学习《口耳目》一课,谈及象形文字和文字发展时,教师可讲一讲文字的流变故事,引起学生的好奇心,促使他们课后寻找相关图书或资料进行阅读。这样,学生会自然而然地认为阅读是件快乐的事,从而喜欢上阅读。

书库营造阅读氛围。在新生家长会上,我向家长倡议每个家庭贡献至少五本书,建立班级书库,供全班学生自由阅读,并让学生轮流当图书管理员,每周列出"最受欢迎图书"。这样,学生互相熏染,充分体验基于阅读的共同生活。

存折评励阅读效能。为培养学生的阅读习惯和兴趣,我采用阅读存折引领学生评价与激励他们的阅读效能。阅读存折存入的是阅读时间和书目,由学生每天记录自己的阅读书目和阅读时长,每周上交并结算一次。一周阅读时间达到120分钟,盖一个印章;达到180分钟,盖两个印章。每月评比"阅读小明星",看谁阅读最多书,以激起阅读的动力和兴趣。

书会分享阅读收获。一年级学生喜欢在同伴面前展现自我,利用这一特点,我在班级举办故事会,让学生续编故事或者表演故事,培养想象力、表演力、理解力,促使学生在展示中享受阅读的快乐。

拓展延伸阅读探究。学习《百家姓》一课时,我布置了拓展阅读,以自己的姓氏或者喜欢的姓氏为主题,让学生去了解姓氏起源、名人故事。有的同学了解喜欢的王姓:王羲之、王之涣、王维,关联阅读《我们的唐诗》,了解唐朝诗人的生平事迹。有的同学了解田姓,知道了田忌赛马的故事。有的同学了解张姓,从古代到现代了解了张良、张飞、张学良等故事。学习《猜字谜》一课时,我布置学生课外找三个字谜,并学会解释其中的原因。学习《端午粽》一课时,我布置学生探究端午节的历史故事,风俗习惯。这样,一篇课文带动多篇阅读,激发学生以点带面地进行课外自主探究性阅读。

如何做到因语文时用常新而让学生阅读情感怡然自得?

阅读教学的过程是语言文字训练的过程,也是探索文本思想观点的过程,还是感受、领悟、体验情感的过程。基于这样的阅读实践,如何让学生的阅读情感能够怡然自得,并为正确的思想道德和健康的审美情趣的培养奠定深厚的根基,也是有氧语文追求学生学习语文达至时用常新境界要着力解决的问题。

为解决好这一问题,我们在阅读情感培养上进行了深入的探索,认识到其落实到位不仅有赖于对阅读情感培养的意义有深入认识,也有赖于对阅读情感培养的策略运用得恰切。

语文课程是语言文字运用的课程,而语言文字运用的过程也是其情感生发的过程,阅读课程更是在语言文字运用中蕴含并生发着丰富的情感,因此,在情感教育方面,语文课程尤其是阅读课程及其教学具有独特的意义。

有利于成就热爱阅读、热爱生活、热爱世界的新一代学子,才是真正的阅读教学。语文课程的目标是基于知识与能力、过程与方法、情感态度与价值观三个方面来进行设计的,且三者相互渗透,融为一体,进而整体提高学生的语文素养。这意味着,情感教育必然地融合于阅读教学之中。在阅读教学中,我们一旦注重情感目标的达成,学生在思想意识、道德行为方面就会形成正确的价值取向,在爱自己、爱他人、爱亲人、爱祖国、爱父母的学习历程中,就会形成健康的审美情趣,从而成长为富有热情的一代新人。

有利于学生获得知情意行的协调发展,才是真正的阅读教学。就人的全面而富有个性的发展来说,情感发展是各方面协调发展的内动力,它越是走向健康快乐的成长之路,就越有利于成就一个健康快乐的人。就小学生而言,在思维能力发展还不够充分的状态下,他们在学习过程中的情感表现是相当丰富的,是容易激发的,也更能助力知意行的发展。为此,我们的阅读教学要充分把握情感要素来展开教学,如用富有情感的语言来激发学生的情感参与,如挖掘文本中的情感因子来激发学生的情感融入,使学生能够情动于中、获而因情、学扬正情,从而享受理智与情感融洽并进的学习之旅。

在我们秉持有氧语文教学主张团队中,通过实践探索,老师们逐渐形成了多种有效的策略,更促使学生怡然自得其阅读情感,进而提高语文素养。在这方面,广州东荟花园小学朱姝曼老师就有自己的做法。

在教学过程中,教师用美文用心浇灌,以情育生,学生能够会之以情,由无数的情之操作而综合为情操的生成,达到心灵和心灵的契合,就是情趣盎然的学习历练。为了让学生享受这样的学习历练,让阅读情感怡然自得,我主要采取以下教学策略。

第一,挖掘情感因子,激发阅读情感。

语文教材每一篇文章都是有情之物,其蕴含的情感内容,包括作者的情感、意愿,乃至整个心灵,都寄托在文本所描写的形象之中,或直抒胸臆,或借物抒情,或情景交融。《丰碑》《钱学森》《诚实的孩子》等课文蕴涵着强烈的道德感;《五彩池》《草原》《桂林山水》等课文体现着自然风光美感;《新型玻璃》《太阳》等课文蕴藏着突出的理智感。在教学中,教师要善于根据教材特点,挖掘其中蕴含的情感因子,采用适当方法拨动学生的情感之弦,让学生捕捉到文本中的情和意,使他们如听其声,如见其人,通过形象思维来感知、感悟文本的思想情感,与作者同喜同悲,感受到文本的美好,享受阅读因有情有益而快乐的美好。

第二,把握文本形象,传递阅读情感。

作者的情感寄寓于文本所描绘的形象之中,只有去认识形象,感悟形象,在感悟形象中动情,才能在动情中与文本相通,品悟其境。在教学课文《会摇尾巴的狼》时,教师可以在学生明确课文讲了一件什么事后,呈现动态课件——"有一个陷阱里有一只狼,陷阱边上有一只羊,狼在陷阱里怎样爬也爬不上来",使文中抽象的语言文字描述变成直观的形象展现,让学生有了表象后再细读课文中狼与羊的五次对话,从而在眼前展现出老山羊的诚实、善良、机警和狼的狡猾、凶恶、虚伪,再乘势引导学生进行朗读,从"你再会摇尾巴,也还是凶恶的狼,谁也不会来救你的"等语句中品情悟意,这样,学生对羊的同情之心和对狼的痛恨之情就会油然而生。

第三,拓展情感练习,丰富阅读情感。

在小学语文教材中,以写人、记事为主的记叙文所占比例最多,小学生学作文以学写记叙文为主,因此记叙文教学是阅读教学的重点,而有意识地引导学生品读、体味关键字词,从其字面理解到其神韵和情韵的品悟,又是这些课文教学的主要任务之一。教学《珍珠鸟》一文时,教师可以引导学生抓住珍珠鸟的动作"探""蹦""啄"进行探究,以触及学生的情感体验——作者把珍珠鸟当作孩子一样疼爱、爱护,珍珠鸟的胆子变得越来越大,越来越爱亲近"我",如此,学生在与文本的对话中产生共鸣,体会出文中字词的深意及其蕴含的丰富情感。

可见,教师基于学生的现实生活、年龄特点、兴趣爱好等多种有利因素出发,善于挖掘教材的情感因素,乐于创造性地使用教材,精于充分地展示知识与情感交互生成,让学生沉浸于富有情感的学习天地里,就能促使学生爱学、乐学,享受有氧语文的魔力。

二 有氧语文:建构学习的方式

自主学习、合作学习、探究学习是当今学生学习的基本方式,这些学习方式的运用,以及用而有成,需要在具体的学习情境之中去不断地锤炼,才能逐见其效。无论是探究语文课堂中的有关问题,还是完成语文学习后的有关习题,在策略运用合宜和方法落实到位的学习实践中,学习方式的建构,都是有氧语文的教学关注。

1. 探究问题,策略开道

学习的历练过程实质上是针对问题的发现与解决过程。有疑,有思,有解,有获,有进,是有氧语文锤炼学生学会如何探究问题的基本特点。在课堂探究问题方面,教师要充分把握"设计问题、提出问题、等答问题、点答问题、回答问题"五种策略关联并举性的运用,要充分注重"问题形成、问题推出、问题待解、问题分配、问题解答"五大环节联结并进性的运用,来实现学习更优与更美的效能。

其一,课堂提问:五策并举学更优。

关于"设计问题"的教学策略。从维度上看,课堂问题可以结合其目的来设计,并根据实际需要确定其高中低不同的难度。从类型上看,课堂问题可以根据学生思维水平、方式、比重不同,设计为:或是高与低层次、聚合与发散类型、内容型与加工型的问题,或是针对不同学生群体、教学任务的问题,或是促进学生思考、产生良好效应、组织学生讨论的问题,或是基于教学目标、教学内容、教学重难点的问题。

关于"提出问题"的教学策略。从提问类型看,提出问题主要是具有鼓励性、开放性、序列性、提示性、探究性,或核心式的、探究式,或答案非唯一性、非修饰性、非自答性、非简单应答性、启发性,或多样化、开放性、生成性、逻辑性和层次性的。从提问内容看,提出问题主要与教材相联系、与学生实际、认知水平相贴合,内容有梯度。从提问时机看,提出问题主要应考虑课堂教学过程,如新课导入、重难点、课堂总结等,考虑学生的不同学习水平和层次,考虑课堂教学内容和学生思维水平。从提问方式看,提出问题的陈述简明扼要、清晰易懂,用语要简洁、自然、明确,能够与学生认知水平相符合,讲究音调的节奏、语言的运用、语言的风格。从提问效果看,提出问题要注重学生思考、推理、评价能力的发展,注重教师专业能力的发展,注重学生思维能力的发展。

关于"等答问题"的教学策略。在教师提出问题和学生等答问题之间,在学生回答问题和师生评价之间,在教师提出问题与学生认真倾听之间,教学有效都有赖于等答问题策略的有效运用。

关于"点答问题"的教学策略。这方面的策略大致包括点答问题的时机、方式、技巧、对象、次数、时间,这些策略体现的是学生参与课堂的机会与个性差异。

关于"回答问题"的教学策略。这方面的策略涉及评价前给予等待,注重学生互评,并适当使用奖励与批评,也关涉教师从语言、非语言两方面积极强化学生对问题的回答,还包括澄清、追问、转问、悬置等回答方式,体现的是针对问题的回答而呈现的及时反馈、及时鼓励与及时追问,以及师生在现场的有效对话。

其二,课堂提问:五环并用学更美。

关于"问题形成"的教学环节。课堂问题从何而来?课堂教学关乎教师的教和学生的学,因此课堂问题的形成,首先要考虑学生的学,再由此考量教师的教,并基于具体的学习内容、具体的班级、具体的学情等全方位因素,注重对问题如何陈述与问题如何表达的充分设计。

关于"问题推出"的教学环节。课堂问题如何推出?课堂教学的开启一般都是由教师来进行,因此课堂问题的推出,既要基于已设计的问题本身,也要基于教师自身的教学水准和教学风格,还要基于学生当前学习的实际能力与水平,同时,还要考虑到课堂教学中所针对的具体学习内容,以及课堂教学中所针对的具体学习环节。

关于"问题待解"的教学环节。课堂问题怎样解决?课堂教学的有效与学习问题的发现与解决是密切相关的,因此课堂问题待解时,既要考虑教师提问与学生反应之间的等待,又要考虑学生回答与教师点评之间的等待,而等待时间是否合宜,就在于学生对问题的待解是否由充分的思考、补充的时间和机会,也就是说对问题待解的等待时长、等待方式、等待条件等都是需要进行具体的、全面考虑的。

关于"问题分配"的教学环节。课堂问题由谁回答?课堂教学面对的是课堂中每一个学生,他们每一个人都应该有机会发现问题、思考问题、回答问题,因此课堂问题的分配应该眷顾课堂中的每一个学生,既要关注学生个体,也要关注学生小组,还要关注学生群体,让他们都有平等机会来参与课堂问题的探究。

关于"问题解答"的教学环节。课堂问题解决得如何？课堂教学要达到目标是学生会的能够运用于学习实践，而不会的则要能够在学习实践中学而用之、用而会之，因此课堂问题的解答，既要对教学的有效推进有实质性的助力，又要对学生的有效学习有实质性的价值，更要对学生因解决问题而产生成就快感和分享快感有实质性的推动作用。

在我们有氧语文的教学团队中，广州玉鸣小学的冯钰荧老师对课堂提问策略颇有研究，她的三点看法是我们深入实践的探索方向：

有氧语文的课堂提问，需要持续研究其策略的实施。对课堂提问的有氧语文策略研究来源于实践，研究的成果和提出的策略同样需要运用于课堂教学实践。我们通过实践、总结、归纳、评价、反思得出的许多研究成果，在实际的课堂教学中是否可行，具体的实践运用是否达到理想的提问效果，是否与研究成果的期望一致，都需要通过再次实践进行检验和反复调整，以得出更为科学、实践可行的有氧语文课堂提问策略。如此，通过长期的追踪研究，发现课堂提问存在的问题、探寻问题存在的原因、尝试提出有氧语文的提问策略、通过课堂教学实施检验策略的实践成效，并再次反思、调整、补充课堂提问的有氧语文策略，就能够形成科学的有氧语文课堂提问策略体系。

有氧语文的课堂提问，需要整体构建其评价的标准。课堂教学对提问策略进行实施应该以什么理论基础为依据，怎样的课堂提问才符合有氧语文的标准，怎样的课堂提问才符合学生的认知水平、课堂教学实际等，这些问题都涉及有氧语文课堂提问评价标准的构建。我们可以根据教育教学的现实情况、教师自身的专业发展能力、学生实际学习能力水平，以及课堂教学实际，来制定有氧语文课堂提问的评价标准，为不同能力水平的教师提供实施课堂提问行为的参照，同时还可以结合学科特色及教师专业发展两方面，有针对性地制定有学科特点的课堂提问评价标准。

有氧语文的课堂提问，需要全面探究其效果的关系。有氧语文的课堂提问与学生学业成绩、学习态度以及其他方面能力发展的关系如何？是否存在一定的相关关系？是否真正影响课堂教学过程的开展？在哪些方面有影响等，都涉及有氧语文课堂提问策略与教学效果之间的关系。我们在探寻二者之间的关系时，不仅要采取定性研究的方法，还应该关注定量研究的使用，注重用科学的数据来发现问题,解决问题,得出结论,进而有效地指导有氧语文的课堂教学,助力教师教得更优、学生学得更美。

2. 完成习题,落实有方

习题是教科书的组成部分,是学生学习课程的内容之一。如何落实教科书所设计的习题,是有氧语文在教学实践中致力解决的问题。部编小学语文教科书每个单元的课文习题,是基于课文学习内容、应于单元语文要素来设计的。在践行有氧语文教学主张的实践中,针对习题训练的解决,我们逐渐形成的教学路径是:解读习题明意图——渐练习题达要素——依托习题促深学。广州市玉鸣小学张莉莉老师的习题训练为我们提供了具体的操作样例。

其一,习题训练第一法:解读习题明意图。

在一个单元中,无论是精读课文的课后习题,还是略读课文的课前习题,都是为了帮助学生巩固学习成果、为了指引教师备课教学、为了助力师生评价教学效果而设计的。为此,教师立足于单元的学习主题和语文要素,针对这些习题进行单篇化与单元化匹配一致的解读,以明晰它们的设计意图,才能有效地利用它们来引导学生进行相应的语言文字训练,进而落实单元语文要素的达成。

二年级上册第六单元围绕"伟人"主题,编排了《大禹治水》《朱德的扁担》《难忘的泼水节》三篇写人物故事的课文。这一主题指明了单元学习目标之一:感受伟人心系百姓的高贵品质,初步渗透革命传统教育。这一单元必需的能力训练点,体现在这个单元相应课文的习题系统中,使知识和能力的训练要求更加清晰。其整体设计框架,见表4.2。

表4.2　小学语文二年级上册第六单元语文要素与课文习题的设计框架

篇目	语文要素	课后练习题
大禹治水	根据语境猜意思。	1. 朗读课文。你知道下面词语中加点字的意思吗？先猜一猜,再查查字典。
	借助关键词句,练习复述。	2. 按照下面的提示,讲讲"大禹治水"的故事。
	强化认读,扩充词汇量。	3. 读一读,记一记。

篇目	语文要素	课后练习题
朱德的扁担	体会人物精神。	1. 朗读课文。说说为什么大家越发敬爱朱德同志了。
	学习动宾短语的搭配并积累运用。	2. 选一选，连一连。
难忘的泼水节	借助具体事物，复述场景。	1. 朗读课文。用下面的词语，说说周总理是怎样和傣族人民一起过泼水节的。
	图文结合，感受人物精神。	2. 看看插图，从课文中找出描写周总理样子的句子读一读。

　　这一单元在阅读方面的语文要素是：借助关键词句，学习表达。这一阅读要素体现在这个单元不同课文的习题设计之中。据此，我根据合适的内容确定相应的教学目标：阅读《大禹治水》能借助提供的语句（线索），把治水的过程讲清楚；阅读《朱德的扁担》，学习动宾短语的搭配，走进朱德的内心，并联系战士们为什么藏扁担来体会朱德的工作异常辛苦；阅读《难忘的泼水节》，学习图文对照说人物衣着和神情，结合对应语句，用关键词语复现泼水节的热闹场面。

　　如此，教师立足于整个单元的阅读要素，以课文习题为抓手，将课文与单元相结合，进行习题设计的解读，从而明晰其学习指向，就更有利于制定恰当的教学目标，有利于展开有效的教学，引领学生提高语文核心素养。

　　其二，习题训练第二法：渐练习题达要素。

　　部编小学语文教科书基于单元编排课程内容，呈现的是一个单元一个学习主题，每个单元又确定了阅读与写作两方面的语文要素，这些主题与要素之间是相互关联，并以螺旋上升的方式进行整体设计，循序渐进地引领学生掌握语言文字的运用，锤炼听说读写等语文能力，促进语文核心素养的提高。

　　随单元课文而设计的习题，同样体现出分能力层级铺排的特点，我们在清晰地解读习题设计意图的基础上，便展开习题训练的第二种方法——渐练习题达要素，即根据习题所指向的语文要素层级，来进行循序渐进式的训练，以逐步落实语文要素的达成。

　　作为语言表达的一种形式，复述在部编小学语文教科书中针对不同年级有不同的训练安排和要求。如在二年级，它作为阅读教学中语文能力的一个训练点，在教学进程上就分为了按关键词提示复述、独立复述、简单复述、较完整复述和生动形象地复述等多种层级的训练步骤。在部编小学语文二年级上册第六单元的课文习题中，"复述"这一语文要素是有梯度地设计的，体现了小学生学习语言文字应遵循的规律，这需要我们根据教科书的编排来进行习题的渐进式训练，以逐步达成单元教学目标。

《大禹治水》课后提供了 4 个句子作为练习题，它们是整个故事的提纲。在熟读课文的基础上，我引导学生分段提取关键信息，对照这 4 个句子，抓住课文线索，并以此为依据，进行有顺序有条理地复述训练。其中，在对待不同内容的复述上，我又注重引导学生运用不同的方法来进行：联系上下文理解关键词"泛滥"，构建"治水前"的画面；用上"谁、怎么做、结果怎样"等词，讲述鲧治水的内容；聚焦"十三年、三次、一次"这些数字，想象"到处奔走"的画面，读懂禹治水的艰辛；对比朗读并联系生活实际，感受禹治水的丰功伟绩。这样的复述有内容有方法，始终指向语言文字的学习。

《朱德的扁担》课后练习题一是体会人物精神，一是学习动宾短语。为落实"复述"这一能力训练目标，我把这两个习题进行整合：围绕"扁担"，引导学生思考——朱德为什么要用扁担挑粮？他怎样用扁担挑粮？课文还写了朱德挑粮以外的什么内容，为什么？在补充图文资料的基础上，学生了解了下山挑粮的背景；通过图文对照，学生抓住朱德的动作学习动宾短语，用动宾短语复述朱德下山挑粮的片段。如此，在学习和积累语言的过程中，学生既能有效地进行复述训练，又容易体会朱德与战士同甘共苦的崇高品质，学习富有成效。

《难忘的泼水节》课后习题提供四个词语，要求学生复述场景，这比前两课的复述要求更高，难度更大。我先引导学生画出描写欢迎场面的语句，抓住"赶来、撒满"等关键词，通过叠加的数量词，感受场面之热烈，再从课后习题 2 入手，进行图文对照，结合插图，调动视觉，要求说说周总理的衣着、神态，把距离学生生活实际遥远的内容形象化，把傣族风俗和周总理与傣族人民同心同乐的感情具体化。如此，反复强化的关键词，通过语言构建的画面来复现。

其三，习题训练第三法：依托习题促深学。

课文是个例子，语文学习需要基于这些例子来引领学生学会举一反三地学习,课文习题训练也同样如此。教师在注重习题训练前两法的基础上,还要采取"依托习题促深学"的方法,让学生能够基于习题展开举一反三式的深度学习。

在迁移运用中实现深度学习。深度学习建立在旧知之上,是学生温故而知新、举一能反三的学习。我们可以通过正向或反向方式,进行新情境的创设,以产生类比和对比的效果,引领学生在情境的迁移中有效地实现深度学习。

《朱德的扁担》课后第 2 题"选一选,连一连",要求学生学习动宾短语。"挑着""草鞋"和"斗笠"并不常见于学生生活,我就引导学生通过图文对照,说出朱德挑粮时的动作,实现对动宾短语的理解,再进行拓展练习,让学生根据生活实际用"挑着""穿着""戴着"进行词语搭配的练习,从而增进对动宾短语的认知,然后将各自拓展的短语与课文描写朱德挑粮的短语进行对比,从而更深入地理解朱德的艰苦。

在生活联结中催生深度学习。联系生活展开学习是语文学习的不二法门,而情境创设则是教学联结生活的主要方式。为此,习题训练的情境创设就要注重生活体验的联结,并追求习题情境的新以实现学习的新奇感,追求习题情境的真以实现学习的体验感,追求习题情境的值以实现学习的思维感。

《朱德的扁担》课后第 1 题"说说为什么大家越发敬爱朱德同志了",需要学生走进语言文字,探寻朱德的行为和内心。我在学生了解朱德简介的基础上,与学生一起图绘"朱德下山挑粮线路",标注上迁移习得的动宾短语,使它们通过纵向的故事逻辑推理和横向的人物行为判断,催生深度学习,从而让他们深刻地理解战士们越发敬爱朱德同志的原因,唤醒对伟人的崇敬之情,在心里种下一颗传承革命传统的种子。

在思维活化中促进深度学习。对于课文的主旨,我们可以抓住一些关键词,不同的角度来进行理解。对于这一类课文习题,教师应以复合问题为导向,从不同的角度激发学生进行多维探究,使学习活动由平面走向立体,进而培养高级思维能力,促进深度学习。

《难忘的泼水节》课后第 1 题"用下面的词语,说说周总理是怎样和傣族人民一起过泼水节的"。题中的 4 个词语,代表四样事物,学生于此却十分陌生。我将这一习题视为一个复合问题,以语言文字运用为纽带,引领学生通过关键词的解读,尤其是联系傣族风物和风俗,充分发挥想象,结合插图说说所观察到的内容,说说文字描绘出的画面,将泼水节的热烈场面和周总理平易近人的光辉形象融合于一起,从而在情感渲染的基础上,充分调动他们表达的欲望,使学习在思维活化中得以更为深入。

解读习题明意图——渐练习题达要素——依托习题促深学,这既是一条教学路径,也是一条学习路径,三径紧密相连,综合运用,则习题训练能够更好地达到以点带面的学习效能,助力学生逐步提高语文核心素养。

三 有氧语文:提升学习的价值

一件事的价值是在事件的整个生发过程中延展出来的。有氧语文的教学价值就在于师生的酿造,它呼应的是教师更有水平地引领学生更优秀的成长。在酿造学习价值的实践探索中,有氧语文的教学团队对于如何基于单元引领学生实现学会语文的价值,对于如何聚焦主题引领学生实现实践语文的价值,逐渐形成一套理路与做法。

1. 基于单元,学习语文

当教学从"教教材"走向"用教材教",当学习从"学教材"走向"用教材学",语文教材在教师与学生手中使用都是要解决:如何基于整个单元的课程内容,来促使学生发现语文的价值?我们的认识与操作,就源于日常教学的实践探索。

其一,一单元一主题,一主题一学境。

在以单元为单位的课程设计上,部编小学语文教科书不仅在一个单元设计一个学习主题的编排方面更为明显,同时,也围绕着学习主题设计了针对语文要素的聚焦性学习要求,这使得整个教科书的学习显现出"一个单元一个学习主题,一个学习主题一种学习境界"的特点。广州东荟花园小学的孙敏老师对此提供了相应的示例分析。

单元主题化学境:以点带面的学习存在。在阅读设计方面,一个单元都会编排几篇课文,以此作为引领学生达成阅读要素相应学习目标的文本例子,这些课文既有单篇各自的学习任务,又有单元整体的学习任务。我们要从单元主题出发,瞄准单元阅读要素,对每篇课文的教学进行单元一体性的设计,让学生基于每篇课文不同层面的学习目标展开学习,以全面提升学生听说读写思的能力。

在《开国大典》一文中,最重要的语文要素是"点面结合"的写作手法。根据这一单元主题,教师引入《我看十九大》《金杯之光——中国女排夺魁的曲折道路》等文章,学生可以更直观地感受同一手法所展现的场面,还能通过对比,感受不同作者写作风格、笔法的差异,这对学生来说,更多的语言素材以及更广阔的思考空间,对文本的感受会更加多样化。在此基础上,经由教师的引领,对单元主题生发的素材进行听说读写等练习,学生的能力能够得以更加全面的提升。

如果学生针对整个单元的阅读学习,能够以单元主题为纲,以丰富的阅读素材为途径,加深领悟,多角度地切入主题,那么基于整个单元的阅读认知会更加全面。对于情感类主题,比如爱国主义主题、名人单元等,单篇的教学往往显得势单力薄,无法展示远离学生时代真实的生活与场景。为了加深学生的感受,基于单元主题的整体性学习模式可以深化学生感受力,达到情感类渗透的教学目的。

对于《狼牙山五壮士》的教学,我们引入《黄继光》《我的战友邱少云》等文章,让学生经历爱国主题教育的多重感染,就更能够促进学生获得爱国主义教育。

单元主题化学境:要素深化的学习存在。一个单元的学习主题在单元不同课文中的表现形式是多样化的,教师由这一特点出发,聚焦单元的阅读要素,引领学生对每一篇课文进行多角度的阅读,可以深化对单元学习主题的认知,深化单元的阅读要素相应学习目标的达成。同时,教师还要由单元阅读要素与单元写作要素紧密相连的特点,注重读写结合,让学生在大量的主题性阅读基础上,通过"写一写"来提升表达和写作能力。

在《开国大典》的教学中,如果引入的主题型阅读篇章均为场面描写,并涵盖比赛、活动等大场面描写和"家中的布置"这种"小场面"描写,甚至"微场面"描写,学生对场面描写的认知就会更加深入全面。

在《狼牙山五壮士》的教学中,当《黄继光》《我的战友邱少云》等多篇同主题文章引入学习,以多重渲染单元主题时,英雄先烈的形象就会跃然于纸上,这时,学生情绪被激发,爱国情意被鼓舞,教师顺势引导展开"如果请你去歌颂这几位大义凛然、视死如归的先烈,你将会怎么写"的写作训练,就容易引发学生写出有血有肉的真作文。

单元主题化学境:素养提升的学习存在。在酿造单元主题化学境的教学实践中,教师围绕单元学习主题,紧扣单元的阅读要素,有必要先引领学生通过对一篇作品的精细解读,来初步迈向单元阅读要素相应学习目标的达成。这其实是为学生提供一个学习的模板。在这个模板的基础上,对于其他学习资源的学习,完全可以由学生自行完成。在某种意义上,这不仅仅是学习方法的传输,更是自学能力的培养。学生获得的是该种主题的学习方法,并能够在教师精心准备的多篇同类型并文本素材中得到"实战",并在"实战"中总结出自己的学习方法,从而更好地获得语文素养的提升。

在学习六年级上册最后一个单元——鲁迅主题单元时,面对这位特别重要却又远离学生们的人物,教师如果采用主题型学习的方式,将带来事倍功半的效果。教学中,以"鲁迅生平"为主题,引入阿累的《一面》、萧红的《回忆鲁迅先生》、陈丹青的《笑谈大先生》等文章,通过主题阅读,会让这个对于学生们十分陌生的人物逐渐丰满起来。学生可以多角度更深入地了解鲁迅先生的方方面面,不论生活,还是工作,抑或是对待家人……丰满的人物会带给学生更加真实的感受,那么有兴趣的孩子们才会去更加深入地继续了解这个人。这是一个变"教"为"学",甚至带着兴趣,课下深入"学"、持续"学"的过程。而这个过程,提升的则是学生的自我乐学语文、会学语文的能力。

单元主题化学境呈现时以点带面的、要素深化的、素养提升的学习存在,学生沉浸于其中,不仅能够逐步理解单元学习主题是什么,感受其在不同文本中的表现形式,而且能够在这一理解过程中逐步达成对单元语文素养相应学习的目标,更能够基于单元学习主题及课程内容而逐步提升语文素养。

其二,一单元一学林,一学林一学境。

在40分钟的一节课里,立足于单元学习主题,展开一篇带多篇的探究式阅读教学,犹如引领学生走进一片阅读的森林,能够让他们徜徉于林中进行有主题的大量阅读,进而更高效地达成单元语文要素的相应目标。在有氧语文的教学团队中,来自广州开发区第一小学的冯罗老师为我们呈现这种主题化学林式的大阅读教学示例,聚焦的是单元课程如何进行课程资源的整合。

根据文本题材,整合单元阅读课程资源。部编小学语文教科书一般以人文主题构建单元课程,选编同一主题的几篇课文组成一个单元的阅读内容。由此,教师要对单元阅读内容进行调整,加强学习主线的全程串联,关注课堂内外学习的勾连,从而形成主题学习的大格局。如三年级语文上册第二、六、七单元以"我与秋天"为主题,以"理解、感受和积累生动语言"为主线,以"留心观察周围事物,把观察所得记录下来"为语言文字训练点,进行主题式学习模块的整合设计,这些单元的阅读教学就可以进行相应的主题化整合,以提高阅读效率。

在单元主题化整合阅读教学中,教师可以通过"眼中的秋天"学习模块引导学生走进大自然,观察大自然,品味秋天的内涵,丰富学生的生活经验。

第二单元《铺满金色巴掌的水泥道》《秋天的雨》《听听,秋的声音》、第六单元《美丽的小兴安岭》、第七单元《大自然的声音》的教学,教师可以引导学生灵活运用已学的方法理解难懂的词语,感悟文本所展示的秋天美,并适时点拨,使学生对秋天的探索兴趣得到激发;接着,引导学生成立赏秋小队,走入大自然,欣赏秋天的无限美景。学生以季节为依托,和伙伴们一起认识秋天、走进秋天、感悟秋天,就把秋天与生活勾连起来。

在学习《古诗两首》中的《九月九日忆山东兄弟》和《夜书所见》的时候,教师可以尝试结合《十五夜望月寄杜郎中》《菊》《乡村》《梧桐》等文章展开教学,使学生在感受到秋意与诗情的同时,积累与秋意相关的传统文化知识。这个教学过程不仅能够激发学生对秋天的向往,而且能够使学生理解诗人的离乡思亲之情。

根据文学体裁,整合单元阅读课程资源。不同的文学体裁,带给人不一样的文学体验。小说情节曲折、引人入胜;寓言短小精悍、富含哲理;神话神秘离奇、想象丰富;诗歌节奏明快、音律和谐……为了让学生能够体会文学作品的不同表现形式,教师在进行单元主题化阅读教学时,可以从体裁的角度加强教材与主题图书的整合。

学习《坐井观天》时,教师可以整合《蚊子和狮子》《大狮子和小老鼠》《得过且过》等寓言故事,让学生通过读故事、说故事来把握寓言的特点。

学习《巨人的花园》这篇童话,教师围绕童话这个体裁,可以选择一系列学生喜欢读的童话故事,如《小红帽》《宝葫芦的秘密》《木偶奇遇记》《骑鹅旅行记》,让他们感受阅读童话的快乐。

根据文本主题,整合单元阅读课程资源。对于多个单元的主题化整合阅读教学,一个单元一个主题一组课文,这几篇课文表面是独立的,在内容和语言表达上是不相连的,但它们有一个共同的主题,教师教学时可以通过教一篇打通全组课文,让学生在语言文字营造的意境中得到同一主题的熏陶,从而构建学生精神成长的摇篮,而不仅仅是学会语言文字的运用。如,学习《海底世界》这篇课文时,文章从幽暗、声音、动物以及植物等四个方面讲述了海底世界的奇异景色、丰富物产,其教学重点是激发学生对神奇的海底世界的热爱,培养探索自然奥秘的兴趣。教师需要引导学生感受海洋世界的神奇魅力,同时为了深化学生对海洋世界的认知,还可以开展相应的阅读活动,让学生了解和海洋世界相关的知识并展开回忆,并为其他同学分享所了解的海洋世界。这样的教学活动给予学生充分的自由,学生可以将教师的提问作为课外阅读的主题。在主题牵引下,学生在课外搜集大量和海洋相关的资料,主动阅读和海洋世界相关的科普说明文,阅读热情被进一步激发,而通过课堂讨论,学生分享彼此的搜集成果,在思维的碰撞下学习能力又得以提升。

部编小学语文教科书三年级上册第五单元的主题是"留心观察",单元导语借用法国著名艺术家罗丹的名言"生活中不缺乏美,只是缺乏发现美的眼睛",单元教学重点是"帮助学生养成仔细观察的习惯,并将观察所得进行记录"。由此,教师可以将"培养学生观察能力"作为单元主题化阅读教学的重点。

如,在教学《搭船的鸟》的过程中,教师需要为学生布置相应的阅读任务:第一,让学生确定课文中作者着力刻画了哪些事物?从文中哪些地方能够看出?第二,重点研读作者描绘"翠鸟的外貌以及动作"的相关段落。这两个阅读任务的目的是培养学生的观察能力,让学生体会作者的观察方法。在学生完成阅读任务以后,教师可以让学生开展第二篇课文《金色的草地》的阅读之旅,重点让学生研读课文中的第三自然段,体会作者描绘的草地变化情况及具体原因,感受作者观察的细致入微。接着,教师需要将这两篇课文进行整合,和学生一同总结出作者观察事物的方法。学生发现这两篇课文都是依赖于"看"这一观察方法。最后,教师引导学生明白观察不能只用眼睛看,还可以借助其他感官,这样才能获得更加客观、全面的结果。此外,教师可以鼓励学生将自己在观察过程中印象最深的事物或场景进行描绘,如此才能切实提高主题化阅读教学效率。

根据语用特点,整合单元阅读课程资源。学习语言文字的运用,让学生学习语言、积累语言和运用语言,是语文课程一项重要的教学目标。为此,单元主题化阅读教学的整合应多在语用点上下功夫,让学生在理解文章的同时掌握一定的阅读方法,形成语文能力。教师要借助课文这个例子,让学生在大量语文实践中举一反三地逐步提升语文素养,达成语文教学的目标。教学中,要根据学生对知识的掌握实际,依据年段要求、参考单元主题找准课文中的语用点,然后紧扣语用点与主题图书进行整合。

部编三年级上册第六单元《富饶的西沙群岛》和《美丽的小兴安岭》这两篇文章,都是按"总—分—总"的结构写的,在分述中,一篇是按地点写的,一篇是按时间写的。作为三年级的课文,要重视年段特点,关注段落的结构和修辞方法的运用。这样典型的结构,教师要认真解读,将其作为教学语用点,引领学生发现,并尝试学习运用。因此,在与主题化阅读整合中,教师也应选择能突现这个语用点的文章,像《海底世界》就是一篇很好的整合材料。结构上同样是"总—分—总"结构,同样体现了首尾呼应,在具体描写中同样运用了排比、拟人等修辞手法。这样的整合,能让学生对这种典型的表达方式印象深刻,形成更为感性的认知,为在写作中学习运用这种方法打下坚实的基础。

其三,一单元一群策,一群策一学境。

整体性备读和整体性助读是单元主题化整合阅读教学的两个策略,前者的着力点在于教师能够备出阅读的好课,后者的着力点在于学生能够助力自己的阅读。

整体性备读:单元主题化整合阅读的教学这样进行。基于这一策略,遵循从整体到部分的原则,对单元内容进行重新组织整合,把"教读课""自读课"和"课外阅读"融会贯通成为一个整体,突出"双线主题"的融合,实现"一课一得",使得每一个语文要素都得到精准体现。

对于部编小学语文二年级下册第二单元,来自广州玉鸣小学有氧语文团队的刘淑珍老师认为,这一单元的学习主题是"关爱",语文要素是"读句子,想想画面",其整体性备读在于:《雷锋叔叔,你在哪里》主要是要求学生读句子想象画面,再根据课文内容用自己的话说一说;《千人糕》主要是要求学生通过看插图想象画面,感受劳动成果的来之不易;《一匹出色的马》文章场景生活化,画面感极强,课后练习中首次提出"有感情地朗读课文",主要是开启这样的学习。

在实践中,我们倡导集众人智慧,进行整体性备读的集体备课:首先是做到分工精细,各司其职,要求教师个人对自己负责的部分进行精细准备,对科组预案进行讨论,保留重点的、必要的内容,然后根据自己学生的学情设计出适合自己的教学预案;其次是教师根据语文文本,对基于单元学习主题的篇目进行筛选,找出这些文章的共性与个性,用不同的文章训练同一个语文要素,达到"反三归一"的效果;最后是教师要重视对学生读的指导,在设计学习目标和学习进程时,就应着重考虑每一学段学生该训练的阅读技能。

整体性助读:单元主题化整合阅读的学习这样进行。在课堂教学过程中,教师要根据精读课、略读课和比读课的阅读任务,精心推进对学生阅读的指导。精读课是对教材里一些单篇"细嚼慢咽",摸透一类文章的阅读要领,教师在其教学中要指导学生进行认真预习和课堂讨论,并在内容和形式上给学生以具体细致的指导,让学生咬文嚼字地理解每一篇课文的精髓,揣摩每一篇课文的写法,从中获得读书写作的必要技能。略读课是以点读、跳读、滚读等方式阅读整本书,教师在其教学中要提纲挈领,在重要的阅读关节上作指引,其余部分则由学生自由地阅读,让学生养成良好的阅读习惯,掌握熟练的阅读技巧。比读课是利用不同书籍进行主题、题材、语文、内核的对比阅读,教师在其课堂上要指导学生对相同类型的书籍进行区分,细细品味当中的不同,以有效地提升学生的阅读能力。

2. 聚焦主题,实践语文

听说读写越是在语文实践中生发,就越能显现语言文字运用的价值。会听会说会读会写越是在语文实践中生成,就越能显现语文关键能力提高。在单元主题化整合阅读教学中,读写相结合和综合性学习尤其需要在语文实践中生发与生成。

其一,读写相结合,阅读灌溉写作花。

习作是语文能力的综合体现,阅读是习作的基础。阅读好像蜜蜂采花粉,习作好像蜜蜂酿蜜,蜜蜂只有采得百花才能酿出醇香可口的蜂蜜。学生如果想写出高质量的文章,必须进行大量阅读。我们探索的单元主题化整合学习就为学生提供了很好的契机,让学生有目标地去读,在读中感受写作的技巧。

单元主题化整合学习倡导的不是分析训练,而是质从量出,它以培养学生语言感受力、表达力和阅读兴趣力、感悟力为基本目标,以多个文本间的相互解读为基本途径,以自主、合作、探究为基本学习形式,旨在引领学生通过大量阅读,以读促写,以写促读,让学生思维得到发展,语文学习能力和综合素养都得到提升。

单元主题化整合学习追求在阅读中体会写法迁移。仿写是指导学生依照课文的写作方法,写出自己的所见、所闻、所感,主要目的是让学生学习作者的表达方法,并在学习过程中进一步体会课文内容,同时达到训练作文的目的,顺利实现由读到写的迁移。仿写的范例就是写作规律和模式的具体化,是小学生认识写作规律的形象化的感性材料。为此,在阅读教学中,教师要注重以范例的章法为依据,依章循法地引导学生从事写作练习,通过对范例进行分析、理解和仿写,从而使学生掌握其中的思想脉络和写作方法,循序渐进地掌握写作技能,增强写作能力。

单元主题化整合学习追求在写作中促进阅读深化。成为有氧语文团队成员后,广州开发区第一小学的孟芳菲老师从低年级的训练入手,逐步形成了有效推进读写结合教学的一些巧法。

巧向课文借"题目",引导学生自主命题。新课程习作理念倡导学生自主命题、自由表达,可有很多学生不知道怎样给自己的习作命题。怎么办?最直接、最有效的策略是指导学生向教材借题目,因为教材中很多课文的题目很典型,可归类指导。无论哪种题目,都有独特之处,都可以揭示一种独特的文体形式,引导学生在借鉴中学会命题,是阅读教学的应有之责。

巧向课文借"选材",引导学生善于发现素材。学生的生活丰富多彩,平时也有不少的积累,可一到习作时就感到"无米下锅",究其主要原因就是学生还缺乏发现素材的眼睛。教材中很多课文的选材很有特点,引导得法对学生有启发作用。

巧向课文借"语言",提高学生驾驭语言的能力。完整的语言学习过程应该由语言的理解、记忆和语言的运用、表达两个环节构成。阅读教学中,教师对课文中规范、经典、生动、丰富的语言,一方面要引导学生通过品读感悟、摘记积累等方式进行内化,一方面又要及时地给学生创设活用语言的情境,让他们在语言运用的实践中逐步提高语言驾驭能力。

其二,综合性学习,生活催酿语文酒。

语文综合性学习与其他学习类似,其质量一般至少关涉三方面,一是其相应的学习,二是其相应的活动,三是其相应的评价。在语文综合性学习方面,有氧语文团队聚焦于这三方面,进行了实践探索,逐渐形成一些认识与经验。广州东荟花园小学吕欣娜老师的例举,就是我们的实践探索之一。

综合性学习是加强语文与生活的联系,促进语文素养全面发展,兼传统性与现代化的语文教学活动。它主要是通过学生自主性和实践性的学习活动,培养学生探究、合作、创新的精神,从而提高学生的语文素养。那么,基于单元主题化整合教学,语文综合性学习如何开展,才更为见效呢?

单元主题化整合的综合性学习,让语文实践更落地。在单元主题化整合的综合性学习活动中,教师要重视引导学生掌握获取资料的方法,重视学生的参与意识,鼓励小组发挥创意,自行设计和组织有关学习,促成小组合作的有效又有序开展。围绕活动主题,在探索和研究的过程中,教师要突出自身的指导作用和学生的主体性参与,要特别重视学生搜集材料、处理信息等语文实践能力,鼓励学生在综合性实践活动中学语文、用语文。

部编小学语文四年级下册的第三单元,以"母亲"与"自然"为中心意象,编排了4篇不同风格的现代诗歌作品:冰心《繁星》诗集中三首意蕴丰富的短诗,现代抒情诗人艾青独具特色的《绿》,苏联著名诗人叶赛宁意境优美的《白桦》,以及"雨巷诗人"戴望舒情趣盎然的《在天晴了的时候》。整个单元以"诗歌"为主体的编排,意在指引学生走进诗歌世界,初步了解现代诗的特点,在朗读中感受诗歌的韵味,体会诗歌的情感。这一单元的综合性学习活动主题为"轻叩诗歌大门",既依托着课文学习展开,又整体推动学生在实践中去感知诗歌的魅力。由此,学生在诗歌世界中能够综合运用有关的语文知识,能够整体发展相应的听说读写能力,能够沟通其他课程,能够紧密结合书本学习与生活实践,从而整体性提升语文素养。

单元整合的综合性活动,让语文实践更活跃。基于单元主题化整合教学的语文综合性学习,在活动目标、活动内容、活动方式及活动评价方面,都应该有助于自主、合作、探究学习方式的形成与完善。对于整个活动历程,我们一般以"综合性预热式活动、综合性发展式活动、综合性汇报式活动"三大模块,来引领学生展开综合性学习,而每一模块都包含相应的活动提示和活动目标。

部编小学语文四年级下册第三单元4首现代诗歌作品与综合性学习进行单元主题化整合,就将教学过程转化为综合性学习活动,其三大活动模块及相应的活动提示和活动目标,见表4.3。

表4.3 部编小学语文四年级下册第三单元主题化整合之综合性学习与活动目标

活动模块		活动提示	活动目标
综合性 预热式活动		1. 借助教材,梳理本次综合性学习的活动历程、内容、要求、次数、时间、成功展示。 2. 以小组为单位,合作商议每个活动阶段的注意事项,初步分工等。	对本单元的综合性学习有一个整体的理解和简单的规划。
综合性 发展式 活动	活动一: 诗海拾贝	通过阅读报纸、杂志、书籍等方式,收集喜欢的现代诗。准备一个摘抄本,把它们工整地抄写下来,注意写清楚作者和出处。	1. 尝试从不同角度、多种途径收集现代诗。 2. 明确摘抄的规范性,培养信息素养。 3. 激发阅读、收集、摘抄现代诗的兴趣。
	活动二: 伯仲之间	阅读第10课《绿》以及课后的"阅读链接"——《西湖漫笔》(节选)宗璞,比较这首诗和这个文本的异同。	1. 借助关键词句,想象画面,感受诗人独特的表达。 2. 通过比较阅读,体会诗歌的语言特点。
	活动三: 朋心合力	1. 这段时间,我们阅读、收集了许多诗歌,还做了自己的诗歌摘抄本,大家可以交流一下。 2. 小组合作,商议决策,具体分工,归类整理,有序推进诗歌集的创编活动。	1. 进一步优化现代诗收集的途径以及摘抄的类型,掌握前期活动开展情况。 2. 对现代诗进行归类整理,为创编诗集做准备。 3. 加深对诗歌的感受和体验。
	活动四: 梦笔生花	试着当个"小诗人"写写诗,把自己的感受表达出来,写的时候注意分行,写完后,和同学交流。	结合单元特点,尝试写诗,表达自己的感受,并和同学分享。同时丰富小诗集的素材。
综合性 汇报式 活动	活动五: 百花齐放	合作编小诗集。 先想想可以编排哪些内容:可以是收集的诗和自己写的诗,还可以是与诗有关的故事或资料。 再想想怎么编排:可以从诗人、内容、形式等角度给诗歌分类,可以配上插图,还可以用书法形式展示喜欢的诗。最后,给小诗集取一个好听的名字,制作封面和目录,装订后在班里展示。	1. 能对自己收集的诗歌继续整理,优化结构,丰富种类。 2. 能和同学交流自己收集或创作的小诗,合作编成小诗集。

活动模块	活动提示	活动目标
活动六： 百家争鸣	举办诗歌朗诵会。 小组先进行讨论，如，选哪几首诗歌来朗诵，采用什么形式才能使本组的朗诵更精彩。再商量一下怎样开好班级诗歌朗诵会，如推选主持人、安排节目顺序。根据商量的结果，大家分头去准备，在组织活动的过程中，遇到困难可以请教老师。	1. 能和同学分工合作，举办班级诗歌朗诵会。 2. 用恰当的语气读出诗歌表达的情感，表情、体态自然大方。

以上综合性学习活动贯穿整个单元，犹如一条无形的线，串联起课文和更广阔的语文天地，让学生由"1"到"X"，在语文实践活动中体验和发现，探索和收获。

单元主题化整合的综合性评价，让语文实践更来劲儿。我们主要从三个维度进行相应的评价，一是以个体评价为主，二是以小组评价为主，三是以教师评价为主。

维度一：以个体评价为主。个体评价可分为学生自评和教师点评，着眼于学生在活动过程中的表现，侧重于学生的学习兴趣、综合能力、探究意识与合作态度，如是否积极参与合作，是否自主探究主题，是否初步掌握搜集整理资料的能力，获取课堂教学资源和课外学习资源的途径是否多样化，等等。其奖项的设置，可以是最佳创作奖、突出贡献奖、最具探索奖、最佳朗诵奖、最佳创意奖等。

维度二：以小组评价为主。小组评价可分为组员互评和教师总评，评价时应注意小组成员策划、组织、协调和实施的能力，能提出问题并有针对性地搜集资料，共同讨论，并重视小组成员在活动过程中，遇到问题时解决的思路和方法。其奖项可以设置为最佳策划奖、最佳人气奖、最佳编排奖、最佳装订奖、最佳合作奖等。

维度三：以教师评价为主。教师评价要多样化，要从尊重和鼓励学生学习的自主性和积极性出发，促使学生能够运用多种方法搜集和处理信息，能够从不同的角度尝试运用新技术和多种媒体学习语文。

第五章

有氧语文的行走

　　萌动的兴致,灵动的步伐,悠远的前路。一个人随着学习而表现出的茁壮成长,是一种有氧的有味的有样的行走方式。

　　有氧语文的行走,在于绘本萌步的发现,无论是发现绘本而喜见有氧的世界,还是阅读绘本而见证绽放的语文。

　　有氧语文的行走,在于绘本灵动的建构,无论是建构绘本而推展有氧的策略,还是阅读绘本而展现盎然的语文。

　　有氧语文的行走,在于绘本远路的铺展,无论是铺展绘本而传创有氧的文化,还是阅读绘本而创用绵延的语文。

一 有氧语文：发现绘本的萌步

儿童是一群充满活力的具有丰富想象力和强劲好奇心的萌娃，他们见到新事物，碰到新事情，发现新问题，总会迫不及待地去探索，去体验，去分享。儿童在成长过程中，绘本就是他们的新事物新问题，阅读绘本就是他们的对新事物新问题的探索、体验与分享。儿童一旦沉浸于绘本这个有氧的世界，就能以萌动的脚步去阅读绘本，去发现那渴盼探索的，值得体验的图画与文字王国，与同伴与老师与家人一起见证绽放的语文。

1. 发现绘本，有氧的世界

绘本是什么？

绘本，外来语，即图画书。它译自"picture book"，指"画出来的书"，是由绘画构成图书主题，并用文字进行简要说明的书籍。最开始，"picture book"一词用作美国图书馆馆藏分类，指专门为小孩子阅读的图画书籍，是一种特殊的图书形态。"picture book"一词译为中文，可译成"图画书"，也可译为"绘本"。在使用汉字的其他国家和地区普遍将"picture book"一词译成"绘本"，我国普遍使用"绘本"这一翻译方法。绘本起源于十七世纪的欧洲，随后风靡于美国、日本等地区，并进入了发展的黄金时代。

绘本既属于图画书，又和一般的图画书有所不同。二者都有图有字。一般的图画书中的插画是为了书本印刷的美观，或引起读者的兴趣而插入的，前后插画间缺少连续性，读者如果只看插画不看文字，是难以弄清故事情节发展的。在绘本中，图画不再是文字的点缀，而是图书的命脉，甚至有许多绘本连一个字都没有,仅用图画来串联整个故事。绘本既有专为儿童读者的,也有给成人读者的。

可以说,绘本主要是以图画和文字为介质,以二者在图与文两个不同层面的互动为方式,以讲述或表现故事、哲理、思想等为内容的书籍。即,绘本依托精致优美的图画、简洁形象的文字、生动有趣的故事,来传递丰富多彩的内容,颇受人们喜欢。

阅读绘本有什么用?

绘本以丰富的图画为主体,以少量的文字为辅助,其故事情节贯通于前后连续性的图画,因此,阅读绘本也以阅读图画为主,以阅读文字为辅。随着绘本被不断地引进我国,随着绘本价值在人们成长中的不断显现,阅读绘本便逐渐成为一种学习新时尚。

阅读绘本有利于推进阅读。《义务教育语文课程标准(2011 年版)》在"总体目标与内容"中指出:"具有独立阅读的能力,学会运用多种阅读方法。有较为丰富的积累和良好的语感,注重情感体验,发展感受和理解的能力。能阅读日常的书报杂志,能初步鉴赏文学作品,丰富自己的精神世界。能借助工具书阅读浅易文言文。背诵优秀诗文 240 篇(段)。九年课外阅读总量应在 400 万字以上。"这意味着,加强阅读的指导,引领学生进行大量的有质量的阅读,逐步培养独立阅读的能力,是中小学学校及语文学科必不可少的工作。但是,小学生的识字程度普遍较低,容易在阅读时经常遇到不会读的字或不能理解的词语,给阅读带来困扰,更可能导致学生在阅读之路上渐失信心,甚至失去兴趣。这就好比人们爬山一样,如果在途中遇到了难以跨越的障碍,很多人会因此而退缩,甚至是直接放弃。同时,小学生的注意力较难长时间集中。就拿平时上课来说,很多孩子上课上一半就会走神,一是孩子本身注意力不集中,二是教师的课堂教学吸引不了学生。如果让孩子一直盯着一本满满都是文字的书籍,那么孩子很大可能是看着书本发呆。小学生又较倾向于图像记忆,图像较能吸引他们。而绘本以其富有吸引力的丰富图画和精微简明的少量文字为特点,这在一定程度上比文字作品更容易吸引人,也更显通俗易懂。因此,大力推进绘本阅读就更有利于推进小学生的阅读,促使他们提高独立阅读的能力。

阅读绘本有利于培养想象力。对于不在眼前的事物,想出它的具体形象,就是想象。在心理学上,想象是指在知觉材料的基础上,经过新的配合而创造出新形象的心理过程。也就是说,想象是以一定的认知为基础的。一个人在已有形象上,在头脑中创造出新形象的能力,体现出的是他的想象力。学生阅读绘本时,其中的图画和文字所传达出的各种信息,赋予学生多种感官、多样感受,容易引发学生在头脑中形成自己独特的画面或形象。正如加拿大图画书作者佩里·诺德曼(Perry Nodelman)在其著作《说说图画:儿童图画书的叙事艺术》中提到,图画书不仅能够传达各种各样的信息,还能给人们带来多种多样的视觉感受。如,绘本《小鲤鱼跳龙门》描述的龙门背后的美丽景色,就容易引发学生锤炼想象画面和体会美景的能力。绘本作者基于自己的理解而选择用图,作为读者的学生则依据绘本图画和相应文字来展开全新的想象。假以时日,学生逐渐学会阅读绘本,想象力也就得到长足的培养。

绘本阅读有利于培养阅读兴致。阅读是一种习惯,也是一种能力体现。要想有卓越的阅读能力,需要从培养良好的阅读兴致开始。试想,一幢建筑如果没有打好地基,得有多危险啊!人也一样,如果打不好基础,那么往后的学习都是空谈。培养阅读兴致就是打好培养独立阅读能力的基础。佩里·诺德曼在《儿童文学的乐趣》中指出:"一本图画书就至少包含着三个故事:一个是文字讲述的故事,一个是图画暗示的故事,还有一个是文字和图画结合而产生的故事。"当学生一步一个脚印地沉浸于绘本世界,从绘本中读出这三个故事,就会在图画中理解文字,在图画中理解世界,从而发现绘本是打开世界的拐杖,发现阅读绘本的乐趣,以至于乐此不疲地阅读绘本,享受阅读绘本的兴致。

关于绘本及其阅读已有哪些研究?

从国外来看,捷克教育家夸美纽斯(Comenius)所编写的《世界图解》一书,是世界上著名的儿童启蒙读物,是西方教育史上第一本带有插画的儿童百科全书;加拿大图画书作者佩里·诺德曼在其著作《图画的语言:儿童图画书的艺术》中提出图画书符号学理论,并认为图画书不仅能够传达各种各样的信息,还能给人们带来多种多样的视觉感受。二十世纪五十年代后,日本的绘本起步,松居直的《我的图画书论》一书具有深刻的影响力,我国绘本的发展离不开日本绘本的影响。对于绘本的研究,国外主要从绘本的图文关系、文学特点以及亲子阅读几个方面来进行,将绘本作为资源进行课程开发的则较少。大家都认为,绘本是较好的儿童读物,符合儿童阅读心理,对儿童成长有积极作用,以亲子共读的方式能让孩子获得早期的阅读乐趣。

从国内来看，彭懿的《图画书：阅读与经典》一书是我国第一本关于绘本的理论著作，它系统讲述了图画书的内在和外在的构成，较为全面介绍图画书的阅读，如如何选择绘本阅读，如何解读一本绘本的内涵，并以大量的插图为读者提供了直观生动的实例。学者郝广才的《好绘本如何好》一书，则专注于绘本创编理论的研究，从体、点、线、面四个维度详细地阐释了绘本的整体构造，把绘本的概念、元素、形式技巧以及内容有机地融合在一起，让读者对绘本的认识更加立体和深入。就发表的文献时间看，我国最早在 2006 年开始对绘本阅读进行相关的研究，从2009 年起每年的研究趋势逐步上升。在主题上看，绘本阅读研究的内容较广泛，涉及绘本阅读的创编、教学、选择、欣赏等不同方面。其中，绘本的教学设计和课堂实录，以及运用绘本进行语文教学的研究多。

至今，在绘本及其阅读的研究方面，理论研究偏多，绘本阅读指导的实践研究则很少。近年来，随着有氧语文教学主张的倡导与践行，我们对绘本阅读进行了实践探索，逐步形成了一系列的认识与操作，发现了绘本世界的别样天地。

2. 阅读绘本，绽放的语文

当前，在学段上、教学环节上、教学方法上，绘本教学有些问题需要破解，才有利于发挥其育人价值。

绘本阅读教学集中在低年段进行。绘本传入中国并进入学校后，幼儿和小学阶段便积极地尝试绘本教学。但在小学阶段，绘本阅读教学多数都是集中在低年级段进行，中高年级涉及的很少。这样就难以在整个小学阶段形成系列化的绘本课程体系。为此，我们注重从海样绘本库中寻找出契合低中高段学生身心发展规律的绘本，积极地打造绘本特色课程体系，并以"绘本课""班级读书会"等形式来推进这些课程的实施，从而让学生在整个小学阶段都能有质量地阅读绘本，领略绘本阅读的乐趣与收获。

绘本阅读教学的环节较复杂多样。绘本以其精美多彩的呈现方式给人们带来了巨大的视觉冲击。不同于课本，小学生更愿意去读绘本，喜爱去读绘本。可以说，绘本已为绘本教学打下良好的基础，学生的阅读思路也很清楚，而且一旦进入绘本世界就不难理解其内涵，并感悟到其言外之意。可是在现实中，绘本教学的环节设计往往复杂多样：既要对绘本的画面进行研读，又要对绘本的文字进行解读，还要在读完后写一写阅读绘本的感悟。为此，我们注重化繁为简，以简约的结构展开绘本阅读的教学：自读自悟；互读互赏；群演群欢。自读自悟，就是倡导每个孩子以自己的方式阅读绘本，基于自己的认识去尽可能地感悟绘本之味。互读互赏，就是倡导孩子们组成互助小组，共同阅读绘本，一起讨论、交流阅读绘本的所得，进而丰富对绘本的理解。群演群欢，就是倡导孩子们以表演的方式呈现绘本的内容，从中享受绘本阅读的乐趣。在实际教学中，这三种方式并不一定在一次教学中全部完成，其组合方式就绘本阅读教学目标而定。

绘本阅读被当成语言知识的学习。绘本以其别具形态的方式进入人们的阅读生活，并发挥着其独特的价值。如果把绘本阅读教学作为语文课本外的额外知识点来训练，那就是没有认识清楚它真正的价值所在。可事实上，一线教师往往这样做了，导致学生阅读绘本的兴致大大降低。为此，我们注重界定绘本阅读的价值，分清绘本阅读的目标界限，摒弃语言知识点训练的目的，而是将引发阅读兴致和享受绘本意趣作为绘本阅读教学的主要目标，来促使学生从绘本阅读中获得可能的价值。

如何把绘本阅读教学落到实处？我们的落实路径是：课内练兵；课外作战；家长支持；环境营造。

课内练兵绘本喜。小学阶段的语文书，特别是低年级的语文书都会有许多插画。利用插图来帮助学生更好地阅读，也是课程标准所倡导的。在学生还不清楚如何进行绘本阅读时，教师可以结合课内学习为学生树立正确使用绘本的观念和意识。如，部编小学语文二年级上册第一课《小蝌蚪找妈妈》，课本里面有三幅美丽的插图。我们有氧语文团队的广州玉鸣小学黄倩妍老师教这一课时，就引导学生结合文本以及插图，来想象小蝌蚪成长为青蛙这一过程中的种种形象和特点，同时还采取绘画比赛的形式让学生试着画一画小蝌蚪的成长过程，看看在结合文本和图画后，在脑海里会形成怎样新形象，以此来激发学生对绘本阅读的兴趣，以及了解应该如果正确使用绘本，如何利用绘本的已有文字或者图画来进行合理的想象。

课外作战绘本欢。小学生的课外时间相对来说是较多的，老师可以布置相应的课外绘本阅读作业，或组织孩子们喜闻乐见的绘本阅读比赛。如，老师可以让学生在读完一本绘本以后，自行创作与之相关的绘本，又或者是续写。黄倩妍老师就布置学生在看完《小鲤鱼跳龙门》以后，畅想小鲤鱼们在龙门之后的生活或是挑战，让他们在想象世界中遨游，不仅学着看绘本，还学着去创作绘本。

家长支持绘本热。落实绘本阅读不仅是教师的事、学校的事，也是家长的事。教师应适时地动员家长一起参与到孩子们的绘本阅读活动之中，比如可以联合家庭举办"亲子绘本阅读活动"。家庭是一个人一生中重要的教育场所，父母是孩子人生中的第一任老师，有了家长们的配合以及支持才能更好地展开绘本阅读的活动。学校可以展开相应的校本培训，可以请相关专家为家长和老师进行相应的讲座，组织老师们进行相关的讨论和研究。大家在团队中提升自我，在团队中解决绘本阅读的问题。

环境营造绘本闹。"孟母三迁"足以说明环境对孩子成长的重要性，环境对孩子的阅读和成长具有重要意义。良好的环境就像是无声的教师，引导着孩子向着健康的方向成长和发展。因此，创设良好的阅读环境对于绘本阅读显得尤为重要。在布置课室时，教师和学生可以一起贴一些有关"阅读"的名言在墙壁上，做黑板报时也可以相应地结合绘本阅读来进行。在课室的装饰以及灯光配置上，就更需要选择有利于学生阅读的硬件设施。同时，教师还可以在图书角处摆放一些五颜六色的沙发或者小枕头，让学生爱上待在图书角的感觉。

绘本阅读教学的境界是无限的，乐趣是无穷的。把握并落实好绘本阅读教学的有效途径，就一定能将绘本撒播在孩子们的心中，绘本阅读就必然会开出艳丽花朵，结出累累硕果。

途径通了，步态还需厘清。经由绘本阅读，学生应该从中获得什么？或者说，绘本阅读教学应引领学生往怎样的方向成长？在我们看来，这应该是：阅读习惯乐养成；语言表达乐通畅，学习能力乐形成；视野知识乐拓展；道德品质乐发展。

绘本阅读促成长：阅读习惯乐养成。喜欢聆听故事是儿童的天性。教师如果在开始一篇新课文时，能以讲故事的方式导入，就更能引起学生的学习热情、集中学生的注意力。对此，我们有氧语文团队的陈钰玫老师教一年级上册第一单元第1课《天地人》之前，是这样做的：

我采用故事导入法。在课前，我准备了《盘古开天辟地》和《女娲造人》两个民间神话传说的绘本故事，并扫描、排版、制作成 PPT 以方便教学。

在教学"天""地"二字时，我先讲了《盘古开天辟地》的故事；在讲解"人"字时，我讲了《女娲补天》的故事。当学生听得津津有味时，我便能自然而然地引出"天""地""人"三字的书写教学。

这样一来，学生既能在注意力非常集中时学习本节课的教学重点——识字，又能从绘本中收获一个小故事，养成对听故事的兴趣，进而打开知识的大门，逐渐形成热爱阅读、自觉阅读的良好习惯。

绘本阅读促成长：语言表达乐通畅。一年级学生在父母或老师帮助下，完成绘本阅读，是开启阅读大门的第一步。但是，绘本阅读的作用不仅于此，一年级学生在完成绘本阅读之后，父母或老师还应该要求学生复述这个故事，讲清绘本故事的起因、经过和结果。复述的过程有助于一年级学生在脑海里形成逻辑思维框架，为二年级看图写话、三年级正式作文打下思维基础。

如，一年级下册"口语交际一"的主题是"听故事、讲故事"，其要求是对照课本中的六幅图画，听老师讲《老鼠嫁女》的故事，再将故事复述出来。这一单元口语交际呈现了六幅图画，省去了文字，改由听老师讲解，实际上等同于绘本阅读。学生一边看着图片，一边听老师讲解，听完之后又一边看着图片，一边将整个故事复述出来，慢慢地学会不看图片就能复述故事，逻辑思维也就慢慢形成了，成长就在这样的学习中发生了。

绘本阅读促成长：学习能力乐形成。绘本阅读以简洁的文字和丰富的想象，为孩子插上了想象的翅膀。陈钰玫老师在上一年级上册第八单元第13课《乌鸦喝水》时，加入了一个课堂环节：事先准备好《乌鸦喝水》绘本故事PPT，将整篇课文改为儿童绘本阅读的形式，在要求学生复述之后，还要求学生思考——你还能想到哪些方法帮助乌鸦喝水？请你展开想象，再给大家说一个乌鸦喝水的故事。——这样便能将学生的思维拓展开来，加深他们对课文的理解和认识。这能在一定程度上增强学生发言的积极性，提高其语言表达等方面的能力，还有助于激发学生的创作灵感，提升学生的写作水平，有利于学生更好地学习语文。

绘本阅读促成长：视野知识乐拓展。语文识字教学不能孤立地进行。一年级教师在识字教学时，应创设识字的语言环境，让学生在情境中识字。如，在讲解一年级上册第一单元第4课《日月水火》时，陈钰玫老师在讲解完"日"字时，便给学生讲《后羿射日》的故事，而讲解完"月"字时，又讲《嫦娥奔月》的故事。陈钰玫老师通过讲故事、读绘本的故事，改变过去机械的识字方法，使学生随文识字，从而激发学生的识字兴趣，补充相关知识内容，拓宽了学生的知识视野。其他课文的教学也可如此。如一年级下册第四单元第10课《端午粽》，课文最后一句是："长大了我才知道，端午节人们吃粽子，据说是为了纪念爱国诗人屈原。"教师可以由此发散开去，讲一些关于屈原的绘本故事，以拓展学生的知识面。

绘本阅读促成长：道德品质乐发展。在小学低年级课堂教学中，品德教育、性格教育与知识教学同等重要。如果能将品德、性格等教育渗透在语文课堂教学当中，效果将事半功倍，这也有助于情感态度与价值观目标的达成。

如，低年段学生需要逐步学习规整自己的物品，养成保持整洁的习惯。为此，在讲解完一年级下册第七单元第15课《文具的家》之后，陈钰玫老师给孩子们讲了一个英国的绘本故事《乱扔东西的塔格叔叔》。故事一开始，塔格叔叔正在经历特别麻烦的一周。周一是麻烦的源头，尽管那是一个阳光明媚的日子，塔格叔叔却找不到自己的帽子了；中午，塔格叔叔坐在外面吃午餐，一坨鸽子粪落在他的头上。周二依然很糟糕，塔格叔叔的鞋子又不见了；接下来，塔格叔叔的衬衫也不见了，接下来的一周，塔格叔叔还会遇到怎么样的麻烦呢？后来，塔格叔叔发现只要把所有的东西放回原处，东西就很容易被找到，生活也变得轻松、容易许多。通过形象生动的《乱扔东西的塔格叔叔》，陈钰玫老师的语文课堂做到课本与绘本相结合、文字讲解与图片感悟相结合，使孩子在轻松愉悦的课堂中，学会整理自己的东西，培养良好的生活习惯。

又如，低年段学生心智发育尚未健全，有些学生胆小、怕黑，无法正确对待内心的恐惧感，对于黑暗、黑夜既害怕又好奇。在一年级下册第四单元第9课《夜色》中便提到了相关的问题。为此，陈钰玫老师特意在上完《夜色》一课之后，为学生讲解《走廊里有大怪物》和《挠挠大怪物》两个儿童绘本。《走廊里有大怪物》中，一个小女孩觉得家里的走廊里藏着一只大怪物，每当黑夜时，它就会出现。小女孩每天晚上用尽力跳舞、大声唱歌、飞奔穿过走廊的办法回到自己的房间睡觉，但只要一关灯大怪物就会出现……最终，小女孩和爸爸一起，勇敢地进入大怪物藏身的地方。正是通过阅读《走廊里有大怪物》儿童绘本，陈钰玫老师让孩子从小学会面对内心的恐惧情绪，克服恐惧、自我成长。随后，陈钰玫老师又给学生展示《挠挠大怪物》儿童绘本。在此之前，她精心准备了课件，并请同学们一起来"挠挠大怪物"：挠第一下,怪物就掉了鼻子;挠第二下,怪物就掉了嘴巴……慢慢地,孩子们发现:大怪物其实一点儿也不可怕! 这两个符合孩子心理特征的有趣故事,给予了孩子足够的心理营养,顺利地贯穿在语文课堂当中,成功地帮助孩子克服和驱散了恐惧。

二 有氧语文:建构绘本的灵动

喜欢听故事,这是儿童的天性。小学生对于故事性事物的兴趣和理解程度都比较高,这是他们最基本的身心特点。对于小学生而言,绘本是一个有趣而灵动的世界,它具有简明易懂、图文并茂、形象生动等特点,这符合儿童的身心发展,可以成为小学生提升阅读素养的最佳选择。为此,采取适宜的策略来展开绘本阅读教学,催生活力盎然的语文,让学生在不断地提高阅读水平的同时提升核心素养,是有氧语文的教学追求。

1. 建构绘本,有氧的策略

从实践探索看,绘本阅读教学的策略可以从多方面进行设计与运用。如"共读、留白、悟本"的绘本阅读策略,就是通过选读绘本到巧读绘本到悟读的整个阅读过程来设计与运用的。

共读:携手进入绘本世界。哪些书适合小学生阅读? 不同年级的小学生应该阅读哪些绘本? 如今,在绘本推荐方面,尽管已经有很多组织机构都研拟了相应的书单,很多学校甚至个人也有相应书单的推荐,但是,他山之石也应该化为自需之石才好。为此,我们注重借鉴各种推荐书单,并基于我们教师自己的浏览与阅读,来选择相应的绘本书单,以适应不同年级学生的阅读。同时,选择绘本只是教师开启绘本阅读教学的第一步。这一选书的过程,我们老师经历的是一本一本地淘书,一本一本地阅读,知道什么样的书适合哪些年级学生阅读,也为如何有效地阅读绘本积淀了很好的经验。以此为基础,教师把适合的好的绘本推荐给学生,并与他们一起走近绘本,一起阅读绘本,一起体验绘本,一起交流感受。于是,学生便逐渐爱上绘本,爱上绘本阅读了。

留白:尽情想象绘本天地。图画简美,文字简洁,留下诸多空白,空出诸多想象,是绘本的特点之一。教师要充分利用绘本的图画与文字的互动,引导学生借助图文之间的留白,充分地展开想象,来大胆预测、想象、联想故事的后续发展。这样的绘本阅读教学,既能锻炼学生的口语表达能力,也能训练学生的逻辑思维,更能促进学生学会阅读绘本的方法。在阅读绘本时,学生容易把自己代入角色,教师可以借此帮助学生对绘本内容进行合理的推测,以合理的想象与推理来促使学生深化对绘本内容的理解。

悟本:深入感悟绘本意涵。凭图文阅读,读图文察意,以图文悟本,就这样一步步读懂绘本。这一步既是阅读过程,也是阅读能力,需要教师把握与实践,使学生在阅读绘本时既能完整地经历这一过程,又能提高这一能力。也就是说,教师指导学生阅读绘本,就是指导学生经历"凭图文阅读"的阅读过程,学会如何观察图画,并联系文字而进入绘本内容;就是指导学生经历"读图文察意"的阅读过程,学会如何体察图意,并联系文字而深入绘本内容;就是指导学生经历"以图文悟本"的阅读过程,学会经由图画观察与体察图意,并明了文字而领悟绘本意蕴。

我们有氧语文团队的刘颖妍老师在指导学生阅读绘本《爷爷的肉丸子汤》时,就注重"共读、留白、悟本"阅读策略的运用。如,为了让学生理解老爷爷悲伤的心情,首先出示了第一个画面,引导学生透过画面,走进老爷爷的内心,让学生仔细看图,说说在老爷爷的房间里哪些地方让你感受到了他的心情?学生依次注意到了老爷爷的房间里窗帘紧闭,没开灯,屋子里一片昏暗。白发苍苍的老爷爷低头托腮坐在沙发上,对面是老奶奶那把空荡荡的椅子。再加上花瓶里枯萎的花,散落在地上的切片面包、奶瓶和杯子。至此,学生已经走进了老爷爷的心里,感受到了他失去老奶奶的悲伤。在故事结束时,刘颖妍老师将四个画面排列在一起,引导学生发现四个画面的色调变化、人物比例的变化和花瓶里的植物变化,从而感受到老爷爷对新生活的喜爱。

随着现代科技的进步,现代技术与教育教学的整合已颇为广泛,呈现出丰富的课程模式。微课,就是其中之一。微课能够打破教与学的时空,能够促进学生的自学与学得。

从打破教与学的时空方面看,微课大多是借助信息技术编排设计的数字化资源,一旦发布在网上,便可以传遍全国,乃至全球,所有人均可共享这一份知识成果,且若干年后,出于需要,依旧可以进行观看和使用。

从促进学生自学与学得来看,微课以学生的自学、自我领悟为主,从设计时就会思考微课的受众人群,并且结合受众特点进行教学内容的编排,而它一旦切合受众的年龄特点,就成为优秀的微课,从而让受众者在自学与学得中受益。

由此,教师通过微课这一载体来进行教学的呈现,以及对学生的阅读效果进行评价与检测,多管齐下,就能够提高绘本阅读教学的效率,确保学生阅读绘本的效果。有氧语文团队就此也进行了实践探索,形成了一些好的做法。我们有氧语文团队的罗琬丹老师以微课为载体,对绘本阅读进行设计与教学,并将此类型课程必要的步骤设置如下:为何学——确定精准的教学目标;学什么——设计切合的教学内容;如何学——研究实际的教学方式;怎样评:设定可行的评价机制。

(1)为何学:确定精准的教学目标

我认为,绘本阅读三个基本教学目标是:"理解抽象的概念""发挥丰富多姿的想象力""积累丰富多彩的语言"这三个教学目标正好对应小学的低中高年段不同的侧重点。

对于低年段学生来说,他们脑海里对于一些概念还是比较模糊,比如"孤独""期待"等内心感受,比如"孝顺""责任"和"义务"之类的概念词,他们都是一知半解,或者完全没有概念,这个时候我们就可以将"理解抽象概念"作为教学目标,搜索一些有关的故事绘本,并且制作微课。以微课为载体,通过呈现故事来阐明抽象概念的含义,帮助学生逐步建立对世界的认知。

对于中年段学生来说,想象力缺乏可能是写作通病之一,比如"到了 2035 年世界会变成怎样",他们可能会囿于身边实际而无法发挥真正的想象力,从而无法达到"下笔如有神"的境界,这个时候我们就可以"发挥丰富多姿的想象力"作为教学目标,搜索一些科幻类的绘本去给制作微课。以微课为载体,通过科幻故事的新奇幻想让学生知晓世界的诸多可能性。解放他们的想象力,打破束缚想象力的条条框框。

对于高年段学生来说,如何积累丰富的语言可能成为他们的弱点,学习的知识已经够多,如何总结所学的许许多多的语言,比如描写太阳的词语有哪些,并且让他们进行变换使用,是教学的侧重点。这时,我们就可以"积累丰富多彩的语言"作为教学目标,搜索一些描写同一类型的事物的文章,让他们进行群文阅读,并制作微课。以微课为载体,通过归纳不同文章中对同一事物的写法,让学生学会总结,梳理出属于自己的写作经验。

（2）学什么：设计切合的教学内容

绘本阅读教学意味着有图像以及文字,如何正确地处理文字和图片的比例关系,设计切合实际的教学内容是非常重要的。图像比例过于大,则会让阅读教学难以进行下去;文字比例过大,图像过于少,则吸引不了学生的兴趣,减少了许多的趣味性。

在我看来,绘本阅读的教学内容应切分为：首先以图片导入,吸引学生兴趣,再根据不同的教学目标对图片和文字进行一定的取舍,例如低年段是以"理解抽象概念"为教学目标,在进行教学内容的设计上,则要围绕"抽象概念"这一概念进行更多的编排与设计,将抽象概念用图片的形式具象化,生动化,让学生能够通过图片得到对抽象概念的理解。同理,在中年段和高年段的教学设计方面,微课制作也应紧紧围绕教学目标,对图文比例进行恰当设定,进而进行合理的设计与编排。

（3）如何学：研究实际的教学方式

处理好图文的比例关系后,如何拟定教学方式也是一个重要内容。"三段式微课"这一教学方式,不仅能够分享知识与技能,也能够让教师的出镜,引起学生的情感互动交流。

"三段式微课"主要分为三个部分：一为教师出镜导入,二为教师幕后讲解,三为教师出镜总结。

在第一部分中,教师可以通过图文来引起学生的兴趣,而教师的出镜导入,能够让学生在一个自学环境里感受到师生交流互动的意味,让他们能够尽快投入到微课的学习当中。

在第二部分中,教师可运用幕后讲解来设置情境,引生入境,同时设置简洁而精炼的几个问题来引导学生由浅入深、从易到难地解决问题,层层推进,环环相扣,从而在微课小课堂中切实地掌握知识点,让他们需要训练的能力有所提升。

在第三部分中,由教师出镜总结,学生在学习完知识之后就能设置交流的环节,顺利过渡到总结和布置作业阶段,让课内和课外进行衔接,达到有机融合。

（4）怎样评：设定可行的评价机制

"三段式微课"第三点的布置作业,目的在于检查学生的学习情况。首先,作业形式不会拘泥在写字方面，而是将"听""说""读"和"写"有机结合，让学生这四方面的语文素养得以提升，例如对于低年段学生来说，在学习完"理解抽象概念"后，可布置他们复述故事，重点讲清楚所学抽象概念的含义，达到有效反刍的效果，为中高年段的概括文章大意打下坚实的基础。同时，学生进行口述作文，围绕此抽象概念进行感想的抒发，由家长或者老师记录下来，成为他们年少时对于世界的一份理解，一份珍贵感受，同时，也是将来写作时的绝佳素材。

如此，充分运用有效策略的绘本阅读教学，不仅能够吸引学生的注意力，而且其精美的图画与优美的文字，也是在对学生进行无形的美育，让他们的心灵浸染美的灵气，提高学生欣赏美、鉴赏美的能力与水平。

2. 阅读绘本，盎然的语文

儿童成长的过程也是他们探索世界的过程，他们会遇上具体的可感知的物质世界，也会遇到抽象的概括的精神世界。客观的物质世界是儿童容易感知的，能够直接得到经验的。儿童可以通过走向大自然，走向大千世界，通过观察，通过活动，通过阅读，去寻找客观物质世界中的答案。主观的精神世界有许多抽象与想象的成分，它们是主观的、感觉性的，不容易直接得到。对于一些抽象的概念和事物，我们如果能够以儿童眼光看问题，尝试用儿童容易接受和明白的方式去解释抽象事物和概念，就不至于扼杀儿童对于抽象事物探索的好奇心与热情，反而能够激发他们对抽象事物的持续探索。

绘本阅读不仅有利于破解这一难题，更有利于延展出生机盎然的语文。这也正是我们有氧语文团队的努力方向。我们有氧语文团队的冯钰荧老师在这方面有较深入的探索，也形成了一些有效做法的经验。从《黑夜守护神》《城里来了一条龙》两个绘本阅读教学的示例，我们可以看出冯钰荧老师是如何组织与安排绘本中的文字与图像的，又是如何在引导学生阅读绘本的奇妙故事时给孩子们解释抽象概念的。

首先，我们要明晰绘本用虚构的人物形象解释"梦"的概念及来源。

《黑夜守护神》以第三人称的方式叙述了有关于黑夜守护神让孩子们进入梦乡的故事。故事中的黑夜守护神戴着墨镜，头上一顶毡帽子，身穿白色透明会闪烁的夜行服，还长着一双蜻蜓似的翅膀，手拎一个黑箱子。插画家盖特纳

(Gaertner)还在守护神背后画了一条长长的飞行痕迹,上面有许许多多闪烁的星星。黑夜守护神会在夜里,在孩子们入睡之后悄悄地出现。把箱子里一张通往梦乡的去程票与一张回程票放到熟睡的孩子们手中。拥有两张票的孩子才可以进入梦乡,也才能够在天亮之前回来。以人为原型的黑夜守护神贴近孩子们的实际生活,守护神的形象设计奇特又神奇,符合儿童的直观形象思维以及其敏感而具有吸收性的心理特征。而故事中守护神作为孩子们梦和黑夜的守护者,梦乡的"售票员",十分生动形象地交代了梦的来源。儿童会问,梦是什么?"我"为什么会做梦呢?在这一绘本里,儿童们就可以得到一个想象力丰富的答案。关键是,教师自己要能解读好绘本之意,并由此引领学生读懂绘本,理解抽象精神世界的概念或事物。

科普类儿童文学从科学的角度出发,如实地告诉儿童梦的概念,是较为理论化的描述。儿童能够直接从这类文学中得到答案。但知识性强,理论化语言多,缺乏激发儿童想象力与好奇心的呈现方式。这个充满奇幻的故事并没有把梦当作一种生理现象或者是心理学上潜意识的反映来展开解释,可以说,这里的梦是没有按照日常的认识进行设计和安排的。绘本用奇幻的故事和生动有趣的插画来表现梦,能够极大地激发儿童的好奇心和想象力。一方面,这样的绘本解释了梦是真实存在的,是人会遇到的事情。它是我们的梦乡,入睡之后我们会在梦乡中游荡。这个梦乡对于儿童来说是多么有吸引力的一个地方,这里充满着一切神奇的事物和现象。另一方面,这样的绘本用奇妙的梦之旅和守护神的存在解释了梦的来源,告诉儿童梦不是凭空而来的,而是通过守护神派发的通往梦乡的船票才会有的。这样的故事情节安排和设置让儿童更加期待夜晚的到来,期待入睡,期待守护神和梦乡的到来。

绘本故事中的用词也充满着童趣。如,把月亮升上高空描绘成"月亮看护人们的睡眠",把做梦描绘成"进入梦乡",把在梦中的儿童描绘成"梦幻者""非凡的冒险者"等。生动形象而又通俗易懂的语言对于守护神故事的开展以及"梦"的解释,有很好的配合作用,让梦以及梦的来源自然而然地融入故事情节当中,让绘本中每一页文字和插图的呈现都有利于故事开展,有利于儿童阅读之后加深对梦的理解。

其次,我们要用虚拟的故事情节理解"环保"和"污染"概念。

景绍宗的绘本《城里来了一条龙》主要是以现代城市为背景展开故事的，主要讲述的是生活在其他星球的一条古龙来到地球，引发地球上的一段波动，被孩子拯救后飞往其他星球的故事。故事围绕环保这一主题开展，充分表现孩子们保护美好事物的纯真与美好，贬斥了物欲功利充斥的利益世界。

　　绘本插图以中国水墨画的风格描绘了一条活泼可爱的龙。它来自一个美丽的星球，在海底里游玩。直至它感受到了流入海里的汽油，沉没的货船以及臭气熏天的海水之后它惊恐地醒来了，开始了它在地球上的"短途旅行"。"旅行"开始就遇到了困境。景绍宗先生用布满垃圾的海面近景，以及黑烟满布的工厂远景，展示了龙对地球的第一印象。绘本跨页的设计以及沉重的色调充分地展示了海洋遭受到的严重污染。右侧页面有正在沉没的破旧货船、废弃瓶子，以及化学用品和远处工厂流入的黑色脏水。鱼骑在被油污严重污染的海鸟身上，两只深受海洋污染之害的动物劝诫龙不要到城市里去，因为"城市会要了我们的命的"，并瞪大眼睛露出害怕和惊恐的眼神。城市里的高楼大厦让它好奇，工厂里的滚滚浓烟让它害怕。不同身份的成人用现代武器把它抓住，思忖着用它满足自己的物欲。龙被电线缠身，垂下了眼皮。这一形象与右侧的虚伪地笑着、带着欲望眼神的、面相丑陋的科学家、军师和市长产生了强烈的对比。

　　极度被污染和破坏的环境、鲜明的角色设计和划分，给故事的进一步发展交代了前提和背景。色调沉重的城市环境、险恶丑陋而充满物欲的人……作者通过插图和文字告诉儿童我们的环境，美好的事物正在遭受着严重的破坏。绘本后半部分则以孩子为叙述出发点，讲述孩子们保护美好事物的纯真美好之心，团结一致想办法让龙脱离大人的追捕。

　　"环保"是每一个人的责任。地球经历了千千万万年的变化，形成了山川、河流，形成了美好的生态环境，但如今这一切却遭受着追求经济利益，追求发展而不顾一切人们的大肆破坏。因此，作为成人有责任、有义务去告知儿童何为环保，为何要环保，以及从现实出发，该怎样做到低碳生活。对于环保低碳这一概念，一般来说，我们更加倾向于从具体的保护环境的行为出发进行解释。

　　绘本最主要的特征就是图文并茂，以图为主进行故事叙述。神奇的龙出现在人类的世界，出现在我们的现代生活当中。这超乎现实的形象呈现在儿童面前，有利于吸引儿童注意力，激发他们阅读的好奇心，激发他们对故事的想象力。而以龙作为主角,从这一视角出发去看待地球,更加活泼地向儿童展示地球受污染的面貌和事实。其中的龙与动物都会说话,这是符合儿童"泛灵论"的认识的。孩子们保护龙,让龙脱离被追捕这一结局,潜移默化中告诉儿童需要保护美好的事物,让它顺其自然地发展的道理,同时也传递着儿童纯真美好的情感。故事无形中向孩子们传递了环保这一概念,让儿童能够从颜色丰富的配图以及神奇的故事中,了解到为何要环保,以及环保的重要性。

绘本《黑夜守护神》和《城里来了一条龙》以其奇幻的故事与"梦""环保"等词语概念相结合,为儿童认识世界、探索世界准备了一个新的入口,这有利于激发儿童强烈的求知欲,以及探索身边事物、追求更丰富知识的热情。绘本神奇而充满想象力的故事情节让儿童更加容易、更加直接地接受一些抽象的事物和概念,而绘本轻松简洁而又符合儿童认知的插图和语言,贴近儿童生活,让儿童不畏惧难以理解的事物和词语概念,从而快乐地阅读与成长。

三 有氧语文:铺展绘本的远路

中华传统文化源远流长,博大精深,包含着丰富的哲学思想、道德情操、价值观念、审美品格、艺术情趣、辩证思维和科学智慧,是中华民族宝贵的精神矿藏,是中华儿女立身处世、行为举止的信条。在绘本世界里,中华传统文化同样展现着她独特的魅力与力量,伴随着我们对中华传统文化绘本化的实践探索,我们的目标是让学生享受到有氧文化的滋养,体验到绵延语文的慧育。

1. 孵化绘本,有氧的文化

当孩子们在蕴含中华民族传统文化的绘本中,通过阅读感悟,领略到文化的悠远与精深,感受到文化的博大与浩瀚,孩子们就能够从小形成热爱祖国传统文化的意识,培养起对民族文化的自尊心和自豪感,并乐于继承并发扬中华传统文化的精髓。为此,我们重视绘本阅读的教学,让文化韵味贯穿在阅读教学之中,使阅读教学更具人文性和价值性,充分发挥文化育人的作用。

那么,在绘本教学中,我们如何引领学生穿行于中华传统文化的森林之中?整体观之,整合中华传统文化的绘本教学,在我们有氧语文团队的冯美玲老师看来,关键是要做好三件事:一是选择内容,二是践行教法,三是开展活动。

选择内容:将教材与绘本相整合,让中华传统文化丰富语文单元教学。绘本是学生认识、了解各种文化的入口,教师若能加以引导,为学生精心挑选适合的绘本作品,那么就可以起到增强学生对中国传统文化认同感的作用。为此,在小学低段,我们就要将绘本阅读和课本学习结合起来,充分考虑到小学低段儿童所处的图文过渡阶段,既解决学生识字量有限及对文字语境不了解的问题,培养多元智能,也可以结合语文课程标准对小学低段教学的要求,激发和保护学生的兴趣和想象力,还可以因绘本予人以无穷的想象空间,而促使每个学生对中华传统文化形成自己独到的理解和体会。

践行教法:将教学与绘本相整合,让中华传统文化激发学生阅读兴致。绘本阅读要讲究策略和技巧。教师若不加以引导,学生只会单纯地追求绘本中精美漂亮的图片并囫囵吞枣地完成阅读,使绘本教学流于形式。为此,教师要在进行绘本教学过程中引领学生掌握绘本阅读的基本方法——整体感知,关注细节,大胆想象。整体感知即让学生在理解图像的基础上去体会作者的文字含义,甚至对作者的意图产生不一样的想法。关注细节即绘本的每一幅图画都是经过作者精心设计和创作的,里面蕴含着大量的细节和信息。大胆想象即教师充分依凭绘本的图画与文字及留白,引导学生进行大胆想象,在感知基础上体会作者的表达,激发和培养想象能力。

开展活动:将活动与绘本相整合,让中华传统文化走进语文学习生活。绘本阅读虽然不能成为学校教学的主导,但是,教师可以通过定期开展绘本阅读的交流活动,帮助学生养成良好的绘本阅读习惯。如,绘本阅读交流会、绘本阅读比赛活动以及情景剧、绘本剧表演等一系列的活动中,学生有表达和分享的诉求和愿望,并通过不断交流和讨论碰撞出思维的火花,从而快乐地沉浸于绘本阅读的学习生活之中。

同样,整体上看,整合中华传统文化的绘本教学,以引领学生穿行于中华传统文化的森林之中,我们有氧语文团队的阮恺俏老师做的四件事是:在绘本教学中融入中华传统文化;在绘本教学中贯通中华民间故事;在绘本教学中传承传统文化之美;创新中华传统文化绘本的教学。

在绘本教学中融入中华传统文化。绘本中蕴含的中国传统文化内容,多数是与节日相结合的,如中国节日绘本《元宵节》《春节》《端午节》《中秋节》等等。教师充分利用"清明""端午""中秋"等民族传统节日,在绘本教学活动中,寓教于乐,不仅能够让学生对节日起源、节日风俗、节日相关诗歌形成初步的认识和理解,还能够了解中华民族的民俗风情,弘扬民族优秀传统美德。

在绘本教学中贯穿中华民间故事。教师针对绘本特点和传播功能,结合小学生的认知特点,选择形象、直观、富含中国文化内涵的原创绘本,作为传统民俗文化教育的切入点,可以促使学生对传统文化有更直观、更深刻的认识,从小培养民族文化意识和文化自信。如国内《团圆》《十二生肖》《过年啦》《中国老故事》等绘本作品,不仅故事情节生动,画面精美多彩,还蕴含丰富的中华文化底蕴,有利于学生了解中国元素,让传统文化在他们心中深深扎根。

在绘本教学中传承传统文化之美。优秀的民间故事类绘本如《牛年的礼物》《小石狮》,蕴含着深厚的民族精神,或习俗,或风土人情,或爱和善良,或中华民族的智慧结晶。师生在对这类绘本进行阅读的过程中,带领学生一同发现、体验和发扬中华民族文化之美,使中国传统文化得到更好的传承和发展。

创新中华传统文化绘本的教学。创设一个具有传统文化氛围的展示和交流平台,对学生能起到很好的熏陶作用,同时也能吸引学生自觉投入到传统文化的阅读学习中来。教师可以多为孩子筛选和推荐一些能体现民族特色的图文并茂的优秀传统文化绘本。如,成语故事绘本、民间传说绘本、中国传统节日绘本等,还可以为孩子们提供服装、头饰等道具,指导孩子们边学边讲故事,边讲故事边表演,以多种形式激发学生对传统文化绘本的阅读兴趣,使得民族传统教育真正深入童心,为孩子的童年增添色彩,为日后的学习武装头脑,增强内在的文化自信和民族认同感。

2. 阅读绘本,绵延的语文

具体言之,要想将中华传统文化融入绘本教学之中,需要更具可操作性的办法。我们有氧语文团队的刘淑珍老师的办法是:设定教学目标;选择教学内容;设计教学过程;实行教学评价。

第一,绘本教学的目标设定。

绘本阅读的教学目标立足于内容选择、方法确定、过程安排及教学评价的准则,是绘本阅读教学活动的出发点和归宿。设计绘本阅读的教学目标时,教师不仅要掌握教学目标设计的方法,还要考虑目标设计的合理性、科学性,最重要的是紧扣"中华传统文化绘本"这一特殊的文本概念和小学生这一特定的年龄特征。其依据主要有三:依据课程标准阅读总目标,确定绘本阅读教学目标;依据语文教材内容,预设绘本阅读教学目标;依据课堂生成,调整绘本阅读教学目标。

依据课程标准阅读总目标来确定绘本阅读教学目标。绘本阅读教学活动统一于语文教学活动,绘本阅读的目标也统一于阅读目标,教师在设计教学目标时,不可独立地设计该篇目的教学目标,而要考虑绘本之间的联系以及兼顾与语文教学的关系。

依据教材内容来预设绘本阅读教学目标。教学目标应该是教师在立足中华传统文化的基础上,深思熟虑,兼顾各方面形成的。教师应该研读绘本,并考虑到作为受众的小学生本身发展规律,研读出绘本教学重难点,尽量做到不拔高,能让学生在教学中得到发展。

依据课堂的生成性来调整绘本阅读教学目标。绘本课堂是教师和学生、绘本作品和绘本作者之间的对话过程,由于小学生的知识储备和社会阅历相对较肤浅,可能会生成新的目标,因此教师在设置教学目标时应留有一定的空间。

第二,绘本阅读内容的选择。

教学内容既包括教师在教学中对现成教材内容的沿用,也包括教师对教材内容的重构——处理、加工、改编乃至增删、更换。绘本阅读的教学内容设计就是对同师生发生交互作用、服务于教学目的达成的动态生成的绘本素材及绘本信息的设计。中华传统文化绘本数量众多,其教学内容筛选标准有三:选择儿童喜爱的经典绘本;选择契合儿童成长需要的绘本;选择题材多样又内容丰富的绘本。

选择儿童喜爱的经典绘本。儿童阅读绘本最直接的动机是获得快乐,潜在的因素是寻求情感的体验和心灵的慰藉。因此,教师要尽量选择可解放儿童天性的绘本,选择能够让学生感觉喜悦的绘本,这样才能促使他们从内心里产生阅读的欲望。

选择契合儿童成长需要的绘本。由于认知的差异,学龄前儿童和小学生适用的绘本类型不尽相同。面对小学生,我们根据小学六年的上学期和下学期,来选择绘本,而绘本的选择则要切实考虑学生的接受程度和身心发展规律。

选择题材多样又内容丰富的绘本。中华传统文化这个概念具有很大的包容性,其涵盖的内容覆盖面广。面对种类繁多、数量庞大的绘本,在选择时,教师要秉持多样性与丰富性相统一的原则,既要让学生感受多种多样题材的精彩绘本,也要注重绘本数量和内容的丰富性。

第三,绘本教学的过程设计。

首先是引导观察,用眼睛"触摸"绘本。绘本主要是用图来说话,从封面、扉页到正文以及封底,构成了一个完整的整体,仿佛是一部精彩的电影短片。阅读绘本,可以提升孩子的美感经验,学会观察和思考图画的能力,让其跨过艺术殿堂的门槛,进入艺术殿堂。好的绘本,不仅画面精美形象,而且色彩鲜艳,这些在视觉上能够引起小学生的注意,且图画有丰富的含义,画与画之间的叙事关系也能以独特的方式呈现出来,这些都能为培养学生的观察力提供良好的契机。教师可以有目的有步骤地去引导学生,让他们从图画的情态中去观察人和事物,以大胆猜测绘本内容,加深对故事的理解,巩固对基础知识的学习,训练观察的连贯性。

其次是通过朗读,感受语言魅力。一要注重教师的导读。在教学过程中,教师要善于声情并茂地朗读绘本,用生动而有感染力的手法呈现故事,用形象的口头语言和夸张的肢体语言演绎绘本中的情节,让孩子在轻松愉快的氛围中体会语言的节奏美,感悟绘本的主题。二要注重学生的赏读。教师导读绘本之后,可以让学生自主选择绘本中喜欢的句段或画面进行自我赏读,体会语言的表达,感受它的节奏美。

再次是注重留白,提倡个性化解读。教师在利用绘本留白进行教学时,要把握好画面留白和故事情节留白。

画面留白。留白是作品留给人们联想、想象和再创造的空间,是最含蓄、最有意境的表现,它为读者提供想象的空间,具有无中生有和无中胜有的效果。绘本的画面留白是其常用的表现形式,有的留白是表现悠远的意境,有的是改变视觉印象,也有的是表现空间和心理的距离。由于每个学生的不同个人经验和体会,因此每个学生的解读绘本的视角也是不一样的,即每个学生有着个性化的体验和理解。

故事情节留白。绘本教学所追求的是来自儿童自己的真实感悟,这就要求教师尊重学生的多元理解,让学生带着自己的体验和感悟去解读故事,构建故事的意义。学生再经过自己的想象进行再创造，由于不同的理解和体验，相信绘本故事的结局也是百花齐放的。

角色扮演，用身心演绎绘本。小学生注意力容易分散，爱玩是它们的天性，教师如果能够把表演带入到课堂中，就可以适应小学生好动的天性。在师生配合完成绘本故事表演的过程中，学生通过表演进入故事情境，更好地理解绘本内容，感受绘本的魅力，进而完成教学目标。

第四，绘本教学的评价实施。

绘本阅读教学的诊断性评价，即在绘本教学活动开展之前，所进行的测定性、预测性的评价，它旨在通过预先评估来推动教学活动更好地开展。绘本阅读教学的形成性评价，即在绘本教学活动开展的过程中，所进行的评价，目的是通过收集相关信息及时了解教学活动进程和效果，并将相关问题、建议进行及时反馈，方便对绘本教学活动进行改进和完善。绘本阅读教学的总结性评价，即在绘本教学结束后，为掌握教学目标的落实情况所进行的评价，目的在于检验一个阶段教学目标的实现程度，判断教学的质量，为做进一步的调整提供借鉴和参考。

具体言之，要想将中华传统文化融入绘本教学之中，需要更具操作性的办法。我们有氧语文团队的杨媚老师的办法是：读前备读——看封面做猜想和查资料做书单；读时导读——联生活丰体验和观图画补文字；读后延读——改绘本编故事和过节日体习俗。

第一，绘本教学的读前备读——看封面做猜想和查资料做书单。

预测和猜想是激发学生好奇心和积极思考的一种阅读策略，猜想就从绘本封面开始。绘本封面不仅有书名、作者、出版社等信息，也有非常直观形象的图画。当学生拿到有关中华传统节日的绘本时，教师可以先引导他们观察封面的文字和图画，进行猜想，激发好奇心，提出问题：这一绘本将会讲一个什么传统节日呢？这个节日有哪些重要的习俗呢？这个节日将会发生一些什么事呢？

绘本故事《团圆》的封面印着两个大大的字"团圆"和一幅画，画上是一家三口在温暖的大床上盖着被子依偎在一起，小女孩闭着眼睛甜甜地睡着了，爸爸妈妈微笑着看她。学生可能会根据"团圆"两个字猜想这是中秋节或者春节，老师可以顺势引导学生思考这两个节日都有哪些习俗。

学生分享后，老师再提醒学生观察"团圆"两个大字是印在哪里的，那么，学生就会发现它们印在红纸上,红色是春节的重要元素之一,学生自然就会想到这是讲春节的绘本。

老师再进一步引导学生猜想春节里一家三口会发生什么事情呢?通过自己的猜想和老师的引导,学生不仅对绘本内容充满了好奇,也学会了观察图画的细节,在细节中积极思考,得到启发。学生再进行其他绘本阅读的时候就会自然地用猜想的方法开启学习之旅。

阅读有关传统节日的绘本之前,学生进行前期的资料查询和积累,可以做好知识和情感的铺垫,有助于深入阅读的理解。在知晓绘本介绍的传统节日后,老师可以设计书单,让学生查阅该节日的相关资料,书单的设计要简单易懂、图文结合,符合低年段学生的理解水平。比如让学生写一写这个节日的日期,画一画这个节日的由来、习俗和相关人物故事等。

阅读绘本《过中秋》时,教师可以设计书单,让学生通过结合生活经验、询问长辈、查阅资料等方式了解中秋节是哪一天,并画一画家人们在这个节日里都会做些什么。这样,学生展开绘本阅读时,看到故事里有制作桂花糕、打月饼的情节,就会更易于理解。

第二,绘本教学的读中导读——联生活丰体验和观图画补文字。

故事来源于生活,当今小学生虽然较少体验关于传统文化的生活,但是像春节、中秋等一些重大的传统节日还是有所见闻的。在有关传统节日的绘本教学中,教师注重引导学生回想平时节日中的所见所闻,学生就会有更真切的感受,有更丰富的阅读体验。

《过年啦》这一绘本中,有很多春节常见的元素,如封面的舞狮、文中的门神、福袋、鞭炮、新衣服、灯笼、饺子等,每一样都可以引起学生的共鸣。

学生不但愿意在阅读过程中去观察,更愿意去分享自己的体验和思考。

老师可以追问学生:"这些有代表性的节日元素都有什么特殊意义吗?你有过哪些相同的节日体验?感受如何?"

这一系列问题的思考,让学生不局限于绘本故事情节,更可以深入挖掘其中的意义。

适合低年段学生阅读的绘本字数较少,一方面是这个阶段学生的识字量较少,要降低阅读文字的难度,另一方面也是留白去让学生发挥想象力,想象文字,而不是画面。教师可以引导学生细致地观察没有文字的图片，或者文字较少的图片，想想有哪些重要的细节是作者没有通过文字表达出来的？学生观察后充分发挥想象，通过口述的方式去补充文字，可以提高观察能力、阅读能力、想象能力，也可以提高口头表达能力。这也为高年级读写结合的教学作好铺垫。

《团圆》绘本中，小女孩吃汤圆吃到爸爸给她准备的"幸运硬币"，可是在和小伙伴们打雪仗后却把硬币弄丢了。绘本中只写到"我冲到院子里，院子里全是雪。我的好运硬币在哪儿？"老师可以引导学生观察书中几幅图，想象补充文字，小女孩是怎么趴在雪地里找硬币的？没找到硬币小女孩是怎么在雪地里大哭的？她为什么如此伤心？

每一本绘本中，我们都可以找到一些适合开展想象来补充文字的地方，老师可以引导学生仔细观察、发挥想象、开拓思维。

第三，绘本教学的读后延读——改绘本编故事和过节日体习俗。

儿童的模仿能力和创造能力都是惊人的，老师在引导学生阅读完一本绘本后，可以让学生尝试自己也编一编简单的绘本。学生了解了一个传统节日的习俗，认识了传统文化的相关元素后，就可以利用这些元素来展开绘画，并且模仿或者拓展原来的故事情节进行口头表达。

《灯孩儿》绘本讲了一个元宵节的故事，家家户户红红火火的时候，灯孩儿发现了需要帮助的盲孩儿，牺牲了自己让盲孩儿复明。

我们可以启发学生思考：在这样一个节日里，还有哪些需要帮助的人呢？其他灯笼里的灯孩儿会怎么去帮助他们呢？只要启发学生展开想象，一定会有各种各样的答案出现。

"纸上得来终觉浅，绝知此事要躬行。"真正能加深学生阅读感悟的手段是阅读后让学生亲自体验。每一个传统节日都有许多需要传承的文化和传统习俗，学生在阅读有关传统节日的绘本的过程时是传统文化的接受者，而去实践体验传统节日的过程时就成了传统文化的传播者。这也正是传统节日绘本阅读的价值所在。如，学生学习与春节有关的传统习俗：贴春联、贴门神、挂灯笼……课后就可以布置阅读实践作业，让学生制作一个灯笼来感受春节的喜庆。又如，学生学习了重阳节的有关传统习俗，如重阳敬老，就可以让学生给家里的老人做一件力所能及的体现孝道的事。在实践中重温绘本阅读的内容，切身体验绘本主人公的感受,学生就不仅仅是一个读者了,同时也是一个创作者和传播者。

具体言之,要想将中华传统文化融入绘本教学之中,需要更具操作性的办法。我们有氧语文团队的谢斯琪老师的办法是:阅读准备双向化;阅读组织多样化;阅读收获反馈化。

第一,绘本教学的阅读准备双向化。

绘本阅读要有两方面的准备。一是教师须广泛阅读大量中华传统文化绘本,并对绘本的内容材料有所梳理,从中甄选出适合阅读课程教学的绘本书籍,进行绘本教学活动的教学设计、组织和评价,发掘绘本的教育元素。在此基础上,教师要安排恰当的阅读时间,利用有效性问题引导学生逐步进行阅读,提高学生的阅读效率。二是学生对所要阅读的绘本需要提前了解:如何获取绘本封面的信息;如何借助图片和文字进行绘本阅读;绘本阅读的方法是什么;如何提取绘本内容的关键信息,等等。

《笠翁对韵》(个人觉得不是绘本)是古人学习、摹仿对仗、用韵、遣词造句的入门读物。部编小学语文一年级上册《对韵歌》的学习,教师可以结合绘本《笠翁对韵》来进行教学。教学时,教师先让学生借助封面猜测绘本内容,并对故事内容进行预测,再让学生借助图文进行阅读,并通过朗读来体会音律、修辞之美,进而得到语音、词汇、修辞的训练。

第二,绘本教学的阅读组织多样化。

绘本教学不是一蹴而就的,教师应结合学生的学情、班级的教学等实际情况,采用多种方式进行绘本教学,如分角色朗读、猜编故事后续、角色扮演、游戏活动,等等,充分利用绘本简洁有趣的文字,配上生动直观的画面来讲述故事,激发学生阅读绘本的兴趣。

对于部编小学一年级上册《江南》的学习,我们可以结合绘本《采菱》《水乡歌》《忆江南》来展开教学。它们所描绘的江南美景,不仅有亭亭摇曳的莲花之美,还有水乡采莲女子的盈盈笑脸,更有水乡歌声中的水、桥、船、歌。这样的教学将中华传统文化绘本与课本巧妙地融合在一起,以江南美的主题贯穿于其中,学生在课内外进行相关主题绘本的广泛阅读,能够在美的熏陶中产生对江南美景更为深刻的印象和理解,这正是中华传统文化绘本阅读与课程教学相结合的魅力所在。

第三,绘本教学的阅读动态实时化。

学而不思则罔,思而不学则殆。思考是绘本教学必不可少的一部分。学生对绘本阅读情况的掌握,需要通过反馈体现出来。教师在进行绘本教学时,可以提出开放灵活的问题,来促使学生进行思考,教师根据学生认识、思考、反应、反馈的动态变化,及时获知与掌控其绘本学习的状况,及时调整课堂,以便学生更好地适应与融入。

部编小学语文一年级下册《人之初》一课的学习,就可以与中华传统文化绘本《三字经》(个人认为不是绘本,其中图画为插图,不具备连贯的故事性)相结合。学生通读绘本,以古文之韵律美朗读古文,不仅要读通读顺,还要读出节奏和韵律。学生在进行初步朗读后,体会古文大意,从中感受中华传统文化的丰富内涵,明白勤学好问、有所作为,人生才有意义的道理;还可以交流探讨,及时反馈学习收获,结合生活实际谈谈,并说说理由:你的爸爸妈妈是如何教育你学习的? 你喜欢他们的方法吗? 这样的学习,学生可以发现蕴藏在绘本故事中的传统文化趣味,可以受到良好中华文化的熏陶,在体验阅读快乐的同时,培养对中华民族优秀文化认同感。

第六章

有氧语文的张力

自由的时空，自在的场域，自为的力量。一个人经由教育的滋养，展现的是生命因有氧而可持续生长的张力。

有氧语文的张力，在于发现自由的生长，无论是一年级的学习开启而有氧于新的好奇，还是二年级的学习续航而有氧于寻觅新的天地。

有氧语文的张力，在于建构自在的生长，无论是三年级的学习入境而有氧于新的奥秘，还是四年级的学习渐进而有氧于探索新的时空。

有氧语文的张力，在于酿造自为的生长，无论是五年级的学习蝶变而有氧于新的魅力，还是六年级的学习见优而有氧于焕发新的生机。

一 有氧语文,发现自由的生长

自由是生命成长的价值观,也是生命成长的必要姿态,更是生命成长的持续向往。有氧语文追求的是解放学习力,让学生能够作主自己的学习,发现自由成长对于自身可持续发展的价值,从而在对新奇事物的持续着迷中开启新的学习,在寻觅语文新天地的历程中续航新的学习。

1. 一年学习,有氧于新奇

1.1 识字教学:《四季》

《四季》是一首富有童趣的儿歌。作者通过对春天的草芽、夏天的荷叶、秋天的谷穗和冬天的雪人这几种具有季节代表性事物的描写,表现了春、夏、秋、冬的不同特点,也表达了作者对四季的喜爱之情。全文共 4 小节,运用拟人的写法,语言亲切又富有情趣;使用叠词,使儿歌富有童趣且朗朗上口。全文配图 4 幅,色彩明丽,形象生动,便于学生观察与想象。

其教学目标可以确定为:①正确认读"尖、说、春、青、蛙、夏、弯、地、就、冬"9个生字,读准一个多音字,认识言字旁、虫字旁、折文旁 3 个偏旁,会写"天、四、是"3个生字;②正确朗读课文,背诵课文;③初步了解四季的特征,感受四季的美丽,并模仿课文,创编小诗,说说自己喜欢的季节。

我们有氧语文团队的谢斯琪老师教学这一课,是这样安排的:初读习字,感知四季;再读学文,感受四季;续读创编,感悟四季。

环节一:初读习字,感知四季

一年级的学生对四季的变化不太清晰,由此,我们可以通过视频等方式来呈现春、夏、秋、冬的景色，再配以音乐朗读儿歌，让学生置身于四季情境之中，以初步形成对四季的印象，激发学习课文的兴趣。

在四季印象初成、学习兴趣初兴的基础上，我们可以通过多种方式拼读生字，帮助学生发现生字读音的规律，以巩固第一单元的拼音学习，发挥拼音和汉字互为拐杖的作用，并通过字源识字的方法认识"言字旁"，引导学生观察汉字演变的过程，以帮助他们理解"言字旁"的字多和语言有关系，进而，学生识字后就能够通读课文，感知课文所写的四季。

学习示例：引读出叠词的节奏感

固轻声"地"，重音前落、轻音短快的朗读技巧。

草叶什么样？——草芽尖尖。	荷叶什么样？——荷叶圆圆。
他对谁说？——他对小鸟说。	他对谁说？——他对青蛙说。
说什么？——"我是春天。"	说什么？——"我是夏天。"
谷穗什么样？——谷穗弯弯。	雪人什么样？——雪人大肚子一挺。
他怎么说？——他鞠着躬说。	他怎么说？——他顽皮地说。
说什么？——"我是秋天。"	说什么？——"我就是冬天。"

环节二：再读学文，感受四季

再次学习课文，我们可以朗读为主要方式，引导学生反复诵读课文，品读诗歌的趣味，同时注重随文识字，让学生在诵读课文中学习生字新词，并通过图片观察，让学生感受四季的特征。

在感受四季特征的学习过程中，我们可以"春"为例，引导学生经由情景化诵读来学会感受出春季的特征，进而迁移学法，让学生以小组合作学习的方式，通过情景化诵读来感受夏季、秋季与冬季的特征，培养口语能力，提高观察力、想象力，落实语言文字运用的训练。

学习示例：①学习叠词——图词结合，认识"草芽"（出示春天美丽风景图，一起走进春天，齐读第一节，试着说说"草"与"草芽"的区别，明确草芽是春天特有的事物），并进行词语的拓展练习（草芽青青，草芽嫩嫩）；②随文识字，尖、春（借助图片识记"尖"，并拓展"笋芽尖尖""燕子的尾巴尖尖"）（联系生活理解"尖尖"的意思，体会"草芽尖尖"，再读课文，明确草芽高兴、自豪的语气，小演员表演）；③看图拓展词语，仿照课文说话——（　　），他对小鸟说："我是春天。"

环节三：续读创编，感悟四季

接下来，我们可以聚焦字词进行巩固性学习，给"天"组词，并以思维导图为拐杖，进行词语归类，指导生字的书写(观察"天""是""四"字的字形，初步学会读帖，练习书写"天""是""四")将生字书写落实于课堂学习之中。

进一步，我们可以引导学生模仿课文，进行创编小诗的学习，并让学生说说自己喜欢的季节。

1.2　课文教学：《青蛙写诗》

《青蛙写诗》是一首轻快活泼的儿童诗。作者张秋生利用灵动而又丰富的想象，把池塘里的蝌蚪、水泡泡、水珠拟人化，将它们生动准确地想象成逗号、句号和省略号，组成一首生动有趣的小诗。教学这首儿童诗，要重点指导学生学会辨认逗号、句号和省略号这三种标点符号，并初步具备从文中筛选信息的能力。

一年级学生的认字、识字能力不强，而这首儿童诗的识字量较大，对于学生来说有些困难。为了突破这一难点，我们可以先从拼音入手，让学生自主识字，对生字读音有大致的掌握，再通过加一加、减一减和换一换等方法提高他们的认识，然后通过生字字族拓展来加深他们对生字的认识，最后在掌握生字的基础上，通过朗读和微课等方式加深它们对标点符号的认识。

为此，这首儿童诗的教学目标可以拟定为：认识"写、诗"等 11 个生字和秃宝盖、四点底两个偏旁；正确朗读课文，读好儿化音，感受诗歌的生动有趣。并学会借助具体事物认识逗号和句号。

我们有氧语文团队的刘颖妍老师教学这一课，以三大环节推进：温故知新，初诵诗歌，通览青蛙写诗；熟诵诗歌，把握标点，感悟青蛙写诗；识记生字，仿说诗歌，延展句式运用。

环节一：温故知新，初诵诗歌，通览青蛙写诗

这一环节以温故知新为教学起笔，意在帮助学生复习已经学过的知识，加强对于"诗歌"这一概念的认识，并从《江南》这首诗出发引出"青蛙"，以自然过渡到新学课文，从旧到新，层层递进。

这一环节以初诵诗歌为重笔，意在通过反复多重形式朗读强化预习效果，在熟读成诵的基础上通览课文内容，并借助图片与提示回忆课文内容，进行复述训练。

环节二：熟诵诗歌，把握标点，感悟青蛙写诗

这一环节以熟诵诗歌为抓手，意在先引导学生在诵读诗句的过程中理解"淅沥沥"和"沙啦啦"这两个拟声词，再把握诗句中逗号、句号和省略号的运用，然后辅之以运用拓展训练，深化对标点符号的学习，进而深入地感悟青蛙写诗的文味。

学习示例：理解并学会标点符号。

（1）问题引学，发现标点的妙用。（小青蛙静静地想啊想啊，终于写出了一首诗，你们瞧，青蛙用它的叫声——呱呱呱呱呱呱呱呱呱呱呱呱呱呱——写成了这首诗，谁来读一读小青蛙写的诗，说说你的感受）小青蛙也发现了这个问题，幸好有三位好朋友来帮忙，课文中出现了哪三个好朋友来帮助青蛙写诗，他们说了什么？（以句式交流：青蛙写诗的时候，＿＿＿＿＿来帮忙了，它说："＿＿＿＿＿。"）

（2）儿歌释学，了解标点的作用。以《标点符号歌》解释说明逗号、句号和省略号的作用。

句号是个小圆圈，它一出现话说完。

逗号好像小蝌蚪，句中停顿不能走。

省略号是六小点，表示说话还没完。

（3）迁移深学，尝试标点的运用。

题目：请给下列句子用上正确的标点符号：①，②。③……

① 天空那么蓝（　　）那么高（　　）。

② 水果店里可多水果了，有苹果、雪梨，还有哈密瓜（　　）。

环节三：识记生字，仿说诗歌，延展句式运用

这一环节先聚焦生字学习，是在学生朗诵课文，整体感知课文，理解重点词语和标点符号的基础上进行的，意在先整体后局部，让学生对生字的认识从感性到理性，增强他们对生字的记忆与理解，而其后进行语用训练，通过图文对照，让学生学会日常造句的使用，则是要加深学生对标点的认识与理解，并达到从课内到课外的拓展。

学习示例：学习造句。

（1）抓例句，明句式：回顾课文"我要……""我能……""我们可以……"相关句子，明晰这些句子的样式及其表达特点。

（2）抓造句，用句式：图句结合，引导学生看图后运用"我要……""我能……"

和"我可以……"三种句式说话。

下雪了,我要＿＿＿＿＿。

下雨了,我们可以＿＿＿＿＿。

妈妈累了,我能＿＿＿＿＿。

1.3　复习教学:《第一、第七单元复习》

部编小学语文一年级教材分为八个教学单元。第一单元和第五单元为专门的识字教学单元,其他六个单元为阅读教学单元。每个阅读单元安排了3—5课,全册共有阅读课文29篇,识字课文6篇,分主题组成关联单元,大体由浅入深地编排。每一篇课文后有思考习题,包括朗读课文、认字写字、词语积累和思考性、表达性的习题。其中,要求会认的字为400个,要求会写的字为200个。

我们将第一和第七单元进行组合,构成期末复习课第一板块,按照从难到易的原则,以不同的环节推进复习,而每节课开始则集中攻克最难的训练——短文阅读和连词成句,然后再进行拼音、词汇训练。

其教学目标拟定为: 1. 短文阅读教学目标——(1)结合上下文和生活实际了解课文中词句的意思;(2)理解课文内容,培养阅读理解能力和阅读的兴趣,感受阅读的乐趣;(3)复习本学期的课外阅读,开阔视野,努力增加阅读量。2. 连词成句教学目标——(1)认识句子,能正确地写出连贯、通顺的句子;(2)根据不同的语境,正确运用标点符号。3. 一字组多词和笔顺教学目标——(1)复习辨析本册要求掌握生字中的形近字、同音字、多音字,复习本册要求的反义词、近义词,能用部分生字口头或书面组词;(2)进一步培养独立识字的能力及主动识字的意识。

就此,我们有氧语文团队的刘颖妍老师这样铺排教学:课外阅读,习得阅读能力;连词成句,习得造句能力;一字组词,习得识字能力。

复习导入,课外阅读训练;写在横线上,并加上合适的符号;写出所给字的笔画数,并按要求写出笔画。

环节一:课外阅读,习得阅读能力

这一环节先复习音序表,作出期末复习动员,通过题型的介绍以帮助学生了解期末复习内容与形式,再通过自主阅读完成习题,引导学生在文段内提取重要信息,找出答题依据,加强学生信息提取能力的训练,信息准确获取和自查大大提高答题准确率。

学习示例：课外阅读，独立阅读短文，并完成练习。

公鸡和太阳

一清早，兔子桑巴被一阵阵的公鸡叫声惊醒了。

他伸了个懒（lǎn）腰说："公鸡金脖子在叫我别睡懒觉了!"走出门，桑巴兔见公鸡还站在高高的柴（chái）堆上，一个劲地叫。

"你今天为什么使这么大劲地叫?"桑巴兔问公鸡。

"我叫了老半天，太阳还不见动静，他不想起来了吗?"金脖子公鸡说。

桑巴兔瞧了一下天空，说"金脖子，别叫了。太阳早就起来了，只是被乌云遮（zhē）住了。"

金脖子抬头看看天，他有点沮（jǔ）丧（sàng）地说："叫了半天，白叫了。"

"没白叫，你把一个想睡懒觉的兔子叫起来了! 谢谢你!"

"怎么个谢法呢?"

这时，一阵风吹来，天上的乌云被吹散了。

兔子对大公鸡说："我送你一轮金色的太阳吧，让他照亮你金色的羽毛，你好神气!"

大公鸡瞧着钻出云层的太阳，说："太好了，有了太阳，我可以找到更多的虫子。"大公鸡一伸他金色的长脖子，就抓到了一条刚想钻进泥洞里去的虫子。

环节二：连词成句，习得造句能力

连词成句考察的是一年级学生的理解和语用能力，也是一年级下册语文学习的重点和难点。这次复习课，教师拟从课文中挑选一些存在难易梯度的句子，将句子成分打乱，并选择不同的标点符号，让学生在具体语用中加深对语用的理解。同时，教师还将采用小组合作轮盘批改的形式，由全班七个小组的每个小组负责讲解一道题，并在全部小组讲完之后，由小组内部轮盘批改，以加深学生的印象。

小组合作轮盘批改的具体操作方法：（1）学生先一口气做完4道题；（2）留5分钟让各小组讨论自己小组对应的题目，随后每组派出一名代表来讲解相应题目；（3）每位同学自己批改自己的题目；（4）小组内部轮盘批改组内成员的题目。

环节三：一字组词，习得识字能力

识字写字是低年段教学的重点。这一环节拟通过集中识字、一字组多词的方法，进行生字的学习与检测，着重复习巩固易错生字，进而夯实学生基础。其中，写字教学还要注重笔顺、笔画和间架的讲解。

2. 二年学习，有氧于觅新

2.1 课文教学：《坐井观天》

部编小学语文二年级上册第五单元第一篇课文为《坐井观天》，这是一篇由《庄子·秋水》改写而成的文章。这则寓言故事充满童趣，富有生活气息，通过青蛙和小鸟争论天大还是小的故事，告诉人们看问题、认识事事物要站得高，才能看得全面，不能像青蛙那样犯了错误还自以为是的道理。

二年级学生在学习过程中主要依赖无意注意，思维则以直观、感性思维为主，因此，教学宜采用具体景物照片，以多种朗读形式来复现生字、再现情景，利用分角色朗读，以激发学诗的学习兴趣，帮助他们由"被动地学"变为"主动地学"，进而因兴趣乐意学、学会学，进而提高语文核心素养。

教学目标有三：（1）正确认读 10 个生字，借助插图和课文理解"井沿、无边无际"等词意，正确书写"渴"字；（2）正确、流利朗读课文，分角色朗读课文，体会"疑问、反问"的语气效果；（3）就"小鸟和青蛙在争论什么，为什么会说法不一样"进行交流，体会故事寓意。

怎样达成《坐井观天》的教学目标？我们有氧语文团队的冯钰荧老师的教学安排是：初知文体，趣读故事；随文识字，熟知故事；精读对话，拓展故事。

环节一：初知文体，趣读故事

课堂开篇从学生已知的童话文体，过渡到一年级学过的寓言故事，引导学生感知不同类型的文本文体，从外国寓言故事过渡到中国寓言故事，引出课题，从而有兴致地朗读课文。

环节二：随文识字，熟知故事

这一环节从带拼音到生字分类，到去拼音朗读、同桌指读，从全班到同桌合作，以多样朗读形式和内容，提高生字复现的频率，加深学生印象，并随文识字，用一字带一串、换一换的方式认识更多的生字，熟悉生字部件，进而扫清理解文本的障碍。

环节三：精读对话，拓展故事

这一环节以朗读为方式，以对话为内容，以习题为拐杖，以续写为后劲，深入学习课文的第一次、第二次、第三次对话，完成课后第一题、第二题，并尝试续写青蛙跳出井口后的经历，进而读懂课文、延展课文。

学习示例：三次对话的学习。

学习"第一次对话"：同桌分角色朗读课文，学习"你从哪儿来呀"，理解"一百多里"，从部首和意思两方面区分"喝"和"渴"，书写"渴"。

学习"第二次对话"：自由回答"两只小动物初次见面，就开始争论起来了，他们在争论什么呢"，男女分角色朗读4—5自然段，理解"天不过井口大，还用飞那么远吗"，理解"无边无际"。

学习"第三次对话"：理解"他们为什么会争论""青蛙眼里的天""小鸟眼里的天"，分辨"井底之蛙"与"目光远大"两种角色代表，交流"青蛙和小鸟你更愿意成为谁，为什么""怎么才可以做到像天空的小鸟一样"。

怎样达成《坐井观天》的教学目标？我们有氧语文团队的刘淑珍老师的教学是这样的：补题初读，感知故事；分角朗读，读懂对话；叙写故事，延展寓言。

环节一：补题初读，感知故事

——导入课题，书空"井""观"，给"观"字组词。

——观看课文动画，随文识读"井沿"，朗读第一自然段，自由读课文感知对话，串读课文，熟知文意。

环节二：分角朗读，读懂对话

这一环节引导学生展开想象，感受青蛙和小鸟的生活环境，同时通过多种形式的朗读方式读懂青蛙和小鸟的争论。

——学习第2、3自然段，比较"青蛙和小鸟的生活环境"，随文识记书写"渴""喝"。

——学习第4、5自然段，交流"青蛙和小鸟在争论什么"，读懂青蛙和小鸟的观点，读准青蛙话语中的感叹与反问，读准小鸟话语中的无边无际，分角色读好青蛙和小鸟的对话。

——学习第6、7自然段，理解"为什么青蛙和小鸟的观点会不一样"，随文识"抬"字。

环节三：叙写故事，延展寓言

这一环节在学生讨论并交流寓理后，进行故事的叙写，以发挥学生的想象力，用"读写结合"的方式延展"坐井观天"。

学习示例：初识寓意，交流感悟；发挥想象，叙写故事。

为什么小鸟和青蛙的说法会不一样，请你用"因为……所以……"来说一说。

从这个故事当中你得到什么启发？请在小组内交流并与大家分享自己懂得了一个什么道理。

小鸟给青蛙提了一个建议，让青蛙自己出来看一看外面的世界。请发挥你无边无际的想象力，想一想青蛙会作出什么反应呢？请用两三句话写一写你所想的故事。

怎样达成《坐井观天》的教学目标？我们有氧语文团队的谢晓瑜老师的教学感悟是：视听结合，随文识字。

主题与背景

面对低年级的识字写字教学，不少教师课中习惯于把生字从课文中抽取出来，既不带拼音，也不带熟字，让学生读几遍后，再用自己喜欢的方法记住这些字、组词。这样，学生只会用分析字形的方法来记字，体现不出与众不同的学习方法，更看不出富有个性的创新思维，学生学得枯燥无味，兴趣不高，识记生字的效果也不是很好。课后，为了巩固，教师一味追求写字的数量，布置抄写生字，简单化地要求学生每个生字写五遍、十遍。学生为了解脱教师的"惩罚"，常常随便乱画一气，凑满所规定的字数上交。这样一来，不但失去了"认、写"的意义，而且滋长了马虎、潦草的不良习惯。学生对学习失去兴趣，视学习为负担。一学期下来，总不能有效地完成识字写字任务。怎样才能提高学生识字的能力，有效地完成识字写字任务呢？

随文识字是一种重要的识字形式，它以课文为生字的载体，利用课文情境识字，将识字与读文、理解文意紧密结合。初读时，学生用自己喜欢的方法去解决生字的读音；精读时，学诗结合具体词句、具体语境用不同的方法去理解、感触和体会字义；懂文后，学生书写生字。这样将识字过程分解，减小坡度，学生容易接受，识字教学在随文学习过程中得以较好地完成。

情境描述

学生初读了课文,当初的好奇不再生效,这时,老师要目光敏锐,发现学生疲乏时应适时激励。老师要迅速选择一个切入点,立即切入课文的教学,在课文中再识字。

教学二年级上册《坐井观天》识字,本片段用时 12 分钟。

《坐井观天》一课,学生读完课文以为学会了,便没了兴趣。

师:"'坐井观天'什么意思?"

生:"坐在井里看天。"

师:"课题中哪个字是'看'的意思?"

生:"观。"

师:(指着字)"你们怎么知道'观'就是'看'的意思?"

生 1:"'观'就是观看。"

生 2:"'观'的右边是'看见'的'见'。"

师:"以前总有人将'观'的右边写成'贝'字,是没道理的,请记住这个字。"

师:(指课文插图)"课文中讲谁坐在井里看天?"

生:"青蛙坐在井里看天。"

师:"请读'蛙'。"

生:"蛙,青蛙的蛙。"

师:"青蛙家族中有许多兄弟,你知道几个?"

生 1:"树蛙。"

生 2:"牛蛙,石蛙、林蛙……"

生字"蛙"的教学从课文开始,拓展到生活,既学会了字音,也理解了字义。

随文识字,文章是情境,识字就不再枯燥。从文章情境入手,又跳出情境,进入生活,识字就有了现实意义。

师:"小鸟也笑了,说——"

生:"你是弄错了。不信,你跳出井口来看看吧。"

师:"请读'信'。"

生:"'信',不信的'信'。"

师:(指着'信')"请看这个字,什么是'信'?"

生1："相信。"

生2：（犹豫着）"一个人把话写下来就叫'信'。"

师："太对了，这叫'写信'。"（用手比划）接着说："要是一个人说话算数，这叫什么？"

生："守信。"

师：（继续比划）"一个人不怀疑别人的话，这叫——"

生："相信。"

师："课文里谁不相信谁的话？"

生："青蛙不相信小鸟话。他觉得天不过井口那么大。"

生字"信"的教学从课文中来，联系了生活拓展字义后，又回到课文。

随文识字的环节，在老师引领下，学诗又通读了一遍课文，个别难读的句子老师加以指导，学生觉得读课文不难了。生字也从课文中来，字义的理解不再抽象，依托着情境，依托着媒体，依托着生活。生字成了生活的好伙伴。

生字学到这里，字音、字义都已经解决，巩固阶段以游戏为主。美国教育家卡罗琳（Caroline）说，孩子们的工作就是游戏，在游戏中激发他们的思维，是他们最愿意接受的。在低年级识字教学中，教师应当根据这一心理特点激发他们的学习兴趣，适时地有选择地运用各种游戏，让孩子在玩中学，学中玩，玩是孩子的天性，学是孩子的天职。一方面临近下课，学生的注意已由有意注意变成了无意注意，这时的教学一定要生动有趣。另一方面个别与集体的相互照应，利用集体力量教会个别慢的学生，老师退到了二线。我常做的游戏是猜字：请出一人蒙住眼，另一人指其中的一个生字，全班看，然后由蒙眼的同学猜："是不是'蛙'？"全班应答："不是'蛙'。"这样一路猜下去，既巩固了生字，又愉悦了身心。每到这个环节，学生可高兴了。当然，猜谜法、加一加、减一减、换一换等方法，此时都可派上用场，八仙过海，各显神通。

反思与分析

随文识字不只是我们通常理解的在课文中，在语言环境中读准字音，它还包含随文正音、随文记字形、随文解义等方式。根据不同的教学内容和不同的学生，我们也得采用不同的激趣方式，让学生在随文识字过程中始终兴趣盎然。

第一，创设情境，轻松识字。识字教学中，运用多种形象、直观的教学手段，利用实物、图画等与相关的直观景象,创设各种教学情境,能有效地调动学生的识字兴趣,吸引学生主动识字。如,教学"呱、哇、哗"等表示声音的字时,先让学生听音辨别动物的叫声,进而出示生字,让其模仿动物叫声,然后才学习生字。

第二,游戏激趣,轻松识字。游戏激趣是识字课的主要方式,其形式千变万化。如,猜字谜——东一片,西一片,隔座山头不见面(耳朵);找朋友——若干个音节放到若干个生字中去,各自找出自己的伙伴;换衣服——给一个字连续换几个形旁,让其余同学分别读其音,释其义,讲其用(造句);捉敌人——即一群字词到另一群字词中找各自的"对手"(反义词);当医生——成组出示含有错别字的词句,让学生扮医生诊治其"病"。

第三,语境激趣,轻松识字。一年级课文多以儿歌、短文为主,内容生动,结构简单,便于理解,在读的语言环境中,学生就自然而然地认识了生字和要认的字。《精彩的马戏》题中"精彩"一词很难用一两句话解释清楚,教师可以让学诗在理解课文时,说明它们的表演多么精彩,如猴子怎样爬竿、熊怎样踩木球等。

第四,艺术激趣,美中识字。书法是一门艺术,写字虽与书法不同,但同样具有丰富的美育因素,如点画线条美、字形结构美、力的美、光的美等。教师可以让学生欣赏书法艺术,教会学生读帖或看范字,强化审美感知,以美的构想和体验激发主动识字写字的兴趣和愿望。

2.2　课文教学:《我要的是葫芦》

《我要的是葫芦》是部编小学语文二年级上册第 14 课,它通过讲述种葫芦的人因为没有治理葫芦叶上的蚜虫,葫芦都落光的故事,告诉人们做事情要注意事物之间的联系。课文篇幅较短,哲理浅显,文中种葫芦人的心理描写很有味道,盼望葫芦的快点长大、收获葫芦的心态表现很是生动,适合训练学生体会情感、有感情朗读。

教学目标拟为:(1)认识"葫、芦、藤、谢、哇、蚜、盯、赛、感、怪、慢"11 个生字,会写"棵、想、言、治、谢、盯、临、怪"8 个生字;(2)能正确、流利、有感情地朗读课文,体会反问句、感叹句与陈述句的不同语气;(3)从种葫芦人的身上,领悟事物之间的联系。

我们有氧语文团队的冯钰荧老师这样安排教学:趣识葫芦,随文识字,感知文意;品味语言,体会表达,传递情趣;探因悟道,拓展阅读,夯实书写。

环节一：趣识葫芦，随文识字，感知文意

这一环节可先借助图片和朗读，初步认识葫芦，读准轻声，揭示课题，并随文识"藤"，拓展藤条，认识"藤"字，再从自由朗读到师生合作读，以多种形式的朗读来帮助学生熟悉课文、梳理课文脉络，同时，在课文中随文识字，加深对重点字词印象，帮助学生理解字词、初步把握人物语气，尝试读好人物语气。

——初识葫芦，揭示课题；识"葫芦藤"，再识葫芦。

——自由朗读课文，同桌检测字词；师生合作朗读课文，随文识字；总结故事，观察插图，借助插图和人物对话复述故事。

环节二：品味语言，体会表达，传递情趣

这一环节可先运用板画、充分朗读，助力学生理解"长满了"，感受葫芦叶子的茂密，读好感叹语气，读出对小葫芦的喜爱，再借助关键词理解小葫芦落下的场景，揭示结局，并读好小葫芦落下后的惋惜。

——读第 1 自然段，联系课文内容理解"谢"（字典中的意思/在文中的意思/书写/放回课文中读）。

——感受葫芦生长可爱，理解"长满了"，读好感叹句"多么可爱的小葫芦啊"，感受"葫芦人的喜爱"。

——揭示结局，感受表达生动，理解"一个一个""慢慢地"，品读第 4 自然段。

环节三：探因悟道，拓展阅读，夯实书写

这一环节可引导学诗在探究种葫芦的人的心理过程中，通过朗读和句式拓展，把握反问句的表达效果，并通过光合作用的补充介绍，助力学生更好地理解叶子与葫芦的关系。

——自由朗读第 2、3 自然段，思考问题"那个人明明很爱葫芦，为什么却梦想落空呢"。

——朗读句子（当叶子上长了蚜虫时，他究竟是怎么想的呢），了解想法，读好感叹句，读出语气。

——朗读句子，再悟想法（他不仅这么说，他还这么做了，理解"自言自语"）。

——对比想法（邻居说的话/种葫芦人说的话），读出语气，练读反问句（叶子上的虫还用治）。

——借助图片，明白道理。（葫芦叶子有话说：叶子进行光合作用，能为植物

提供能量,促进生长,当叶子被蚜虫吃光了,葫芦也失去了生长的能量了)

——延伸思考,主题阅读《原野上,一朵花开了》。

——练习书写(棵、治、盯、怪、想、言),互评反馈,夯实基础。

2.3　口语教学:"推荐一部动画片"

这一口语交际的教学目标聚焦于：能把自己喜欢的动画片中感兴趣的内容说清楚;能注意说话的速度,让别人听清楚自己讲述的内容;能认真听,了解别人的主要内容。

其教学重难点在于：开展形式多样的活动,让学生积极参与、主动交际;在活动过程中,引导学生推荐动画片时注意说话的速度,让别人听清楚;听别人推荐时,要认真听,了解别人讲的内容。

我们有氧语文团队的黄舒琦老师推进教学如下：猜活动,引话题,议方法;明要求,练话题,用方法;联生活,拓话题,通方法。

环节一：猜活动,引话题,议方法

这一环节可先由小游戏导入口语交际,唤醒学诗对动画片的回忆,用时下最热门的动画片作为素材,激发口语交际的兴趣,再通过看、听、说、唱等活动,让学生在快乐中掌握推荐一部动画片的口语交际的方法,活学活用。

——播放《喜羊羊与灰太狼》动画片段：如果让你向别人推荐这部影片,你会怎么推荐? 从哪些地方入手? (故事内容、人物角色、故事片段、经典台词、经典歌曲、招牌动作)

——结合看过的动画片说说推荐的方法：说故事内容(《喜羊羊和灰太狼》)、说经典片段(《喜羊羊和灰太狼》)、说经典人物(哆啦 A 梦)、说经典音乐(《左手右手》)、说经典台词(猜一猜,仿一仿)。

环节二：明要求,练话题,用方法

这一环节可运用上一个环节议得的方法,在小组内互相练习、提出意见,同时向说话者、聆听者提出要求,落实听说两方面的要求。

小组内练习,组内自由推荐,要求：有内容、角色、精彩片段,还可以加上创造性的推荐形式,如模仿对白、唱主题歌、模仿动作。

明确要求：我要推荐的动画片是_____;我最喜欢的人物是_____,因为_____;最吸引我的片段是_____;我想唱一唱或说一说

的经典台词是_____;大家都去看看这部动画片吧!(全班展示)

环节三:联生活,拓话题,通方法

这一环节进行学习迁移,让学生学以致用,掌握"推荐"的方法,走出教材,走向生活,培养发散思维。

——好东西就要和好朋友分享,好的动画片可以推荐给好朋友,好的书籍也可以呀:书名、故事、人物、片段,你都会"推荐"吗?

——练习"推荐",展示"推荐",评议"推荐"。

二 有氧语文,建构自在的生长

生命成长一旦步入自在的状态,便意味着沉浸于自然而然的学习生活境地,从而身心舒畅而又自得其乐地提升各种可能的素养。有氧语文致力建构身心无拘束、德行无阻碍的成长时空,让学生能够在自然而然地运用各种学习能力的过程中,自得其乐地实现语文核心素养的不断提升。

1. 三年学习,有氧于新秘

1.1 课文教学:《总也倒不了的老屋》

《总也倒不了的老屋》讲述的是一个温馨的故事:一座老屋已经100多岁了,渐渐破败,无人居住,就在它准备倒下的时候,不断有小动物来求助,老屋一次次满足了小动物的愿望,最后,一只小蜘蛛给老屋讲起故事,故事一直没讲完,老屋便一直站在那儿听,一直没有倒下。这篇童话在写作上采用了"反复"的手法,符合三年级学生的认知规律,同时也适合用来训练学生的预测能力。

本课由五个部分组成,分别是课文、插图、旁批、生字、课后习题。由于其所在单元特殊,主要训练学生对"预测"这一阅读策略的掌握和运用,让学生知道什么是预测,懂得在阅读中怎样进行预测。因此,有别于其他普通课文的学习,本单元所有课文都不建议学生课前预习。

教学目标:(1)学习一边读一边预测,知道可以根据题目、插图和故事内容里的一些线索,预测故事内容,初步体会预测的乐趣;(2)感受老屋和蔼可亲的形象,以及心地善良、乐于助人的品质。

我们有氧语文团队的黄舒琦这样推进教学：趣入新课，展开想象，尝试预测；回归课本，认识旁批，比较预测；拓展阅读，运用预测，延展策略。

游戏抢答，导入新课，引读课文，揭示课题；展开想象，尝试预测；知识迁移，理解运用。

环节一：趣入新课，展开想象，尝试预测

这一环节先可由故事引发学生进行批判性思考，打开想象之门，走进文本预测的学习，再以"保密"文本内容的方式，通过片段式导读、引读、自读的方法，激发学生找出"反复"的规律，合理地进行预测，并同时运用表格进行梳理，促使学生既熟悉课文内容，感受老屋的"人格魅力"，又初步掌握"预测"的技巧。

——引读课文，揭示课题。（1）观察课文插图（老屋）导入第1自然段。（2）老屋已经这么老了，根据这一点，你能预测出老屋最后有什么结果？为什么？用上"我猜到……因为……"说话。（3）老屋总也倒不了，是被施了魔法吗？今天，就让我们来猜猜老屋总也不倒的原因吧！

——展开想象，尝试预测。（1）小猫借宿：出示片段，省略主要内容，展开想象；展开想象，自由发言；出示完整情节，对比预测结果；寻找规律，有一句话又出现了，并再次预测（老屋说："再见！好了，我到了倒下的时候了！"）。（2）母鸡孵蛋：出示片段，省略主要内容，展开想象；出示表格，梳理依据，继续一边读一边预测，"老屋还会遇到哪些需要帮助的小动物"；填写作业纸，进行预测并交流；出示完整情节，进行对比。（3）蜘蛛织网：以例悟法，小组继续交流，重复以上环节；自行阅读课文，回归课本；你觉得这是一座什么样的老屋？请你评价。

老屋心里想	谁出现了	原因	老屋怎么做	结果
"好了，我到了倒下的时候了！"	小猫	找不到一个安心睡觉的地方	答应再站一晚	小猫安心地在老屋里睡了一晚

环节二：回归课本，分享旁批，比较预测

这一环节先分享自己的预测，再分享课文的旁批。重点引导学生发现别人隐藏着哪些秘密，将预测点的选择策略、预测的方法、预测结果的表达形式一一揭示。最后，让学生对比自己和课文中的预测，找出预测规律，增强自己的信心。

环节三：拓展阅读，运用预测，阅读延展

主题化阅读的价值在于以点带面，根据课文的写作手法、写作背景、故事内容等来导入相关主题的文章、书籍，从而打开学生的阅读之窗。这里可拓展阅读绘本故事《幸运的内德》，以此激发学生"预测"潜力，通过堂上续编的写作环节，既落实单元"猜测与推想"的语文要素，也达到"尝试续编故事"的语文能力要求。如此，学生通过课堂上的学习，领悟到"预测"的乐趣，课后完成阅读任务，如拓展阅读《鹿树》，就容易实操课堂学习的所得，从而爱上阅读。

1.2 古诗教学：《古诗三首》之《元日》

统编小学语文三年级下册第三单元编排了《元日》《清明》《九月九日忆山东兄弟》三首古诗和《纸的发明》《赵州桥》《一幅名扬中外的画》三篇课文。宋代诗人王安石的《元日》描写了春节除旧迎新的景象：人们在一片爆竹声中送走了旧的一年，饮着醇美的屠苏酒，感受到了春天的气息，初升的太阳照耀着千家万户，家家户户的门上的桃符都换成了新的。前两句紧扣题目，写出春节人们放鞭炮、畅饮美酒的热闹欢乐的节日气氛；后两句紧接上句欢乐气氛，用早上的太阳象征无限光明的未来，用新桃换旧符的习俗表现出万象更新的景象。正月初一清晨，人们会把旧的桃符取下，换上新的桃符挂在门上，用来辟邪和祈求平安，全家还要喝屠苏酒，有的地方会用红布把渣滓包起来，挂在门框上，希望能驱邪和躲避瘟疫。

诗句旁的注释提示了古诗内容，解释了部分传统名词和习俗，如屠苏、桃符等。在教学中，我们可以结合本册第1课借助注释学习古诗的方法，引导学生理解整首诗的意思，在此基础上，深入了解我国春节的习俗。

课后习题有两个层次。一是有感情地朗读诗歌，背诵并默写诗歌。二是说说诗歌分别写了哪个传统节日、写出了什么样的节日情景？本课后，教材首次出现了以"了解我国重要的传统节日和节日习俗"为主题的综合性学习，这也正符合本单元"收集传统节日的资料，交流节日的风俗习惯"这一人文主题。

这首诗是七言绝句,对于有了一定的诗词积累量的学生来说,朗读与背诵并不难,但是,如何把诗歌描写的节日情景和节日氛围说清楚,却是一个难点。因此,教师可以提供支架,引导学生将所领悟的节日情景和节日氛围用自己的语言说出来,感受到春节的热闹、欢乐。

教学目标:(1)认识"屠、苏"2个生字,会写"符"1个生字;(2)正确、流利、有感情地朗读《元日》,背诵《元日》;(3)能借助注释了解诗歌的意思,描述节日情景。

我们有氧语文团队的陈钰玫老师教学《元日》分三大模块进行:初识诗人,理解诗题;通读全诗,理解诗意;拓展提升,收集古诗。

模块一:初识诗人,理解诗题

这一模块先让学生了解诗人王安石,有助于它们理解诗歌,再让学生借助注释理解诗歌题目,使他们明白"元日"不是元旦,而是指农历正月初一,从而把握全文主要基调。

模块二:通读全诗,理解诗意

本单元的人文主题是"收集传统节日的资料,交流节日的风俗习惯"。这一模块的设计,旨在联系学生过春节的生活实际,来加深学生对宋代春节习俗的理解,由此感受宋代春节的除旧迎新、万象更新的节日氛围。

学习示例:爆竹声中一岁除,春风送暖入屠苏。

(1)初读古诗,读准字音:学习小锦囊——①朗读古诗时要注意读准字音(翘舌音、鼻边音、前后鼻音、轻声、儿化音);②要读出节奏。

(2)借助注释,理解诗句:在学习古诗时,遇到不理解的地方,我们可以借助课本的注释,理解诗句的意思;对于没有注释的字词,则借用生活经验/原有知识来理解它,例如"除"字就可联系整句诗的意思来理解"除旧迎新";连起来说说这两句的意思。

(3)反复诵读,理解节日情景和节日氛围。

学习示例:千门万户曈曈日,总把新桃换旧符。

(1)借助注释,理解诗句,点出"曈曈日""新桃换旧符"。

(2)想象画面,理解节日情景。

(3)反复诵读,感悟节日氛围:放完了鞭炮,喝完了屠苏酒,挂上新的桃符。忙完了这一切,看着正月初一初升的太阳,人们心里会想着什么呢?

模块三：拓展提升，收集古诗

这一模块结合本单元的人文主题和本课的综合性学习，可让学生收集中华传统节日的古诗词，以拓展他们对中华传统节日的认识。

1.3　课文教学：《掌声》

《掌声》这篇课文写的是残疾小女孩英子通过同学们给她的两次掌声，让她从一个内心自卑的人变成了一个活泼开朗的人，开始"微笑着面对生活"。课文通过英子的变化表现了同学间的鼓励和关爱。文章语言质朴，但在平淡的叙述后面饱含着充沛的情感。

其教学目标可拟为：（1）能正确、流利、有感情地朗读课文，理解重点词语；（2）能读懂课文，感受英子的变化，理解英子变化的原因；（3）能理解两次掌声的含义，知道人与人之间都需要关心、鼓励，懂得关心、鼓励别人。

我们有氧语文团队的孙敏老师这样安排这一课的教学：导入新课，掌握生字词；初读感悟，感受英子前后变化；升华主题，课后延伸。

孙敏老师课前做了很多准备，也在别的班磨了课，原以为可以正常发挥，但是上课没多久就遇到难题：孩子们认为英子总是躲避与人相处的性格是害羞；不管莫老师如何诱导，孩子们却始终不能说出"忧郁、自卑"等关键词；莫老师只能一遍又一遍地通过不同角度的理解，来诱导学生说出正确答案。

其因有三：一是孙老师备课时考虑不周全，以至于没有把所有可能性都设想好；二是上这一课时已是上午第四节课，学生很疲惫，思维并不活跃，而教学设计又较普通，难以激发学生的学习兴趣，导致课堂气氛沉闷。三是三年级的学习，识字写字仍然是重点，但是课堂学习时间不够充分，书写指导难有效的落实。

可喜的是，孙老师整节课都注重了对学生关爱他人美好情感的熏陶、正确的情感态度和价值观的引导，通过过渡语、小结语、评价语和激情语潜移默化的渗透，让学生的情感与文本产生共鸣，效果明显。

从整堂课来看，有氧语文追求的是：只要能为孩子的点滴进步而鼓掌，为孩子的精彩创意而喝彩，让课堂成为孩子们抒发心灵的天堂，我们就一定能让每一个孩子在有氧化语文学习天地里成为一个个性独特的自我。

"初读感悟，感受英子前后变化"这一环节意在先引导学生抓住"犹豫""低头"等关键词展开想象，深层体会小英当时害怕、矛盾、紧张、无助的心理状态，并通过朗读让小英的畏缩、自卑与学生的内心产生共鸣，再挖掘文本空白点，让学生充分展开想象深入人物内心世界，丰富"掌声"内涵，使前后两次掌声有机结合起来。

——英子一开始给你留下什么印象，请你从文中找出依据，并用"＿＿＿"划出来。你们能把这种忧郁读出来吗？

——经过想象，我们仿佛能看到以下这些场景：当同学们在走廊上游戏说笑的时候，英子（总是默默地坐在教室的一角）；当同学们在操场上尽情玩耍的时候，英子（总是默默地坐在教室的一角）；当同学结伴一起去上学时，英子（早早地来到了教室）；当同学兴高采烈一起放学回家的时候，英子（总是最后一个离开）。就是这样一个自卑、忧郁的英子，后来就像变了个人似的，她到底有了怎样翻天覆地的变化呢？看到英子的变化，你有什么样的感受，让我们把这种感受带进朗读中，读出英子的开朗与自信。（现在的英子和原来判若两人，是什么让英子发生这么大的变化呢？从课文我们可以知道，英子微笑面对生活的原因是掌声）

——默读第2、3自然段，用波浪线划出在两次掌声中描写英子动作、神态的句子。

① 轮到英子的时候，全班的目光一齐投向了那个角落，英子立刻把头低了下去。

轮到英子讲故事的时候，英子立刻把头（低了下去）？那一刻英子的心情，你们能体会出来吗？谁来说说，是一种怎样的心情？（忧郁、自卑、紧张）此时的英子真是左右为难啊，上去吧，＿＿＿＿＿＿，不上去吧，＿＿＿＿＿＿。还有谁能体会她的内心世界？（请你也用"上去吧……不上去吧……"这个句式说说看）除了这句，还有吗？

② 英子犹豫了一会儿，慢吞吞地站了起来，眼圈红红的。

英子为什么会"犹豫"呢？（害怕别人看见她走路的姿势）她是那么的害怕和胆怯。假如英子就在我们班级，此时此刻，你想对她说些什么呢？（英子，别害怕，上去吧！相信你是最棒的）不管说什么，同学们说出的一定是尊重、鼓励英子的话。英子此时最需要的就是你们这样的鼓励！她经过内心的挣扎犹豫后终于下定了决心，你瞧，在全班同学的注视下，她终于一摇一晃地走上了讲台。就在英子刚刚站定的那一刻，教室里骤然间响起了掌声，那掌声热烈而持久。

这掌声来得如此及时，因为同学们知道，此时的英子最需要的是什么？（鼓励）我们一起把这份鼓励之情读出来！

此时的英子非常感动,泪水忍不住流了下来。但是,同学们的掌声还在继续着,第二次的掌声又在什么时候响起了?(英子把故事讲完后响起的)仅仅是讲完吗?讲得怎么样?(讲得很好,声音好听,普通话很标准)所以同学们借这次掌声做什么?(称赞、夸英子)原来,掌声的背后是同学们热情的肯定与夸赞啊!

③ 就像同学们说的,英子只是身体有点残疾,其他方面和我们都是一样的,甚至做得更好,你们的掌声也让英子认识到了这一点,你看"英子向大家深深地鞠了一躬,然后,在掌声里一摇一晃地走下了讲台。"

此时的"一摇一晃"跟上台前的"一摇一晃"还一样吗?(不一样,上台前的一摇一晃是感到忧郁,下台时的一摇一晃是自信的)同样的路程、同样的走路姿势,可英子却在掌声前后走出了不一样的心情,不一样的人生,那都是源自同学们那充满鼓励,充满赞赏的掌声。让我们再来读读这两句话,再一次感受掌声的力量。

2. 四年学习,有氧于探新

2.1 课文教学:《乡下人家》

部编小学语文四年级下册第一单元以"田园生活"为主题,引领学生学会"抓住关键语句,初步体会课文表达的思想感情""写喜欢的某个地方,表达出自己的感受"。改编自陈醉云的《乡下人家》作为这个单元的精读课文,编排了 4 个习题以契合单元语文要素:朗读课文,想象画面;交流课文描写的使自己最感兴趣的一处景致;品读例句,从文中找出其他生动形象的句子,并抄下来;用一段话写一写自己眼中的乡村景致。

我将这一课的教学目标拟为:(1)认识 5 个生字,会写"率"等生字,能正确读写"棚架、风趣、装饰、月明人静"等 19 个词语;(2)有感情地朗读课文,背诵自己喜欢的段落,摘录好词好句;(3)感受乡村生活的美好,体会作者对乡村生活由衷的热爱之情;(4)了解课文的叙述顺序,学习作者通过描写和乡下人家最密切相关的景、物来抒发情感的表达方法。

围绕教学目标,我基于"三学一练"教学模式展开这一课的教学:朗读课文,感知文意,初识乡村;品读课文,揣摩景致,品味乡村;诵读课文,练写景致,描绘乡村。

环节一：朗读课文，感知文意，初识乡村

情以物迁。这一环节在教师声情并茂的诵读中起步，将一幅田园风光的写意画卷在孩子们的眼前次第展开，以情境创设唤醒孩子的记忆，调动孩子已有的知识储备，使教学形成一种情感的预热，使学习成为在弦之箭，不得不发。

接着，我有的放矢地抓难点进行字词教学，使语文学习有针对性，做到基础扎实而有效。这里，要求学生用词语概括自己的初读感受，既是对他们个性化阅读感受的尊重，又是对他们阅读深度的考查，而抓中心句，理清叙述顺序，则是从整体入手，引导学生建构系统的知识体系。

（1）欣赏乡间风光的画面，创设情境。（师配乐朗诵：清晨，沿着乡间的小路，呼吸着清新的空气，听着清脆的鸟鸣声和潺潺的流水声，信步来到了一个农家，温情的小院、丰硕的瓜果，雨后破土而出的春笋，鲜花盛开、花香扑鼻，鸡鸭成群，悠闲自在……好一派温馨宁静而又生机盎然的景象。）

（2）看了这些画面，你有什么想说的吗？

（3）是啊，乡村的景色清新而自然，乡村的生活更是舒适而悠闲，见到如此和谐宁静的画面谁不会心驰神往呢？我们广东有一位书法艺术大师，名叫陈醉云，他也对乡村生活情有独钟，写下了许多优美的散文，今天我们就随这位老先生一起走进《乡下人家》。

（4）请大家自由朗读课文，注意读准字音，读通句子。读完后想一想：乡下人家给你留下了怎样的印象？

（5）检查字词的认读。强调三个多音字，指导书写"率"。

（6）交流初读感受。刚才你们读完了课文，谁来用一个词来表达乡下人家给你留下了怎样的印象？

（7）作者眼中的乡下人家又是怎样的呢？课文中有一句话写出了作者的感受，你们知道是哪句话吗？（乡下人家，不论什么时候，不论什么季节，都有一道独特、迷人的风景）

（8）指名读，理清叙述顺序。（我们不仅要读出乡下人家是独特而迷人的，还要感受文本的写作顺序）（文本中蕴藏着哪些时候、哪些季节的乡下人家呢？这篇文章也很独特，它是按照房前屋后的空间顺序和春夏秋三季及白天傍晚夜间的时间顺序进行交叉描写的）

环节二：品读课文,揣摩景致,品味乡村

这一环节采取由"扶"到"放"的策略,引导学生习得方法,形成技能。为画面取名,不仅是考究学生点面结合的概括能力,还是检验学生斟酌、推敲字眼的功夫。其中,尊重学生学习的主体地位,以生生合作、探究的学习方式推进学习,意在让他们取长补短,集思广益,使学习充满成就感和乐趣。

在品读课文的教学过程中,我尊重学生的阅读喜好,注重引领学生抓关键词品读文字、想象画面体会情感、赏析写法领悟表达秘妙。其中的自由读、分角色读、引读、背诵等多形式的有感情诵读,是积累语言,也是学习语言。如此,在与文本对话时与作者对话,在师生对话时生生对话,学生的心灵受到感染,受到熏陶,语文的人文性与工具性也就自然而然地得以统一。

(1)凝练概括画面:教师指导学法;生生互动,合作取画名。

乡下人家,到处都隐藏着一道道独特、迷人的风景,每一处风景就是一幅美丽的画啊,现在就请同学们默读课文,看看作者为我们呈现了哪几幅画面?并用简洁的语言为几幅画面取名。生合作交流,师巡视指导(什么地方什么东西什么特点或干什么),引导学生概括小标题,可运用书上的词:屋上瓜藤趣。学生上台完成板书内容。板书完成后,师纠正板书中存在的问题。

(2)作者给我们描述了乡下人家这么多处的景物,请自由轻声读,想想你对哪一处乡村风景最感兴趣,把能表现这一处风景独特、迷人的语句勾画下来,准备交流自己的体会。

(3)动情欣赏画面。引导学生抓住关键词句欣赏画面,全班交流:先读句子,再说体会,师相机引导学生抓住重点词语来加深体会并指导有感情朗读,适时归纳总结学习方法。

——当花儿落了的时候,藤上便结出了青、红的瓜,它们一个个挂在房前,衬着那长长的藤,绿绿的叶。(对比感受色彩明丽,叠词读出节奏,个别读)

——青、红的瓜,碧绿的藤和叶,构成了一道别有风趣的装饰,比那高楼门前蹲着的石狮子或是竖着两根大旗杆可爱多了。("别有风趣的装饰"指的是什么?为什么说这些都是"别有风趣的装饰"呢)(体会特别,不同,与城里房屋门前不同,它们色彩明丽、生机勃勃,别致生动)(体会"比":这里采用了对比的方法。指导读)

同学们，藤叶满架，瓜果点缀，别致生动，质朴自然，真是一道独特、迷人的风景啊！所以作者这样赞叹——引读中心句。

——"几场春雨过后，到那里走走，常常会看见许多鲜嫩的笋，成群地从土里探出头来。"（这句话运用了拟人的修辞手法，从"探"这个词可以看出春笋像一个可爱的娃娃从土里探出头来，如同一个个淘气顽皮的娃娃和人捉迷藏一样从土里探出头，既让人感到嫩笋迅速的长势，又充分展示了春季勃勃的生机）（指导读）

连屋后的笋芽儿都成了一道独特、迷人的风景，难怪作者要这样赞叹——引读中心句。

——"从他们的房前屋后走过，肯定会瞧见一只母鸡，率领一群小鸡，在竹林中觅食；或是瞧见耸着尾巴的雄鸡，在场地上大踏步地走来走去。"（运用了拟人的修辞手法，从"大踏步"这个词可以看出乡下的雄鸡很威风，像一位大将军在阅兵，斗志昂扬；又如同一个尽职尽责的丈夫在保护着自己的家人，守护着自己的家园，很有男人的担当。带着感受个别读，男同学读）（好一只慈祥的鸡妈妈，她尽职尽责地带着她的孩子们在觅食，多么温馨的画面啊！带着感受个别读、女同学读）（尽责尽力的鸡妈妈加上颇有担当的鸡爸爸，还有一群可爱的小鸡仔，多么让人羡慕的鸡群，多么幸福的一家子。齐读）

我想这些鸡群，这一幅独特、迷人的画面已经深深地印在了每个同学的心里，脑海里。来，让我们把这句积累下来，赶快来背一背，同桌之间互相背背。会背了吗？让我们一起背背，再一次感受这份从容和自由。

这房前屋后的鸡群构成了乡下人家一道独特、迷人的风景，让人不得不赞叹——引读中心句。

环节三：诵读课文，练写景致，描绘乡村

总结提高是课堂教学结束前的又一个高潮，既有利于本节内容系统化，又能"画龙点睛"地深化认识，并为后续教学埋下伏笔。为此，承接以上教学，为续启后面的教学，我注重引导学生对已学进行总结，以提升学生对课文的整体把握能力。

同学们，听了你们的朗读，让我深刻地感受到我们看似平凡、普通的乡村生活竟如此美丽，美得朴素，美得动人，老师也忍不住想吟诗一首：长藤绿叶瓜架，春雨竹笋鲜花，鸡鸭悠闲自在，小桥流水戏鸭，夕阳鸟儿如画，纺织娘高唱甜蜜，最美乡下人家。（师读，生齐读）

情动辞发。在富有美感的情境之中，孩子们得到质朴自然的乡村之美的熏陶与感染，而语言的学习、积累也促使他们产生"倾吐"的欲望。于是，我随后进行了读写结合的教学，以促使学生实现了"吸收"与"倾吐"的有效融合。

其实啊，咱们乡间的美景还多着呢！同学们，除了课文中所描绘的景色，你还知道乡下人家有哪些独特、迷人的景色吗？（生自由说）

老师也在乡下待过一段时间，对那里的生活，那里的景色也特别留恋。在那里可以看到绿油油的禾苗，可以看到金黄的稻田，可以和伙伴们无忧无虑地躺在草地上，可以去小河边钓鱼，还可以骑着黄牛去玩，多么惬意啊！老师从乡下带来了几幅美景图，请同学们用优美的语言选择其中的一幅进行描述，可以仿写课文中的片段，也可以运用文中的写作方法，比如在写瓜藤攀檐时运用了对比的写作手法，在写雨后春笋和鸡群时运用了拟人的写作手法，开始吧！

写完后堂上交流。

课有时，而学习无止境。孩子们的头脑和心灵在多方对话中得到刺激，适时的拓展阅读能够打开一扇窗，让孩子们看到更广袤的文学世界，游走之、陶醉之……由此，基于课文的拓展阅读，便成为有氧语文必要的教学操作。

每处风景都是独特、迷人的画卷，我想，我们不仅好好欣赏了乡下人家的美景，感受了乡村那宁静自在、令人神往的生活，还感受到乡下人们用勤劳的双手装点自己的家园，自己的生活，更令我们敬佩。

生活中不是缺少美，而是缺少发现美的眼睛，愿同学们睁开我们的双眼，用心去发现美，去感受生活的美好。

课后，同学们还可以去看看萧红的《祖父的园子》，你也会找到很多的快乐，发现很多的美丽。

2.2 寓言教学：《纪昌学射》

《纪昌学射》这则寓言选自《列子·汤问》，内容浅显，人物鲜明，寓意深刻。纪昌拜飞卫为师学习射箭，飞卫告诉他先要下功夫练眼力，一是"眼睛要牢牢地盯住一个目标，不能眨一眨"，二是"练得能够把极小的东西，看成一件很大的东西"。纪昌一一照做。等练好了眼力，飞卫才开始教他开弓放箭。后来，纪昌成了百发百中的射箭能手。故事以生动的事例阐明：无论学什么技艺，都要从学习这门技艺的基本功入手。

部编小学语文四年级上册第八单元将这篇寓言编排为略读课文,要完成的主要学习任务是:默读课文,找出课文中表示故事发展先后顺序的词句,简要复述这个故事,再和同学交流你从中明白的道理。

基于此,我这样安排这一则寓言的"三学一练"教学:习旧知读课文,整体感知"纪昌学射";品词句拎顺序,简要复述"纪昌学射";说寓意积名句,拓读延展"纪昌学射"。

环节一:习旧知读课文,整体感知"纪昌学射"

首先,回顾寓言故事:出示学过的寓言故事的图片,看图片说故事题目;初步了解寓言这一体裁的特点。

其次,揭题"纪昌学射":指名试读;齐读课题;猜想内容。

再次,初读"纪昌学射":自由读课文;识记生字词;说说课文主要内容。

环节二:品词句拎顺序,简要复述"纪昌学射"

首先,引导学习第一次练眼力。飞卫师傅并没有一开始就教开弓射箭,而是先让他——(练眼力)。文中写了纪昌几次练眼力?(两次)我们要尝试复述这个故事,首先要深入了解内容。

梳理文章结构:①自由读文章的第2自然段,这一段先写什么,再写什么,最后写什么?②学生汇报,教师点拨。(师板书:飞卫提要求、纪昌练的过程、纪昌练的结果)

了解文章内容:①飞卫提要求。先用"——"划出要求。指名读,指导读。②纪昌学的过程。用"﹏﹏"划出纪昌是如何练习的。指名读。出示句子:纪昌回家之后,就开始练起来。妻子织布的时候,他躺在织布机下面,睁大眼睛,注视着梭子回来穿梭。(找出纪昌练习的动作词,用"△"标出。你从这些词体会到什么,带着感受读)(教师点拨:播放织布视频。了解梭子织布的轨迹)(创设情境,感情朗读)纪昌在两年的练习中可能会发生什么事情?(古代女子几乎天天织布,而纪昌也几乎天天这样练习,而且一练就是两年,想象一下两年时间都可能发生什么事呢?创设情境,练习朗读)③纪昌学的结果。理解"相当到家";了解"夸张"的说法;作者用夸张的手法写出"纪昌的本领练得相当到家了"。④小结写法,尝试复述。(师指板书:第2自然段写纪昌练眼力,先写了飞卫提要求,再写纪昌学的过程,最后写纪昌学的结果)

出示提示,把第一次练眼力复述出来。

开始练习的时候,飞卫对纪昌说:"_____!"纪昌回家之后,就开始练习起来。_____。两年以后,_____。

指名复述(流畅即可);四人小组合作复述。

其次,自主学习第二次练眼力。引导发现结构相似点;自由练读;请大家带着上我们第 2 自然段的学习方法(了解内容—反复朗读—尝试复述),自己练读或两人、三人练读。(板书:反复朗读,尝试复述)

朗读反馈:指名一组读,请生点评谁读得最好;再自由指名三生读,点评并解决重点词词义;小组间比赛复述(纪昌对自己的成绩感到很满意,以为学得差不多了,就再次去拜见飞卫。飞卫对他说:"_____!"纪昌记住了飞卫的话。回到家里,又开始练习起来。_____。那只小虱子,_____。

环节三:说寓意积名句,拓读延展"纪昌学射"

(功夫不负有心人!五年之后,纪昌的眼力练得相当到家了,简直到了炉火纯青的程度了,飞卫才开始教他开弓放箭)

首先,交流:飞卫为什么让纪昌先练眼力呢?(板书:练就扎实基本功)追问:仅仅学习射箭需要练基本功吗?(无论学什么本领都要练就扎实的基本功)

其次,谈收获:人们都说,读书就是读自己。就是说我们读书时要读出自己的理解、思考和收获。读过这篇寓言后,你有哪些感悟或收获呢?(纪昌学射的故事,告诉我们学任何一项本领,都要有扎实的基本功;做任何事情都要持之以恒;勤学苦练是成功的法宝;有方法;名师出高徒……)

再次,积累格言。《纪昌学射》正如同学们说的那样给了我们很多启示,最重要的是它让我们知道了:学好本领,绝不是简单的事,不仅要练好基本功,还要有认真学习的态度、坚持不懈的毅力。(今天,老师也给你们带来了一些无声的老师:千里之行,始于足下;成功来自于恒心、毅力,来自于扎实的基本功;万丈高楼平地起;磨刀不误砍柴工;宝剑锋从磨砺出,梅花香自苦寒来)

(是啊!宝剑锋从磨砺出,梅花香自苦寒来。同学们,小学是我们学习的起步阶段,是我们学习阶段的奠基工程,对我们将来的学习、工作都起着至关重要的作用。正如格言所说,"万丈高楼平地起",请记住:坚持不懈、吃苦耐劳、勤学苦练将会伴随着我们走向成功的人生)

2.3 阅读教学:《颐和园》

部编小学语文四年级第五单元聚焦习作,主要安排了《海上日出》《记金华的双龙洞》两篇课文和《颐和园》《七月的天山》两篇习作例文,以及"游____"单元习作,来训练学生"了解课文按一定顺序写景物的方法""学习按游览的顺序写景物"。

《颐和园》是一篇写景的游记。作者按照游览的顺序,用生动的语言、准确的词汇、恰当的比喻,再现了颐和园这座古老的皇家园林美丽的景色,字里行间流露出喜爱之情。这篇习作例文能够训练学生"了解文章是如何按一定顺序写景物的方法",也能够帮助学生积累、运用语言,培养审美情趣,增强民族自豪感。

我在设计这一课的教学时,聚焦于引领学生"了解按游览顺序写景物之法"的学习,同时也力求在整个教学过程中能够体现语文课堂的审美味、文化味、语文味。

语文课堂要体现审美味。语文具有审美性的特点,语言文字的韵律美、意境美、情感美,无不深深打动每一位读者。《颐和园》一文介绍的景物多而分散,同时作者对颐和园中的景物只进行概括性的描述,较为抽象,学生对颐和园景物没有感性认识,不容易感受其魅力。课堂上,我努力做到引导学生挖掘文本中的赏析因子含英咀华,披文入情,让学生既从语言文字中感受到画面美,体会到文字表达的意蕴美、情感美。如:抓住首尾"美丽"统揽全文,从"美"切入;通过图片展示、丰富想象再现语言文字的意象美,品味"长廊"的"画美";通过想象、介绍了解"颐和园""佛香阁""排云殿"名字的渊源、出处,领悟颐和园的内涵美;通过比较"滑"与"划",品悟"滑"字在文字表达上的妙处,将感官上的浅层美上升到理性的文字美和情境美;通过营造和谐温馨的师生关系,共同感受中国园林艺术带来的民族自豪感,带来的情境美和情感美的相得益彰……让学生浸润在美的享受中。

语文课堂要体现文化味。"颐和园"有很深厚的历史、文化背景,我努力拓展相应的历史背景与文化渊源,不局限于文本,也不局限于"颐和园",而是把课堂置身于"文化遗产"的大背景下教学。如:解读"颐和园"园名,了解其历史背景;欣赏"画美"拓展到四大名著、神话传说、成语故事、唐诗宋词等博大精深的民族文化;由"颐和园"引申到祖国乃至世界的文化遗产……展现中华文化的魅力,提升了语文课堂的文化品位。

语文课堂要体现语文味。本课教学以语文的方法学语文,回归语文的本味。一是以"读写结合"实现语文味:引导学生抓住关键词句品读文本,以读促悟,以悟促读,读悟结合中理清文章脉络,领悟作者布局谋篇的巧妙,遣词造句的匠心,使学生写作中有法可循。二是"授之以渔"体现语文味:扶着学生品"长廊",领着学生品"万寿山",由着学生独立品"昆明湖",从而让学生在阅读实践中学会品读文本的方法。三是"恰当拓展"凸显语文味:盲目拓展,容易偏离了语文本身——"种了人家的地,荒了自家的田。"本课教学的拓展内容,都紧紧围绕语文味展开:"排云殿"名字出处引出东晋郭璞古诗"神仙排云出,但见金银台";长廊画多拓展至四大名著,神话传说等相关内容,无一不是语文相关的内容。这就使课堂有着浓厚的文学气息,地道的语文味道。

梳理结构,整体感知

师:描写长廊、万寿山、昆明湖的分别是哪几段? 了解课文写作顺序。(标在右侧)

师:猜猜老师为什么会让大家听写这几个词语,这是作者主要游赏的三个地方,请同学们用横线勾画出文中表示游览顺序的句子。圈出表现出作者游赏位置变化的词语。(生自己朗读,圈画)

师:请同学们仔细看看划出的这些句子,这些句子都在每一个自然段的?

生:我发现都在每一自然段的第一句。

师:这些句子点明了浏览的行路,使得浏览线路很清晰。我们以后写游记就可以这么写,读起来会给人很清楚,完整的美感。

师:我们再来看有哪些表示位置变化的词语?

生:汇报"进了、绕过、来到、走完、登上、下来"这些体现出作者游赏位置变化的词。

师:位置的变化,景色也就各不一样。这种写法就是:移步换景。

师:这三处地方课文分别用了哪些自然段来描述。

生:长廊第 2 段,万寿山 3、4 段,昆明湖第 5 段。

了解首、尾两段的作用

课文的首尾段(总写、总结)都在赞美颐和园。这样的文章结构叫什么? (总分总)(在左侧板书)

师：这篇文章还剩下两段，都只有简短的一句话，同学们来读读，齐读第一句。（板书：美丽的大花园）齐读最后一句话。（板书：美景说不尽）

师：能不能去掉？

生：不能，是对颐和园的总写和总结。

师：同学们，开头总写颐和园的大，结尾又回顾颐和园的美，你发现了什么？

生：这是首尾呼应。

生：这是总分总。

师板书：总—分—总。

品读长廊，感悟它的特点

师：请看黑板，正是这样的移步换景才让我们感受到颐和园是个——美丽的大公园。正是这样的移步换景，才让我们感受到颐和园到处都是——美景说不尽。接下来，就让我们走入字里行间去细细"游赏"颐和园的美吧！

（1）"游赏"长廊之美

——梳理长廊之美（图片欣赏）。

师：请同学们默读第二自然段，思考：长廊有着怎样的特点？你是从哪些关键词句中感悟到的？（生汇报）（师随机板书：长、美）

师：长廊之长课文是这样表达的：绿漆的柱子，红漆的栏杆，一眼望不到头。这条长廊有七百多米长，分成273间。你从哪些地方可以看出长廊的长？

生：一眼望不到头。

师：是啊！作者用了夸张的修辞手法写出了长廊的长，望不到头的长廊。读：绿漆的柱子，红漆的栏杆，一眼望不到头。这条长廊有七百多米长，分成273间。

生：七百多米长，分成273间。

师：多么准确啊。列了数字来体现长廊的长。读：绿漆的柱子，红漆的栏杆，一眼望不到头。这条长廊有七百多米长，分成273间。

师：你从哪些地方感受到了长廊之美。

生：我从"几千幅画没有哪两幅是相同的"看出长廊很美。

师：我截取了长廊上的两幅画，同学们猜一猜。

生：《桃园三结义》《西游记》。

师：据了解，这些画按中国四大名著、神话传说、成语故事依次呈现。漫步长廊一秒钟看一幅画,要看两个多小时呢!所以这是五彩美丽的长廊。读:每一间的横槛上都有五彩的画,画着人物、花草、风景,几千幅画没有哪两幅是相同的。这是历史的文化的长河。读:每一间的横槛上都有五彩的画,画着人物、花草、风景,几千幅画没有哪两幅是相同的。

师:长廊之美啊,还体现在:长廊两旁栽满了花木,这一种花还没谢,那一种花又开了。你来说说。

生:"这一种花还没谢,那一种花又开了。"花很多。

师:是的。这就是"次第开放,美不胜收"。读:长廊两旁栽满了花木,这一种花还没谢,那一种花又开了。(师出示,学生读:微风从左边的昆明湖上吹来,使人神清气爽)

师:同学们,这就是颐和园的长廊,这就是长廊之美……(长廊之美在绿柱红栏一眼望不到头。长廊之美在横槛五彩的画千幅不同。长廊之美在两旁花木繁多次第开放)(学生跟随老师读诗、读文)

师:同学们,这就是颐和园美丽的长廊,我们细读时,发现作者通过不同的角度对它进行了描写。师引读:(放眼望去、抬眼看去、边走边赏)

师:同学们,长廊部分的学习,我们抓住了它的特点(长、美),也感受到作者从不同的角度观察、描述,给人如临其境的真实感受。

——诵读长廊之美。

(2)"游赏"万寿山,感受昆明湖之美。

师:"抬头一看"你们看到了什么?抓住"耸立"一词体味万寿山的宏伟气魄。

师:来到了万寿山脚下。游赏万寿山,就请同学们分小组互相学习第3、4自然段,稍后汇报作者描写了万寿山的哪些景物。(生小组自学第3、4自然段汇报,感受佛香阁的宏伟气势)

师:哪个组来汇报?作者描写了万寿山的哪些景物?

生:作者描写了万寿山上的佛香阁和排云殿。

师:那是作者的抬头一看。同学们,你们也用动作感受这抬头一看的感觉。这就是:仰视,仰望。抬头一看,一座八角宝塔形的三层建筑——

生:耸立在半山腰上,黄色的琉璃瓦闪闪发光。那就是佛香阁。

师:谁来说说"耸立"的意思?

生：就是高高耸立。

师：同学们，突然之间，抬头一看——

生：一座八角宝塔形的三层建筑耸立在半山腰上，黄色的琉璃瓦闪闪发光。那就是佛香阁。

师：下面的——

生：下面的一排排金碧辉煌的宫殿，就是排云殿。

师：我们会说"金碧辉煌的宫殿"，我们能否说金碧辉煌的衣服呢？

生：明确通常指异常华丽的建筑物。

师：是啊。看到这高高耸立的"金碧辉煌"的宫殿，异常华丽的建筑物，你又有何感受呢？

生：壮观。

生：宏伟。

师引读第 3 自然段。

（3）重点引导品读描写昆明湖的句子："静得像……，绿得……。……滑过。"
比较"滑"与"划"的不同，读一读昆明湖的美！

师：如此的美景光仰望怎么行。谁来接着汇报：作者登上万寿山看到了哪些景物？

生：登上万寿山，站在佛香阁的前面向下望，颐和园的景色大半收在眼底。葱郁的树丛，掩映着黄的绿的琉璃瓦屋顶和朱红的宫墙。

师：此时此刻，让老师想起了一句诗：会当凌绝顶，一览众山小，所以颐和园的景色大半收在眼底。此处作者比较详细地描写了昆明湖，谁来读读，你有什么发现？

生读：正前面，昆明湖静得像一面镜子，绿得像一块碧玉。游船、画舫在湖面慢慢地滑过，几乎不留一点儿痕迹。

生汇报：用比喻的修辞手法写出了昆明湖的静、绿。

师：同学们，这个"滑"是不是作者用错了。划船用这个"划"才对啊！谁来说说怎么回事。

生：我觉得没有错，因为作者是远看昆明湖，即使有一些波浪也看不太清楚，好像没有，但是船又在移动。

生：我也觉得没有错。也可能是在船上游玩的人太喜欢昆明湖了，划船的幅度也不大,边划边看。

师:同学们,谁能用三点水这个"滑"组词?

生:滑冰。

师:滑冰你们能清晰地看到痕迹吗?

生:看不到。远远地看去,这游船、画舫就像是滑冰一样。不,滑昆明湖。

师:这一个"滑"字,作者准确生动地表现了昆明湖的宁静之美呀,读——

生:正前面,昆明湖静得像一面镜子,绿得像一块碧玉。游船、画舫在湖面慢慢地滑过,几乎不留一点儿痕迹。

总结学法,抓住事物特点,从不同角度观察、描写

师:游赏到这儿,同学们,接下来你想去哪儿?

生:昆明湖。

师:那是我们下节课学习的内容。

大家看,作者游赏颐和园。抓住了颐和园主要的景物:长廊、万寿山、昆明湖,通过不同观察角度抓住了长廊的长、美;万寿山的宏伟来描述,给人身临其境的感觉。这种移步换景的写法同学们学会了吗?

生:学会了。

师:移步换景,我们昆明湖见。下课。

三 有氧语文,酿造自为的生长

当学生生命成长基于规律而不断向前,他必然就成为一个当家作主之人,不但自己的事自己做,而且能够依靠自身的不断努力而获得长足的进步。有氧语文倡行以学习者为中心,让学生置身于语文学习的中心,以积极主动的姿态,执着于奋进的学习体验之中,去不断地实现可能的目标,展现生命成长的全新魅力,焕发语文学习的新生机。

1. 五年学习,有氧于新魅

1.1 单元解读:"第一单元"

部编小学语文五年级下册第一单元以"童年往事"为主题,编排了《四时田园杂兴(其三十一)》《稚子弄冰》《村晚》三首古诗和《祖父的园子》《月是故乡明》《梅花魂》三篇课文,反映了古代、现代儿童生活的某些侧面,再现了刻在记忆深处心动神移的画面。此外,这一单元安排的口语交际"走进他们的童年岁月"和习作"那一刻,我长大了",是以对话和书面表达的形式,多维度地感知"童年"。这样编排,旨在让学生通过朗读、体会、想象、表达等手段,理解文章内容,体会课文表达的思想感情,领悟表达的基本方法,抒写真实自然的情思,从而在提升学生读、写能力的同时,把追求真、善、美价值观的培育有效落实。

翻开丰富多彩的童年画卷,感受纯真美好的赤子之情。"童年往事"这一主题,纵横勾勒,铺陈渲染,搭建了一个有广度、有深度、有温度的情感时光天地。童年往事书写着人类共同追寻的价值观——真、善、美。它是趣味横生的,一如范成大笔下的"也傍桑阴学种瓜",一如杨万里笔下的"彩丝穿取当银铮",一如雷震笔下的"短笛无腔信口吹";它是快乐无边的,一如萧红所写的"要怎么样,就怎么样,都是自由的",一如季羡林所述的"天天晚上乐此不疲,天天盼望黄昏早早来临"。

认识教材编写的双线结构,把握学生学习的螺旋性特点。这一单元主题为"童年往事",关联六个年级相应单元的同类主题,让小学生在从童年走向少年的成长历程中,获得有关童年文章的滋养,从而丰富学习与生活经历。这一单元语文要素为"体会课文表达的思想感情;把一件事的重点部分写具体",关联五年级上册的第一单元语文要素"初步了解课文借助具体事物抒发感情的方法"、第四单元语文要素"结合查找的资料体会课文表达的思想感情"、第六单元语文要素"体会作者描写的场景细节中蕴含的感情",以继续落实语文课程标准所提出的"能够初步把握文章的主要内容,体会文章表达的思想感情"阅读目标。这样的编排,体现语文学科双线组元的性质,又充分考虑学生的年龄特征和学段要求,学习内容立体而丰富,并体现了螺旋式上升的阶段性特点。它契合了学生价值体认的发展曲线,又遵循了学生语文学习的阶段性特点,在学习方法的渗透方面,步步为营,体现了阅读指导的梯度,指向学生的语文核心素养之阅读能力的逐步提高,并培养对文本的共情能力。

把握单元教学重点,落实学段语文要素。这一单元阅读要素"体会课文表达的思想感情",即是学习重点之一。基于学生已经学习过的体会课文思想感情的系列具体方法,如"抓住关键句,初步体会课文表达的思想感情""通过人物的动作、语言神态体会人物的感情""初步了解课文借助具体事物抒发感情的方法""结合查找的资料,体会课文表达的思想感情""注意体会作者描写的细节、场景中蕴含的思想感情",本单元是综合性地学以致用。同时,教材通过课后练习题和语文园地的"交流平台",提供并梳理了多种体会思想感情的方法,如朗读、想象,抓住关键语句和具体人事景物体会课文表达的思想感情等。这一单元习作要素"把一件事的重点部分写具体",即是学习重点之二。教材编排了口语交际《走进他们的童年岁月》和习作《那一刻,我长大了》,前者是延伸课文学习,以促进学生深入理解"童年"的概念,增加更多情感体认,也是情境式的表达训练,后者既要求学生对自己的童年经历做一个回顾,又强调通过记叙自己的成长来表达真情实感的语文能力。

由此,这一单元应达成这样的教学目标:(1)认识 39 个生字,会写 17 个生字,会写 12 个生词;(2)感情地朗读课文,背诵《古诗三首》,默写《四时田园杂兴(其三十一)》,积累古诗《游子吟》;(3)把握文章的主要内容,通过朗读、想象,抓住关键语句和具体人事景物体会课文表达的思想感情;(4)学习把一件事的重点部分写具体,完成《那一刻,我长大了》的习作。

1.2 单元教学:"第一单元"

基于教材分析,一个单元的教学目标如何达成? 我们有氧语文团队的张莉莉老师就此提出的教学建议是:梯度推进加深阅读体认,读写并举感知童年往事。

（1）根据单元导学强化文本统整

"童年往事"单元教学要立足于"语文核心素养",克服教学随意性,具体说就是紧扣单元语文要素"体会课文表达的思想感情""把一件事的重点部分写具体",对整个单元的精读课文、略读课文、阅读链接、口语交际、习作和语文园地设计一体化的教学活动,针对性地进行语言建构与运用、审美鉴赏与创造等方面的培养,做到教学目标明确,语文要素落实,同时兼顾各板块的独特任务。

以阅读要素为例,《四时田园杂兴(其三十一)》《稚子弄冰》《村晚》三首古诗要体会古诗中的儿童对世界的好奇与探索之乐趣,《祖父的园子》要体会小萧红的自由自在与无忧无虑,《月是故乡明》要体会"我"对童年、对故乡的无限怀念,《梅花魂》要体会刻在"我"童年记忆中外祖父对祖国深沉的眷恋之情,口语交际《走进他们的童年岁月》要在情境式的谈话中加深对童年的认知,习作《那一刻,我长大了》

要在回顾中表达自己对童年往事的感受,语文园地要在交流、运用、积累中梳理、总结和提升,在一个相对完整的言语体系中学习与实践。

主题"童年往事"是单元教学主干,要素"体会课文表达的思想感情""把一件事的重点部分写具体"是单元学习支架,教师要结合学情和教材,帮助学生把这两个学习支架立起来,最终促成单元学习的枝繁叶茂。

(2)根据课型的不同梯度推进教学

单元课文有精读和略读,加上课外阅读,即三位一体的阅读教学体系,这与以往的教材不大一样。

《古诗三首》和《祖父的园子》主要由教师引导学习,要求讲得比较精细,如同叶圣陶先生所言"课文无非就是个例子",精读课文的阅读教学就是学习的范例,使学生能举一反三,激发起阅读童年往事一类文章的兴味。《月是故乡明》和《梅花魂》主要由学生自己读,把从精读课文中学习到的方法运用到阅读实践中,实现自主性的、个性化的阅读。在此前提下,单元教学还要体现不同课文的文体特色。《古诗三首》是古诗,教学要体现诗歌的特点,反复诵读,感受诗歌的音韵之美,领会诗歌的情意。《祖父的园子》是自传体小说的节选,有诗意的语言,让学生自主地、入情入境地读书,感受作者童年生活的自由和快乐,体会作者对童年生活的留恋,领悟这种感情是怎样表达出来的,并积累语言。《月是故乡明》和《梅花魂》是散文,要在把握文章主要内容的基础上,能抓住具体的人事景物中体会思想感情。感受不同文体的表达方式和表达效果,渗透对篇章的把握能力。

整体来说,这一单元的学习,是一个围绕着单元语文要素由扶到放的学习过程。

(3)注意前后学习的勾连,有意识地引导学以致用

部编教材的课文学习从内容层面进入到思维层面,引导学生获得具有普适意义的解决问题的思维模式。纵观整个小学阶段的 12 册语文书,以"体会思想感情"为语文要素的单元不少,教师要从整体把握,注意落实每一层级的"体会思想感情"的方法,有意识地引导学生运用学过的方法,开展序列化的阅读活动。

教材编写的练习题、阅读链接和交流平台提示了四种方法。一是朗读中体会情感,如两篇精读课文都要求在朗读中体会思想情感,特别是《祖父的园子》,要提示学生在阅读链接之后,再行朗读,体味那悲中望喜的深沉情思。二是想象画面,

或者把自己想象成文中的主人公，如《古诗三首》，入情入境地阅读，体验式地阅读，较为容易地让学生穿越时空，为古代儿童"也傍桑阴学种瓜""彩丝穿取当银钲""短笛无腔信口吹"而忍俊不禁，要引发学生对童年意趣的珍视。三是抓住直接抒发感情的语句体会课文表达的思想感情，如《月是故乡明》中"我的小月亮，我永远忘不掉你""月是故乡明，我什么时候能够再看到我故乡里的月亮啊"这样直抒胸臆的语句，在前文具体情景的描述和各处月亮的对比后喷薄而出，要引导学生领会其作用，以建立直观的明晰的阅读基调。四是抓住具体人事景物体会课文表达的思想感情，在《祖父的园子》和《梅花魂》中均有体现，要引导学生找到类似的文段和领悟表达的效果是关键。

学以致用，重在方法的梳理与选择，教学中要避免教学模式的僵化，不机械地分割、镶嵌知识点，以有温度的人文主题为主线，认真研究教材编写的结构框架表，把每一单元、每一课的知识能力方法的要求提炼出来，上有情有意的语文课。

（4）品味语言领悟表达方法，打通课内外阅读提升素养

在感受语言的魅力中体会课文表达的思想感情，更是一种美好的语文学习情态。为此，在落实语文要素的阅读中，单元教学也要注重作品的文学性，注重引导学生品味语言的文学性表达，让学生学语文、爱语文。

《祖父的园子》如诗如画，"花园里边明晃晃的""新鲜漂亮"，画里有花有树、有虫有鸟、有风有雨，还有太阳的光芒、有云朵的影子，作者浓墨渲染，极尽铺陈地从不同方面描述一种状态，写太阳光芒四射如此，写园子里的一切都自由自在也是如此。读这样的语言，想这样的画面，悟这样的写法，对课文表达的思想感情的体会水到渠成，文学对心灵的浸润悄然无声。

《祖父的园子》，文中的"我"是快乐的，但这快乐肆意又深沉，甚至是带着些无可名状的况味。如何体会这样的思想感情？除根据单元文本进行统整教学，抓住具体人事景物中的描写来体会之外，还要落实课外阅读在课内阅读的指导。《祖父的园子》课后的阅读链接，从整本书的视角重新审视课文，更能体会作品中的悲剧意味，即要推进"1＋X"的拓展阅读，以丰富学生情感体会的层次性。

（5）分条讲述他人的童年岁月，写具体重点部分表达真情实感

《走进他们的童年岁月》是对话类口语交际，首先要有前置性学习，即针对不

同对象列出访谈清单,在交流时边听边做记录,听人说话时能抓住重点,用心倾听做一个好的听众。其次是创设合适的交际情境,引导学生根据记录有条理地表达,并能根据听众的反应,对讲解的内容作适当的调整。在交流中,教师要指导学生围绕"童年往事"开展口语交际,让单元学习的人文主干屹立不倒。

习作《那一刻,我长大了》不是简单的记叙童年故事,落点在"长大",要把自己受到触动、感到长大的那个瞬间写具体,运用从课文中学习到的表达思想感情的方法来表达自己的真情实感。习作教学要指导学生循着"为什么写→写给谁看→写什么→怎么写→怎么判断"的思路构思。这样的构思,强调树立篇的意识,在五年级上册学习列提纲的基础上,作内容、结构和表达的整体规划,关注自我情思的抒发,对人事景物的描绘从眼前的世界进入到心中的世界,表达儿童的感受和看法。其教学可以引导学生讲清楚故事,挖掘故事中自己的心理、思想发生变化的点,彼时彼处的情景如何,等等,提纲上注明,这些要写详细,加强过程性的指导,避免畏难情绪。写之后要求学生互相修改,再修改自己的习作,改正错别字,把句子改通顺,把重点部分补充具体,养成良好的习作习惯,在分享交流中培养读者意识。

1.3　园地教学:"语文园地一"

部编小学语文五年级第一单元"语文园地"三大模块的学习内容:"交流平台"针对单元阅读要素"体会课文表达的思想感情",训练学生交流文本情感的体会之法;"词句段运用"一是针对句子描写情景,训练学生的想象力和照样子选择情景进行表达,二是针对句子表达特点,训练学生的品悟能力与照样子造句的能力;"日积月累"针对孟郊的《游子吟》,训练学生的吟诵积累诗句能力。

基于编排,其教学目标可拟为:(1)通过交流,掌握体会文章思想感情的方法;(2)品味语言,学会从不同的方面描述一种状态,并认识对比的手法,体会对比的表达效果;(3)积累古诗《游子吟》。

一般地说,语文园地的教学可围绕教学目标,按三大模块进行:交流平台,温故知新;词句段运用,品味语言秘妙;日积月累,体会与传递母爱。

第一模块"交流平台,温故知新"的教学,教师可以引导学生开门见山地进入学习的主题,从自身学习经历出发进行思考和交流,最后根据不同写法的文章进行练习反馈,指向学以致用,使教学过程简约有效。其中,结合课文,训练反馈是必要的：(1)分组选择方法练习体会文章的思想感情,如第一组用想象的方法体会《月是故乡明》的怀乡之情,第二组用朗读的方法体会《梅花魂》的思想感情;(2)分组展示,老师和同学一起评议。

第二模块"词句段运用,品味语言秘妙"的教学,要注重的是引导学生在读中思考,在思考中发现,在思考中运用,以循序渐进地推进语言文字的学习,指向思维的训练。其中,以小组合作的形式展开学习是必要的。

第三模块"日积月累,体会与传递母爱"的教学,要引导学生以多种形式的朗读展开学习,同时可结合"交流平台"的学习来理解古诗,创设语言情景运用古诗,促进古诗的背诵,这样的积累不是机械的背诵,是有情有味的语文学习。

对于语文园地的教学,注重学生的自主性与合作性甚至探究性学习,是符合语文园地的编排特点的。为促进学生更好地落实训练点的学习,教师设计相应的预习单和学习单,是有效操作之一。我们有氧语文团队的张莉莉老师就擅长这样做。

"语文园地一"预习单

一、回顾本单元的课文,回答问题。

《月是故乡明》表达_____的思想感情;

《祖父的园子》表达_____的思想感情;

《梅花魂》表达_____的思想感情;

《村晚》表达_____的思想感情。

二、试着用几句话描写天气很热。

_____

_____

三、了解唐代诗人孟郊及其作品。

"语文园地一"学习单

一、语言小魔术

选一种情景仿照"词句段运用"(P15)中的例句写一写,学习从不同的方面描述一种状态。

冷　慢　吵　静　快　暗

_____

_____

_____

二、语言万花筒

选"词句段运用"(P16)中的例句,学习运用对比的手法描写事物,表达感情。

_____

_____

_____

三、积累与运用

在外出研学前夜,妈妈把我的背包仔细检查,生怕我带少了食物等物品。看着妈妈慈祥的面容,十分感动,我想起了孟郊的诗句:(　　　　　　)。

2. 六年学习,有氧于焕新

2.1　口语教学:"聊聊书法"

部编小学语文六年级上册第七单元的口语交际以"聊聊书法"为话题,意在启迪学生了解中国书法文化艺术,感受中国书法的灿烂历史和魅力,启发学生进一步探索书法艺术。

教材在编写上安排了两个部分:感受书法;聊聊书法。

感受书法。为了引导学生交流这个话题,教材开宗明义地切入了话题——书法是我们的国粹,散发着艺术的魅力,受到人们的喜爱和珍视。今天,我们一起来聊聊书法吧!这句话富有感染力,直接点明了主题。在此基础上,教材提供了王羲之《兰亭集序》(局部)书法作品一幅,其意图是运用图片情景,通过品赏被后世奉为行书代表作的书法,激发学生对我国古代书法艺术产生兴趣。

聊聊书法。教材提供了四组话题:第一组"你知道我国古代哪些著名的书法家? 你知道他们的哪些故事?"意在让学生聊聊我们古代书法家,拓展了解中国古代书法家的故事;第二组"你参观过书法艺术作品展览吗? 你欣赏哪些人的作品?"意在让学生聊聊自己看过的书法展览及其欣赏的作品,欣赏书法艺术作品;第三组"你学习过书法吗? 在这一过程中,你有什么特别的感受?"意在让学生聊聊自己学习书法的经历和感受,分享自己学习书法的过程;第四组"你认为练习书法有什么益处?"意在让学生聊聊练习书法对人们学习、工作、生活等好处。

为"聊聊书法",教材提出了三点要求,具有操作性、指导性作用:一是可以课前先搜集资料,作好准备;二是和同学交流的时候,表述要清楚;三是结合图片、实物,能让你的讲述更加生动。

教材还提供了"小贴士",提出了本次口语交际要达到的基本训练目标:有条理地表达,如分点说明;对感兴趣的话题深入交谈。

我们有氧语文团队的张莉莉老师将教学过程分解为三大环节:引出口语话题,了解书法作品;介绍书法作品,明确口语要求;开展书法沙龙,展开口语交际。

环节一:引出话题、了解书法作品

这个单元的课文围绕艺术的主题开展,口语交际开篇承接单元主题,引出交际话题。为学生明确此次交流的形式——聊一聊。通过对王羲之书法作品的了解开启话题,围绕书法作品和书法家进行交际,让学生找到表达的点,知道表达的方向。

环节二:介绍书法作品,明确口语要求

其操作是在明确话题的基础上明确口语交际的要求,让学生得知此次交际的话题主题,围绕着四组问题进行具体的交际谈话,并且尝试运用口语交际的要求帮助和改善自己的交际表达。

环节三:开展书法沙龙,展开口语交际

首先,以两种形式开展书法沙龙。创设具体的情境是进行口语交际教学的先决条件,这能够调动学生内在真实的情感体验,激发他们表达的强烈欲望。这一环节采用两个大主题的沙龙会形式,先是"我所了解的书法家",再到"生活中的书法艺术"。这就从历史到现实,从大书法家到生活的书法艺术,让学生有话可说,有方向可说。同时,教学时可利用表格的形式帮助学生运用分点表达事情,学习清晰地表达自己的意思,并进行尝试,得到较为深刻的体会。

(1)我所了解的书法家

在中国璀璨的书法历史上,许多书法家登场,留下了属于书画历史不可磨灭的印记。除了"书圣"王羲之,你还知道我国古代哪些著名的书法家?他们又有哪些练习书法的故事,以及生活中的趣事?结合课前搜索的历史资料进行讲述。

探寻书法家的历史。小组内进行分享。(一个小组组成一个沙龙会)学生各自讲述"我所了解的书法家"，小组成员对不同书法家的资料进行补充、拓展、挑选出小组内"我最喜欢的书法家"。（根据主题，引导学生对书法家的经历分点叙述，做到条理清晰，叙述完整）

感受书法大家的故事。邀请2—3小组的代表对"我最喜欢的书法家"进行讲述。（可以是练习书法的故事，可以是书法家的生活故事等。把书法家的事迹清晰、生动地介绍给同学们）（出示主题交流表格——书法家、书法作品、书法故事、生活故事、历史趣闻等，小组讨论）

深入讨论感兴趣话题。对刚才小组闲聊的话题有疑惑，哪个话题你感兴趣的？围绕疑惑点和兴趣点进行补充、提问、拓展。

（2）我生活中的书法艺术

创设情境。时空的对话，仿佛书法大咖云集现场。我们认识了王羲之、颜真卿、柳公权……让我们一同回归当下，去感受我们生活中的书法艺术。瑰丽的书法艺术珍宝，仍然鲜活地存在于我们的生活中。在生活里，你欣赏过怎样的书法艺术？它们是谁的作品？生活中的书法艺术在哪些地方出现过？你有练习书法的经历吗？我们的小伙伴一起分享一下。

感受生活中书法艺术。小组内进行作品欣赏和分享。结合课前搜集的书法作品进行介绍。（可以是照片、可以是实物、可以是打印的图片材料等，其他同学可以就相同内容的补充说明，不同内容的可以提问，可以发表见解）

分享生活中的书法艺术。讲一讲自己与书法的故事。可以是练习书法的故事，可以是我对学习书法的看法。（出示主题交流表格——生活中的书法作品、学习书法的感受、书法的好处等，小组讨论）

结合生活中的书法艺术及我与书法的故事小组聊几个感兴趣的话题，邀请小组成员分享表达，其余学生对分享的内容进行评价。（引导学生借助以下方面点评：①表达要清楚，可以结合图片，实物讲述；②有条理地表达，如可以分点说明；③对感兴趣的话题深入交流）

其次，拓展延伸与总结评价口语交际。有始有终，整节课的回顾和总结，有助于学生建构完整的学习体系，发展逻辑思维，也强化对说服别人、获得支持的交际认知。

总结评价，互相学习。在这样一次的"书法沙龙会"里，我们领略了不少书法大家的作品精华、感受到了书法大家的人格魅力，还挖掘出古代许多书法家的历史趣闻和相关典故。书法这一门艺术,从遥远的古代渗透到如今的生活中,我们欣赏书法、我们学习书法、我们热爱书法。聊聊书法,让我们不仅聊书法,还聊历史、聊自己。这一节课,你在聊聊书法沙龙会中聊到了什么呢?你学习到了什么?学生自主讲述。

总结收获,升华认知。今天这一场口语交际,我们借助"聊一聊"的方式去感受书法书。我们在聊一聊中了解历史,在聊一聊中学习知识、发表感受。我们知道了在聊天时候,学习用分点表达的方式讲清楚自己的意思和想法;学会了对自己感兴趣的话题进行深入交谈,进行提问、补充和拓展。在口语交际的课后,我们还可以就大家共同感兴趣的话题进行交流,继续延续这类话题,"聊聊绘画""聊聊音乐""聊聊美食"……体验聊天带给我们的无穷乐趣和带来的新奇知识。

2.2　习作教学:《让真情自然流露》

《让真情自然流露》是部编小学语文六年级下册第三单元的习作,紧扣单元语文要素"体会文章是怎样表达情感的""选择合适的内容写出真情实感"展开。

教材就此安排了三个学习板块。一是引言,指出"生活中经历的一切,都会带给我们各种各样的情感体验",以泡泡图文的形式,列出了如"畅快""惧怕"等表示正面和负面情绪的词语各 7 个,唤醒学生的情感体验;二是写作提示,从内容和表达形式上打开学生的思路;三是提出修改和交流建议,初步形成修改习作的意识,愿意与他人分享习作的快乐。

教材这样编排的意图有三:一是让习作内容切近学生实际,使学生有话可写,从取材、构思等方面为学生动笔提供有利的条件;二是让学生习作中运用课文里学习的表达方法,把自己的感受、想法写下来;三是要培养学生写完后自觉修改的习惯。

这次习作目标有三:(1)能写出自己经历的一件事情,写出自己的情感变化;(2)尝试印象深刻的内容写具体,把情感真实自然地表达出来;(3)乐于与同学分享,并欣赏同学的习作。

我们有氧语文团队的张莉莉老师教学这次习作,分习作准备、习作指导、习作评改三层次来推进。

在"习作准备"方面,主要是引导学生根据视频或者图片调动记忆,进行积极思考,使习作学习建立在已有体验上,降低学习难度。

准备一:找找自己身在其中的某个活动(事件)的照片或者视频,回忆活动(事件)过程,特别是自己当时的心情。可以找当时一起经历的同学或家人聊一聊,完成前作业单(1)或者(2)。

(1) 嗨,×××,你还记得那次活动(那件事件)吗? _____,让我特别_____;_____,让我特别_____,_____,让我特别_____。

(2) 那一次的经历记忆犹新,感受非常深刻,请你用表格记录下来。

活动(事件)片段	我的心情

准备二:翻翻自己的摘抄本,找找积累了哪些表现情感体验的词句。

习作指导一:唤醒经历,激发兴趣。即利用习作备学单,引导学生明确习作主题,确定习作的方向,调动学习的兴趣。

首先,交流习作备学单。

其次,小组交流:议一议选择的片段是否和心情词语一一对应。

活动(事件)片段	我的心情
听说下午第一节课就要发测验卷了	忐忑不安
到达了研学地点——井冈山	兴奋
做出的双皮奶失败了	沮丧
收到了习作投稿录用通知单	激动
妈妈坚持要给我增加一样补习班课程	无奈
…………	…………

再次,小结:回顾过往经历,让过去的场景再现,调动储备的语言积累,你准备好了吗?

习作指导二:借助例文,打开思路。即以例文引路,分解习作任务,引导学生学习选材,以导图促思,以导图促写。

首先,明确习作主题。每一段经历都意味着成长,每一份心情都值得记录,让我们一起抒写(板书课题:让真情自然流露)。

其次,例文引路,导图构思。

(1)回顾例文《别了,语文课》,说说"我"对学习中国语文的情感和态度发生了怎样的变化。教师可以根据学生的回答绘制情感和态度变化鱼骨图。回顾例文《阳光的两种用法》,说说从两家人的生活中,你体会到了什么样的情感。教师根据学生的回答绘制以"阳光"为情感脉络的韦恩图。

(2)自主、合作学习:学生照样子绘制自己的活动(事件)心情变化思维导图,或者以某一事物为情感脉络的思维导图。绘制后小组交流。

(3)小结:"让真情自然流露",重点是以心情变化或者清晰的情感脉络来构思、组织素材,如此,习作方为"有米之炊"。

习作指导三:突破难点,表达真情。即在写法迁移的过程中,从片段练起,以达到循序渐进的效果,加之同学间的交流,合作互动使学习更有成效。

首先,清晰如昨的经历,要用合适的方法表达,才能真实、自然,才富有感染力,令人动容。拿出学习《习作例文》时的表达方式梳理表,温故知新,迁移运用,选择合适的方法,给习作"加点料"。

课文	表达方法	举例
《匆匆》		
《那个星期天》		
《别了,语文课》		
《阳光的两种用法》		
……		

其次，练写片段。学生在草稿纸上写一个片段，运用本单元学习的一种方法，表达真实情感。

再次，小组内交流，全班交流，尽量多选几种不同的表达方式进行交流。

然后，抒写想法，交流分享。学生在片段练写的基础上完成习作。

在"习作评改"方面，主要是写完后注重自评自改，也加强学生间的分享与互评，给予学生更多分享的机会，真正让习作成为"表情达意"的支架。

首先，根据自己的构思，完成习作。

其次，读一读，评一评，改一改。写完后自己读一读，根据教材的写作提示，用修改符号改正错别字和不通顺的句子。

再次，分享、互评。一是读给同学听，看看同学是否受到感染，再问问同学有什么建议。二是请同学分享自己的习作。

读一读，评一评，改一改			
提示	如果做到请打一颗☆		
	自评	学习伙伴评	老师评
1. 我写清楚了经历的事情。			
2. 印象深刻的内容写得具体。			
3. 我表达了真实自然的情感。			
4. 我写出了情感变化或我以明显的情感脉络行文。			
5. 我根据同学的建议进行了修改。			
总评	共＿＿颗星	共＿＿颗星	共＿＿颗星

最后，根据评价结果，再次修改习作。修改后在小组内分享，并进行二次评价。

2.3 诗歌教学：《七律·长征》

毛泽东的《七律·长征》一诗作为课文，编排在部编小学语文六年级上册第二单元，以组成"革命岁月"的阅读例子，与《狼牙山五壮士》《开国大典》《灯光》共同服务于单元阅读要素"了解文章是怎样点面结合写场面的"的学习。

我将其教学目标拟为：(1)能了解长征,理解诗句内容,体会中国工农红军战胜各种艰难险阻,完成二万五千里长征的革命英雄主义和革命乐观主义精神;(2)能学会3个生字,解释"只等闲、尽开颜、万水千山"的意思,并且体会词语在诗句中的所含有的思想感情;(3)能朗读课文,了解点面结合的写法,读出磅礴的气势,并背诵课文。

其教学按三大环节推进：聚焦"读通",理解诗意;聚焦"读懂",品味诗情;聚焦"读长",拓展诗境。

环节一：聚焦"读通",理解诗意

首先,通过拓展资料,激发学生对长征的兴趣,概览长征,进而了解七律,建立诗歌知识结构。

其次,采取多种形式扫清阅读障碍,把诗歌读顺、读熟,进而整体感知全诗八句,分为首联、颔联、颈联、尾联四部分,为下面理解诗歌作铺垫。

再次,以中心句辐射全诗学习,分三个层次理解、体会诗句：一是理解长征的难、苦、险;二是体会红军不怕难、苦、险的大无畏的英雄主义气概和革命乐观主义精神;三是进一步感受诗人毛泽东面对困苦、艰险的态度和壮志豪情。

自读诗歌——

师：字音读准了,诗句读通顺了,这是读诗的基础,更重要的是把诗意读懂!请同学们再默读这首诗,想一想你读懂了哪些地方? 这首诗的意思是什么? 有什么不理解的地方圈一圈、画一画,也可以和同桌交流。

学习首联——

师：俗话说,文有文心,诗有诗眼。请大家静心地默读这首诗,看看诗中的哪一句诗概括了整首诗的意思?

师：你真的很会读书,很快就找到了诗眼。是呀! 红军不怕远征难,万水千山只等闲。

师：能用自己的话说说对诗眼的理解吗?

生：红军不怕长征的艰难,把万水千山看成是"只等闲"。

师：看来诗眼中的一个词难住了大家。哪个词难住了你?

生："等闲"。

师："等闲"这个词语我们经常用到它,比如"我们绝非等闲之辈",这句话中的等闲是什么意思？

生：一般。

生：平常。

师：诗眼中的等闲也是平常的意思。红军把什么看作是平平常常的事？

生：红军把经历万水千山看作是平平常常的事。

学习颔联——

师："磅礴""逶迤"怎么理解？

师：谁能把三、四两句诗的意思连起来？先练一练，再说一说。

学习颈联——

师：老师再读这首诗的时候，第5、6句的"暖"和"寒"，老师想了好一阵子，也没有想明白，谁来帮帮我？能不能联系课前发的资料来谈谈。

师：听到红军顺利渡江，敌人束手无策，你有什么感受？当时红军什么心情？

师：诗中有一个字让我们看到红军战士的一张张笑脸——暖。

生："金沙水拍云崖暖"。

学习尾联——

生："更喜岷山千里雪，三军过后尽开颜。"就是红军面对千里雪山，仍然很开心。因为他们走过好多的路，现在快要走完了。

师：翻过岷山，胜利就在眼前，红军战士是多么的开心呀！个个喜笑颜开。

师：我们理解了诗意，再来读读这首诗，一定有不一样的感觉。

环节二：聚焦"读懂"，品味诗情

首先，聚焦"难"，感受"远征之难"。这一设计对诗句的理解、体会，主要分为三个层次：一是理解长征的难、苦、险；二是体会红军不怕难、苦、险的大无畏的英雄主义气概和革命乐观主义精神；三是进一步感受诗人毛泽东面对困苦、艰险毫不畏惧的气度和豪情壮志。

师：这究竟是一次怎样的长征呢？谁能用诗中的一个字来说一说？

生：难。

师：是呀，远征难呀！从诗中的哪些地方让你感受到了"远征之难"？

师：我们来交流一下。"五岭逶迤"，那弯弯曲曲的山路很难走，走过去非常的艰难。"大渡桥横铁索寒"，战士们手握着铁索，望着脚下的江水，让人觉得很害怕。是呀，滔滔不绝的江水，对岸是敌人乌黑的枪口，比上刀山、下火海还难呀。能不能把这个"难"送到诗句中去读一读？

师：还有哪些地方能感受到？

生：从"千里雪"可以感受到。岷山到处都是雪，非常的寒冷。红军战士的衣服又那么的单薄，很难走过去。皑皑白雪，狂风呼啸。红军战士身上穿着单薄的衣服，脚穿草鞋，每走一步都是那样的艰难。寒风吹来，就像是针刺进了骨头里。

师：要翻过这千里雪山，容易吗？

生：不容易！

师：是呀，不容易呀！还可以从哪里看出来？

生：我从"乌蒙磅礴"看出来，山高大险峻，山路很难走。红军战士穿着草鞋，脚都磨破了。

师：同学们很善于学习，理解得真好。带着我们的感受好好把诗读一读。

生：（齐读）

师：红军战士仅仅是翻过这几座山，渡过这几条河吗？（课件出示："资料袋"，特别提醒大家关注那几组数字）

生：红军翻越了 18 座大山，渡过 24 条大河，走过荒无人烟的草地，行程约 25 000 里。

师：是呀，红军走过的是——

生：万水千山！

师：我们的红军战士面临的仅仅是大山、大河这些自然方面的艰难险阻吗？不着急，静静地看一段文字。（课件出示：湘江战役是红军进行的最为惨烈战役之一。1934 年 11 月，中央红军与数十万国民党军队在湘江边展开激战。经六天血战，红军终于冲过了敌人的封锁线。但为此付出了巨大的代价：中央红军由出发时的 8.6 万人锐减到 3 万人。长征途中，红军遭遇的战斗在 400 场以上。平均每三天就发生一次激烈的大战。在漫漫二万五千里的征途中，平均每 300 米就有一个红军战士牺牲）

师：孩子们，这是一次考验红军意志的长征，这是一次惊心动魄的长征，这是一次充满艰难困苦的长征。（齐读）

其次，聚焦"闲"，体悟"长征精神"。这一设计通过一个主问题"是什么精神在支持着他们",引发学生思考,并用拓展视频加深学生对红军乐观无畏精神的直观感受,使学生达到第三个层次的体会与把握。

师:在红军战士的眼里,在长征的亲历者毛泽东的眼里,长征又是怎样的呢?课文中用了一个什么字来表达?

生:闲。

师:"腾细浪""走泥丸"这两组词知道了红军根本不怕这万水千山。面对艰险泰然处之,轻松而自在!"万水千山只等闲"中"只等闲"三个字中看出,红军经历了那么多困难,可在他们的眼里,这些困难只不过是平平常常的小事。千难万险,红军是等闲视之。你能不能读好这句话?"三军过后尽开颜",红军战士克服了重重困难,个个喜笑颜开。

师:怎样才能读好这"尽开颜"呢?练一练。(生练读)

师:看着老师的手势,我们再来一遍。

生齐:更喜岷山千里雪,三军过后尽开颜。

师:真好!我们的红军战士走过了这漫漫二万五千里,他们靠的是什么?(预设:他们靠的是双脚。他们靠的不仅仅是双脚,还有为了让人民生活更幸福的理想和坚强的意志。他们还靠那颗热爱祖国的心,为了祖国富强的心。他们靠的是顽强的毅力和不怕艰难险阻的大无畏精神和革命乐观主义精神。师板书:无畏 乐观)。

师:这就是"长征精神"!正是有了这种精神,红军才创造了这个人类历史上的奇迹。(课件出示:长征,人类历史上坚定无畏的丰碑!人类历史上伟大的奇迹!)

生:齐读——长征,人类历史上坚定无畏的丰碑!人类历史上伟大的奇迹!真是"不等闲"啊。

环节三:聚焦"读长",拓展诗境

首先,配乐齐诵,升华情感,熟读成诵,将全诗教学推向高潮,让学生进一步感受红军长征的气壮山河与英勇无畏。

其次,拓展延伸毛泽东的诗词,《沁园春·雪》《卜算子·咏梅》《清平乐·六盘山》等。通过对毛泽东诗词的进一步了解,让学生更全面地了解毛泽东作为一代伟人独有的英雄无畏、革命乐观、气壮山河、纵横古今的精神特质,并深刻思考长征精神在今天的意义与传承。

后记

有人选择教师岗位是一见钟情,有人则是日久生情。随着工作年限的增加,自己不断地走近孩子们,每日凝望着一个个鲜活、晶莹的生命,其真、其美、其妙让我愈发感受到了教育工作的快乐。我欣喜于和孩子们在一起的每一天、每一节课,更感恩和孩子们一起学习、一起成长的岁月。

"有氧语文"学习理念,是我从事语文教学工作二十余载的一些思考和探索。德国著名教育学家第斯多德曾说,教学的艺术不在于传授本领,而在于善于激励、唤醒和鼓舞。吾言吾文,运用自来,体现的是有氧语文的气质;充盈课程、建构体系、培养习惯、涵养文化、营造氛围、升华底蕴,彰显的是有氧语文的姿态;千锤百炼的教学艺术,传经送宝的教海经验,洋溢的是有氧教学的魅力;一次次的学习一以贯之,一次次的活动助力成长,显见的是有氧语文学习的存在;绘本的惊喜发现、灵动建构和盎然酿造,敞现的是有氧语文的行走。一年级有氧于新奇,二年级有氧于觅新,三年级有氧于新秘,四年级有氧于探新,五年级有氧于新魅,六年级有氧于焕新,逐步形成的有氧语文的张力把孩子们带到一个宽阔而多姿多彩的空间。每个人身上都有太阳,要懂得如何让它发光。"有氧语文"学习理念所倡导的,正是唤醒和鼓舞每一个孩子身上经由教育滋养所呈现的可持续生长的张力。

我们秉持有氧语文教学主张的团队中,通过实践探索,老师们逐渐形成了多种有效的策略,促使学生怡然自得其阅读情感,进而提高语文素养。感谢广东省教育研究院杨建国教授,他为我的《会呼吸的语文课:有氧语文的旨趣与实践》写序,文章篇幅短小,但是内涵很深;感谢上海教育科学研究院的杨四耕教授的精心指导、无私帮助;感谢广州市黄埔区东荟花园小学的谢晓瑜、孙敏、吕欣娜、薛穗敏、朱姝曼等老师,感谢来自广州市黄埔区玉鸣小学的张莉莉、黄舒琦、杨媚、冯钰荧、黄倩妍、陈钰玫、刘颖妍、罗琬丹、谢斯琪、冯美玲、阮恺俏等老师,感谢广州市开发区第一小学的冯罗、孟芳菲老师和广州市黄埔区天景小学的刘清老师等,他们都进行了积极的探索,为构建张弛有度、收发自如、游刃有余、轻负高效的有氧课堂进行了可贵的尝试。

勤勉耕耘,二十载年华驻羊城;桃李芳菲,大爱铸就教育之梦。我愿择己所爱、爱己所择,我将继续充满激情地与更多老师携手前行,愿语文如氧气般滋润孩子们的心田,我们共同唱响真情芬芳的乐章。

学校整体课程规划的七个关键	978 – 7 – 5760 – 0424 – 3	62.00	2021 年 3 月
课堂教学的 30 个微技术	978 – 7 – 5760 – 1043 – 5	52.00	2020 年 12 月
教学诠释学	978 – 7 – 5760 – 0394 – 9	42.00	2020 年 9 月
原点教学:提升区域育人质量的策略研究			
	978 – 7 – 5760 – 0212 – 6	56.00	2020 年 8 月

学校课程发展精品丛书

学科课程群与全经验学习	978 – 7 – 5760 – 0583 – 7	48.00	2021 年 1 月
育人目标与课程逻辑	978 – 7 – 5760 – 0640 – 7	52.00	2021 年 2 月
学科课程与深度学习	978 – 7 – 5760 – 0505 – 9	52.00	2021 年 2 月
学校课程的文化表情:百花园课程的学科指向与深度实施			
	978 – 7 – 5760 – 0677 – 3	38.00	2021 年 2 月
学校文化与课程变革	978 – 7 – 5760 – 0544 – 8	62.00	2021 年 2 月
语文天生重要:语文学科课程群设计			
	978 – 7 – 5760 – 0655 – 1	44.00	2021 年 2 月
五育并举的课程体系:致良知课程的旨趣与探索			
	978 – 7 – 5760 – 0692 – 6	48.00	2021 年 1 月
学科课程与育人质量	978 – 7 – 5760 – 0654 – 4	48.00	2021 年 1 月
在地文化与课程图谱	978 – 7 – 5760 – 0718 – 3	46.00	2021 年 2 月
中观课程设计与学科课程发展	978 – 7 – 5760 – 0624 – 7	36.00	2021 年 1 月
大教学:英语学科核心素养培育的课程模式			
	978 – 7 – 5760 – 0462 – 5	46.00	2021 年 1 月

特色学校聚焦丛书

不一样的生命,一样的精彩	978 – 7 – 5675 – 8675 – 8	34.00	2019 年 3 月

童味正醇:特色学校的文化图谱	978 - 7 - 5675 - 8944 - 5	39.00	2019 年 8 月
特色普通高中课程建设探索	978 - 7 - 5675 - 9574 - 3	34.00	2019 年 10 月
儿童是天生的探索者:360°科学启蒙教育	978 - 7 - 5675 - 9273 - 5	36.00	2020 年 2 月
做精神灿烂的教师:教师自我成长的 5 个密码	978 - 7 - 5760 - 0367 - 3	34.00	2020 年 7 月
让教育温暖而芬芳	978 - 7 - 5760 - 0537 - 0	36.00	2020 年 9 月
快乐教育与内涵生长	978 - 7 - 5760 - 0517 - 2	46.00	2020 年 12 月
故事教育与儿童发展	978 - 7 - 5760 - 0671 - 1	39.00	2021 年 1 月
美好教育:学校内涵发展的循证研究	978 - 7 - 5760 - 0866 - 1	34.00	2021 年 3 月
把美好种进儿童心田	978 - 7 - 5760 - 0535 - 6	36.00	2021 年 3 月

跨学科课程丛书

大情境课程:主题设计与创意评价	978 - 7 - 5760 - 0210 - 2	44.00	2020 年 5 月
社会参与素养的培育模型与干预机制	978 - 7 - 5760 - 0211 - 9	36.00	2020 年 5 月
大概念课程：幼儿园特色主题活动设计	978 - 7 - 5760 - 0656 - 8	52.00	2020 年 8 月
项目学习：进入学科的课程智慧	978 - 7 - 5760 - 0578 - 3	38.00	2021 年 4 月

核心素养导向的课堂教学丛书

漾着诗性智慧的课堂教学	978 - 7 - 5675 - 9308 - 4	39.00	2019 年 7 月
转识成智的课堂教学:核心素养导向的历史教学			

	978 − 7 − 5760 − 0164 − 8	40.00	2020 年 5 月
学导式教学：学会学习的教学范式			
	978 − 7 − 5760 − 0278 − 2	42.00	2020 年 7 月
高阶思维教学的关键技术	978 − 7 − 5760 − 0526 − 4	42.00	2021 年 1 月
会呼吸的语文课：有氧语文的旨趣与实践			
	978 − 7 − 5760 − 1312 − 2	42.00	2021 年 5 月

特色课程建设丛书

教师，生长的课程	978 − 7 − 5760 − 0609 − 4	34.00	2020 年 12 月
学校课程发展的实践范式	978 − 7 − 5760 − 0717 − 6	46.00	2020 年 12 月
丰富学习经历：如歌式课程的愿景与深度			
	978 − 7 − 5760 − 0785 − 5	42.00	2020 年 12 月
学科课程群设计方法	978 − 7 − 5760 − 0579 − 0	44.00	2021 年 3 月
学校美育课程的立体建构：菁华园课程的逻辑与框架			
	978 − 7 − 5760 − 0610 − 0	36.00	2021 年 3 月
关键学习素养与学科课程设计	978 − 7 − 5760 − 1208 − 8	34.00	2021 年 4 月
学校课程设计：愿景建构与深度实施			
	978 − 7 − 5760 − 1429 − 7	52.00	2021 年 4 月
生长性课程：看见儿童生长的力量	978 − 7 − 5760 − 1430 − 3	52.00	2021 年 4 月